여성과
전쟁

LOOKING AT WOMEN LOOKING AT WAR

Copyright ©2025, by Victoria Amelina
All rights reserved.

This Korean edition was published by PACHO in 2025
by arrangement with The Estate of Victoria
Amelina c/o Blake Friedmann Literary Agency Ltd.
through KCC(Korea Copyright Center Inc.), Seoul.

이 책의 한국어판 저작권은 KCC를 통해 저작권자와 독점 계약한 파초에 있습니다.
저작권법에 의해 한국 내에서 보호를 받는 저작물이므로 무단 전재와 복제를 금합니다.

여성과 전쟁

우크라이나 소설가의 전쟁일기

Looking at Women
Looking at War
A War and Justice Diary

빅토리아 아멜리나
이수민 옮김

차례

서문 - 마거릿 애트우드 · 9

편집자의 말 · 14

작가의 말 · 16

1. 선택의 시간

동화에 난 포탄 구멍 · 23

천사의 변호인 - 예우헤니야 자크레우스카 I · 29

역사를 돌아보다 · 35

새 집 - 카사노바 I · 41

그녀가 증거였다 - 이리나 도우한 I · 48

나의 2월 24일 · 53

아무도 원치 않은 전쟁의 가르침 - 제니야 포도브나 I · 59

유럽 · 68

K 출신 작가 - 이리나 노비츠카 I · 72

전쟁을 치르러 가는 것처럼 · 80

산만큼, 그녀의 드론만큼 높이 - 예우헤니야 자크레우스카 II · 86

체르니히우 공습 [비라 쿠리코 I] · 90

점령당한 심장 - 이리나 노비츠카 II · 93

데보라 보겔 구출하기 · 97

보이지 않는 난민들 - 테타나 필립추크 I · 104

노아의 방주 · 110

사서와 작가의 전쟁일기, 그리고 처형당한 도서관 - 율리야 카쿨랴다닐류크 I · 114

마지막 바흐무트 스파클링 와인과 포파스나 화병, 내 방공호의 로마규정 · 124

베레질과 부차 · 131

길잡이별들 사이에서 - 올렉산드라 마트비추크 I · 137

2. 나의 길을 찾아서

키이우로 돌아오다 · 147

두 여자와 개 한 마리, 그리고 셀 수 없는 성폭력 피해자들 · 154

굶주림으로 사망한 예술가: 부차 출신 류보우 판첸코 · 158

[미사일에 '아이들을 위해서'라고 쓰는 사람들] · 161

그들이 목소리를 가질 때까지 – 이리나 도우한II · 166

마리아 리보바벨로바를 따라서 – 카테리나 라셰우스카I · 168

뉴욕 탈출 · 172

파괴된 스코보로다 문학관 – 테탸나 필립추크II · 176

적의 얼굴, 올렉산드르 셸리포우의 살인범 · 189

전쟁범죄 조사 101 – 카샤노바II · 192

하르키우에서의 만남, 사슴벌레를 구할 시간 · 201

카샤노바가 있을 때와 없을 때 배운 실용적인 교훈 · 205

로만 라투슈니의 죽음과 침략범죄 · 213

보통 사람에 대해 쓰는 법 – 제니아 포도브나II · 216

리샤르트 카푸친스키의 잃어버린 양 – 비라 쿠리코II · 220

브뤼셀과 런던에서 인간이 되는 법 – 올렉산드라 마트비추크II · 232

올레나와 포로수용소 · 235

역사를 법정으로 – 예우헤니아 자크레우스카III · 241

무너진 문학관의 관리자들 · 245

돈 말고 정의: 졸로타르 고문 사건 I · 247

고문하는 사람이 되지 말 것 · 266

인생이 레몬 말고 수류탄을 준다면 · 273

전쟁 지역의 프로듀서일 뿐 · 275

일로바이스크의 기억 · 277

3. 전쟁을 살아가다

셰우첸코 해방되다 · 285

파괴된 다리와 그리스 치즈 · 287

발라클리야의 고문실 - 카사노바III · 299

이즙에 묻히(지 않다) · 306

바쿨렌코 찾기 · 319

카피톨리우카의 일기들 - 율리야 카쿨랴다닐류크II · 325

마리우폴 벽에 시를 쓴 여자와 노벨상 · 330

라파엘 렘킨 시티에서 필립 샌즈와의 대담 · 333

셰우첸코 공원에서, 오늘은 아닌: 2022년 10월 10일, 대규모 공격 · 374

법무부 · 378

[파크랜드에서 17명을 살해한 총기범, 사형을 면하다] · 384

[노벨상 - 올렉산드라 마트비추크III] · 387

재판정 600호의 우크라이나인 · 390

전기, 11월 23일 · 393

체르니히우의 무덤들, 헤르손에서 춤추기 - 비라 쿠리코III · 394

장례식에는 늦었지만, 우크라이나의 심장에는 정시에 도착하다 - 이리나 노비츠카III · 400

폭격당한 비소코필랴의 축제, 전쟁 중인 생태학자 · 402

거리 이름의 정의: 라투슈니 거리와 바쿨렌코 거리 · 405

4. 해답과 승리

전쟁 중의 크리스마스와 생존자의 죽음 · 409

미술관, 필하모닉, 헤르손의 도서관 · 411

로만 라투슈니가 거둔 죽음 이후의 승리 · 416

인스티튜츠카 거리에 있는 작년의 천사들 · 417

침공 1주년 기념일 · 421

홀로도모르와 헤르손의 지뢰밭 · 423

헤르손과 이쥼에서 가져온 러시아 책과 신문 · 426

호스토멜에서 승리한 자 - 제니야 포도브나॥ · 427

뉴욕에서 이리나 도우한 · 428

축제의 탄생과 여성의 날에 태어난 소녀 · 429

승리처럼 느껴진다면 - 카테리나 라셰우스카॥ · 431

하르키우 문학관에서 보낸 시의 날 · 435

법정이 아닌 도서관 - 율리야 카쿨랴다닐류크॥ · 439

카사노바와의 마지막 미션 · 442

대가: 전쟁범죄 조사원 '백조'를 다시는 만나지 못할 것이다 · 456

류드밀라 오흐녜바 · 458

끝이 아니다, 모두 · 460

에필로그를 대신하는 시 · 469

편집 후기: 빈 페이지들 · 471

부록: 조각들 · 484

옮긴이의 말 · 491

작가 소개 · 494

서문

　전쟁 중에는 과거와 미래, 관점, 정확한 예측이라는 것이 없다. 오직 순간의 백열과 즉각적인 인식, 그리고 분노와 경악, 공포를 아우르는 강렬한 감정만 있을 뿐이다. 우크라이나를 지우기 위한 러시아의 끔찍하고 잔인한 군사 작전의 한가운데에서 집필되었지만 미완으로 남은 비극적인 책에서 빅토리아 아멜리나는 결코 일어날 수 없는, 악몽처럼 왜곡된 현실의 감각을 기록한다. 포탄을 맞았지만 구소련의 만화 캐릭터들이 벽에서 웃고 있는 것과 같은 초현실적인 감각. 하지만 용기와 동료애, 대의를 향한 헌신을 느끼게 하는 순간들도 있다. 이 전쟁에서 러시아는 더 많은 영토와 자원을 차지하려는 탐욕을 위해 싸우지만 우크라이나는 오로지 생존—국가의 생존뿐 아니라 시민들의 생존—을 위해 싸운다. 우크라이나인들에게 러시아의 승리가 의미하는 바는 너무 자명하다.

학살, 대규모 약탈, 강간, 즉결 처형, 굶주림, 아동 납치와 숙청을 굳이 상상할 필요는 없다. 모두 과거에 일어났던 일이다. 러시아는 우크라이나와 '형제'가 되고 싶어 하지만 우크라이나는 그런 관계를 거부한다. 살인을 저지르는 사이코패스인 데다가 그를 죽이려고 하는 형제를 누가 원한단 말인가.

이런 상황에서 수많은 우크라이나 예술가들은 본업을 포기한 채 자국을 방어하고 시민들을 돕는 데 자신을 헌신한다. 빅토리아 아멜리나는 바로 그들 중 한 명이다. 전쟁 이전에 빅토리아 아멜리나는 유능하고 널리 알려진 작가였다. 그녀는 소위 말해서 문학상을 수상하는 작가였다. 그녀는 소설과 동화책들을 펴냈고, 국제적으로 활동했으며, 문학 축제를 기획하기도 했다. 하지만 그 모든 것은 우크라이나가 침공당함과 동시에 바뀌었다. 그녀는 전쟁을 보도했고, 우크라이나 단체 트루스하운드Truth Hounds와 함께 전쟁범죄를 조사했고, 목격자들과 생존자들을 인터뷰했다.

많은 종교에는 '기록하는 천사'라고 불리는 존재가 있다. 인간의 선행과 악행을 기록하는 임무를 맡는 영혼이다. 정의의 여신이 들고 있는 저울에 무게를 재는 것처럼 신은 그 기록을 보고 심판한다. 전쟁범죄는 당연히 악행에 속한다. 트루스하운드는 우크라이나인들을 상대로 저지른 잔혹 행위를 기록하는 천사이다. 아

아멜리나는 전쟁범죄 그 자체가 아니라 자신처럼 전쟁범죄를 기록하려는 여성들의 이야기, 그리고 적에게 포위된 여성들의 이야기에 관심을 둔다. 파괴된 그녀들의 아파트, 탈출 시도, 살해된 그녀들의 파트너와 한때는 행복했던 아이들이 지었지만 지금은 산산조각 나고 만 레고 블록에 관한 이야기. 그녀는 초조하고 급박하고 상세하게, 마치 코앞에서 벌어지는 일을 묘사하듯 감각적으로 글을 썼다.

그녀는 마사 겔혼Martha Gellhorn과 같은 여성 종군 기자들의 명예로운 발자취를 따른다. 마사 겔혼은 다음과 같은 글을 쓴 적이 있다. "나는 반드시 이 전쟁을 기록해야 한다…… 꼭 보아야 하지만 직접 볼 수 없는 수백만 미국인들의 눈이 되어 전쟁의 참상을 보여줄 권리를 얻기 위해 구걸해야 할 필요 따위는 느끼지 않는다." 아멜리나 같은 예술가들은 전쟁의 참상을 볼 뿐 아니라 느끼도록 돕는다. 그들은 우리의 눈이 되어준다. 소설가로서 아멜리나의 재능은 그녀에게 도움이 되었고, 이제는 우리에게 도움이 된다.

사망할 무렵 빅토리아 아멜리나는 이 책의 60퍼센트 정도를 집필한 상태였다. 원고의 대부분은 파편적이고 다듬어지지 않고 편집되지 않은 채 남아 있었다. 이 책을 펴낸 편집자들은 다음과 같이 언급했다. "작가가 가까스로 전반적인 구조를 완성하고 일부 챕터를 써놓기는 했지만 미완으로 남은 부분도 있다. 편집되지 않은 노트 또는 현장 조사에서 쓴 보고서가 맥락 없이 담겨 있거나 제목만 남아 있기도 하다. 편집부는 원고에 최소한의 개입만

하기로 원칙을 세웠고, 개입이 불가피한 경우 독자에게 그 사실을 분명하게 드러내기로 했다." 그 결과, 매우 현대적인 텍스트가 탄생했다. 그것은 페소아의 『불안의 서』와 베케트의 『크라프의 마지막 테이프』를 떠오르게 한다. 불완전함은 결핍된 부분을 채우고자 하는 열망으로 우리를 이끈다.

이 책의 서문을 쓰는 것은 어려웠다. 이 책이 다루고 있는 전쟁이 끝나지 않은 시점에서 어떻게 결론을 내리고 명료하게 생각을 개진한단 말인가.

이번 전쟁은 러시아의 확실한 승리로 끝날 것이라는 예측이 지배적이었다. 많은 전문가들은 2022년 2월 침공 이후 러시아가 우크라이나를 끝내는 데 며칠밖에 걸리지 않으리라고 예상했지만, 2년이 지난 지금 이 서문을 쓰는 동안에도 약소한 우크라이나는 거인 같은 러시아를 상대로 맹습 초기에 빼앗겼던 영토의 절반이 넘는 땅을 되찾고 있다.

전쟁은 정지된 것이 아니라 유동적이다. 움직이고, 파괴하며, 길 앞에 놓인 모든 것을 쓸어버리고, 많은 이들을 익사시킨다. 전쟁의 결과와 파급 효과도 예측할 수 없다.

하지만 2024년 6월 현재, 하르키우를 점령하려는 러시아의 시도는 멈췄다. 프랑스군이 공개적으로 우크라이나의 편에서 작전을 펼칠 예정이고, 미국은 우크라이나가 러시아 영토 안의 군사 목표를 타격하도록 허용해주었다. 러시아의 영토를 향한 공격이 가능해지면 고의로 우크라이나 쇼핑 센터의 민간인을 공격하고,

2023년 여름 크라마토르스크의 식당을 공격해 서른일곱의 나이로 빅토리아 아멜리나를 사망에 이르게 한 러시아 미사일의 융단 폭격을 막을 수 있을 것이다.

  이 책은 그녀의 목소리다. 생생하고 생기 넘치는 목소리로 그녀가 지금 우리에게 말을 걸고 있다.

마거릿 애트우드

편집자의 말

　빅토리아 아멜리나가 사망할 당시 책으로 출간할 예정이었던 그녀의 원고는 완성되지 않은 상태였다. 작가가 전반적인 구조, 그리고 (대부분 파트1과 결말에 속하는) 일부 챕터를 완성하기는 했지만, 나머지 부분은 미완으로 남았다. 편집되지 않은 노트, 현장 조사에서 쓴 보고서가 맥락 없이 담겨 있거나 제목만 남아 있기도 했다. 편집자들은 원고에 최소한의 개입만 하기로 전략을 세웠고, 개입이 불가피한 경우 독자에게 개입 사실을 분명하게 드러내기로 했다. 편집자들이 개입한 부분은 아래와 같이 표기될 것이다.

　마지막 원고보다 오래된 버전에서 편집자들이 발췌해서 덧붙인 내용은 겹꺽쇠 《 》로 표기한다.

작가가 초고 그대로 남겨둔 미완의 노트는 회색으로 표기한다.

작가가 직접 원고에 포함시킨 현장 보고서와 다른 문서들은 *이탤릭체*로 표기한다.

편집자들이 설명을 덧붙인 부분은 말줄임표 ……로 표기한다.

작가가 매끄럽게 다듬어 놓은 텍스트에서 편집되지 않은 원고로 넘어가는 부분을 독자에게 알려주거나 이어지는 글의 문맥과 관련지어 설명하는 경우 [편집자 노트]를 덧붙인다.

모든 주석은 글의 문맥을 설명하거나, 미완으로 남은 문장 혹은 전후 연결이 불분명한 부분처럼 편집자들이 원고의 상태에 대해 언급하기 위해서 덧붙였음을 밝힌다.

우크라이나어에서 영어로의 번역은 데이지 기븐스[Daisy Gibbons]가 전담하였다.

작가의 말

2022년 러시아의 본격적인 침공 이후 전쟁범죄 조사원이 된 우크라이나 소설가의 전쟁일기로 시작된 이 책은 다수의 뛰어난 여성들의 이야기를 담는 형태로 발전해 갔다. 저명한 변호사였지만 군인이 되어 하르키우 마을들의 해방을 돕고 최전선에서 역사적인 온라인 재판에 참여했던 예우헤니아 포도브나, 수만 건의 전쟁범죄 기록을 주도해서 2022년 노벨평화상을 수상한 올렉산드라 마트비추크, 나의 동료 작가 볼로디미르 바쿨렌코가 태어난 마을의 용감한 사서이자 그의 납치 및 살해에 관한 이야기가 포함된 영상을 가까스로 찾아낸 율리야 카쿨랴다닐류크는 모두 내 책에 담긴 여성 영웅들이다.

러시아-우크라이나 전쟁이 그렇듯 이 책에서 소개할 여성 영웅들을 고르는 작업 역시 매우 개인적인 성격을 띠었다. 다수의 우크라이나인들처럼 2022년 2월 24일 이후 나는 글쓰기보다 훨씬 내 삶에 큰 영향을 끼치게 될 선택들을 해야만 했다.

나는 이 책을 일종의 탐정 소설로 간주한다. 2014년 전쟁이 발발한 이후 전면전으로 확산된 지금 이 시점에, 나는 같은 처지에 놓인 수백만 우크라이나인들처럼 오직 정의를 구현할 길만 모색하고 있다. 정의 추구는 나를 소설가와 한 아이의 엄마에서 전쟁범죄 조사원으로 탈바꿈시켰다. 작년 한 해 나는 도서관 벽에 뚫린 포탄 구멍들, 폐허로 변한 학교와 문화센터를 사진으로 남겼고, 전쟁범죄 생존자들과 목격자들의 증언을 기록했다. 오직 진실을 밝히고, 기억의 생존을 보장하고, 정의와 영구적인 평화를 실현하기 위해서 나는 이 일을 수행했다. 그리고 같은 이유에서 나는 서서히 작가의 본업으로 다시 돌아갔다. 정의를 추구하는 우크라이나의 이야기를 들려주기 위해서.

전쟁범죄 조사원으로 일하기 위해서는 국제인도법의 원칙에 대한 이해가 필요하다. 심한 트라우마를 겪은 사람들에게 추가적인 트라우마를 유발하지 않고 함께 일하는 법을 배워야만 하고, 그러려면 전쟁범죄 혐의의 필수 요건을 드러내도록 돕는 특정 규약들을 따르는 것이 필요하다. 하지만 나의 멘토이면서 비정부기구 '트루스하운드Truth Hounds'의 상임이사이자 십 년 가까이 이 일을 해온 로만 아우라멘코는 두 개의 목표만 제대로 기억하면 나머지를 잊어도 무사히 업무를 완수할 수 있다고 알려주었다.

　첫째, 특정 사건이 국제인도법에 의거해서 전쟁범죄에 해당하는지 판단하는 것이 필요하다. 둘째, 가해자는 전쟁범죄 혐의에 연루된 정도에 따라 구별되어야 한다. 나는 항상 우크라이나 현장에서 일하는 동안 그의 조언을 잊지 않도록 마음에 새긴다. 생존자의 증언을 녹음하거나 포탄 구멍을 영상으로 기록하는 동안에는 가해자에게 집중하려고 노력하지만, 이 책에서 내가 우선적으로 탐구하려는 대상은 가해자가 아니라 우리 인간이 정의에 관해서 던지는 핵심 질문에 대한 답이다. 도대체 정의란 무엇인가. 결국 우리는 누군가를 용서할 준비가 되어 있는가. 끔찍한 범죄를 저지른 수많은 가해자들이 법망을 피해가는 사실을 우리는 어떻게 받아들일 수 있는가. 어떻게 우리가 그것을 바꿀 수 있는가. 그리고 고난의 시기에 정의를 추구하기 위해서 우리는 어떤 무기를 선택하는가. 노트북 컴퓨터, 카메라, 국제법, 이야기의 힘, 그것도 아니면 M777 곡사포인가. 진정한 정의를 원하는 자들의 선택은 쉽지 않으며, 우리 대부분은 여전히 전투의 결과를 알지 못한다.

　2022년 6월, 나는 인권활동가 올렉산드라 마트비추크에게 다음과 같은 편지를 썼다. "당신과 당신의 동료들이 정의 실현을 위해서 기울이는 엄청난 노력을 알고 있습니다. 하지만 모든 노력에도 불구하고 우리는 여전히 패배하고 있습니다. 패배한다고 해도 저는 정의를 추구하고자 했던 우리의 이야기를 들려주고 싶습니다. 당신의 이야기를 전할 수 있도록 함께하고 싶습니다." 올렉산드라는 바로 답을 보냈고, 시민자유센터 사무실에서 만나자고 제안했다. 진실을 추구하는 그녀의 이야기 속으로 들어갈 수 있게 곧바로 허락해준 그녀의 제안 덕분에 나의 전쟁일기는 당신이 읽게 되는 이 책으로 바뀌었다. 이 책과 내 삶의 일부가 된 올렉산드라를 비롯한 모든 여성들에게 감사의 뜻을 전한다.

이 전쟁일기는 2022년 2월 17일부터 러시아 점령군에게 살해된 동화 작가 볼로디미르 바쿨렌코를 추모하기 위해서 이줌 부근에 모인 그날까지의 사건들을 포함한다. 그날 이줌에 모인 이유는 내가 볼로디미르 바쿨렌코의 전쟁일기를 발견해서 소련과 러시아 정권에 의해 탄압받았거나 처형된 우크라이나 작가들을 기리는 하르키우 문학관에 건네주었기 때문이다. 내 일기는 정기적으로 기록되지 않았을 뿐더러 정확한 날짜가 표기되지 않았다. 그런 점에서 볼로디미르 바쿨렌코의 일기와 내 일기는 비슷하다.

1
선택의 시간

동화에 난 포탄 구멍

방금 르비우 시내에서 처음 총을 샀다. 언제든지 살인이 일어날 수 있는 상황이라고 들었고, 그걸 부정하는 사람은 아직 살인자를 맞닥뜨리지 못한 것뿐이다. 무장한 상태로 내 조국에 발을 들이는 이방인이 바로 그 살인자일지 모른다.

침대 위 수영복과 밝은 색 여름 드레스 사이에 까만 총이 위험하게 놓여 있다. 돌아왔을 때는 이 총이 필요할지 모르지만 아직은 아니다. 지금 나는 일주일간 이집트로 휴가를 떠나려고 한다.

"2월 24일에 우크라이나로 돌아오면 그때 사격 연습을 시작할 거야." 아들에게 내가 설명한다. 아들은 지난 몇 개월간 어린 나이에 과도하게 뉴스를 시청했다. 하지만 그는 러시아의 침공을 전혀 두려워하지 않는다.

총은 금고에, 우리의 수영복은 여행 가방에 넣는다.

러시아의 침공은 2022년 2월 16일 어제는 일어나지 않았다. 적이 침공하지 않으리라는 희망을 안고 나는 문밖으로 나간다. 사실 전면전에 대한 러시아의 계획은 2014년부터 지난 8년간 계속 일정이 변경되곤 했다.

"언제 다시 쳐들어온대요, 엄마?" 열 살짜리 아들이 우크라이나 어른처럼 농담을 건넨다.

마지막 순간 나는 뒤돌아서 침실로 뛴다. 의자에 올라서서 높은 선반에 있는 보석함을 향해 손을 뻗는다. 하르키우, 키이우, 심지어 르비우가 알레포나 그로즈니처럼 폐허로 변하면 어떡하지. 앞으로 다시는 집에 돌아올 수 없다면 지금 무엇을 가져가야 할까.

"비행기 놓치겠어요, 엄마!"

나는 금과 은으로 도금하고 안에 작은 루비가 박힌 펜던트를 챙긴다. 할머니에게 물려받은 가족의 가장 오래된 유물이었는데, 증조할머니가 할머니에게 남긴 유일한 보석이기도 했다. 증조할머니는 볼가강 근처 러시아에서 태어났다. 우크라이나에서 태어난 할머니와 할아버지에게는 그런 오래된 물건이 없었다. 지난 백 년 격동의 세월 동안 피로 얼룩진 우크라이나의 심장부에서 모든 것은 바람과 함께 사라졌다.

군인의 휘장이라도 되는 듯 나는 루비가 박힌 펜던트를 단다.

공항 보안검색대를 통과하려고 줄 서 있는 동안 나는 스마트폰에 뜨는 뉴스에서 시선을 뗄 수 없다. 오전 9시쯤 스타니챠 루한스카에서는 '동화'라고 이름 지어진 유치원에 포탄이 떨어져서 어린이 체육관 벽에 구멍이 생겼다. 그 유치원의 사진은 해독하기 힘들다. 어떤 벽에는 포탄 구멍이 나 있지만 다른 벽에는 야자수와 동물이 있는 마법의 섬이 그려져 있다. 노란 벽지는 유치원 방을 아늑하게 보이게 하고, 깨진 벽돌 더미에는 수많은 축구공이 있다.

몇 년 전 스타니챠 루한스카를 방문한 적이 있다. 전쟁의 상흔을 입은 루한스크 지역의 다른 십여 군데 마을처럼 그 마을은 접촉선[1] 부근에 있었다. 나는 마을의 역사박물관에서 주민들을 만났다. 친절한 부관장이 박물관에서 열리고 있던 희한한 전시와 함께 나를 반겨주었다. 러시아 공습으로 파괴된 레닌 흉상, 제2차세계대전의 오래된 포탄, 그리고 지붕을 뚫고 박물관으로 들어온 포탄을 포함한 새로운 공습의 흔적들. 작은 창문으로 나는 러시아군이 점령하고 있는 '반대쪽', 점령군들이 '루한스크 인민공화국'이라고 부르고 제2차세계대전의 오래된 포탄을 제외한 모든 포탄을 쏘아올린 그 땅을 바라보았다. 부관장은 이런 상황에서 현대 우크라이나 문학이 경이로움 그 자체인 것처럼 내 책들을 박물관 기금에 포함시키기 위해 가져갔다.

폭격 맞은 유치원 체육관에 계속 눈길을 주고 있던 나는 야

---

[1] '접촉선'은 우크라이나군과 러시아군을 경계 짓는 420킬로미터의 땅으로, 2015년과 2022년 사이에는 큰 변화가 없었다.

자수들이 그려진 마법의 섬이 소련 만화의 한 장면을 옮긴 것임을 알아차린다. 코끼리, 원숭이, 보아뱀처럼 구소련의 붕괴 이후 어린 시절을 보낸 내가 사랑했던 만화 속 캐릭터들이 야자수 뒤편 무너진 벽돌 더미에서 나를 바라본다. 내가 그들을 바라보는 것처럼. 이 벽돌 더미는 한때 나였던, 러시아인처럼 동화되었던 작은 소녀와 지금의 나 사이에 놓여 있다.

"폭격 당시 체육관에는 아무도 없었고, 스타니챠 루한스카에서 다치거나 사망한 아이는 없었다." 뉴스에는 이렇게 적혀 있다. 그러니까 우리는 운이 좋았던 것뿐이다.

종종 나는 우리 모두가 얼마나 행운인지에 대해서 자신에게 말하곤 한다. 마치 '돌과 강철로 지어졌지만' 더는 존재하지 않는 도시에서 온 난민들의 이야기를 들려주는 세르히 자단의 유명한 시 마지막 구절을 두고 언쟁하는 것처럼. 세르히는 2015년 러시아가 도네츠크와 루한스크, 크림반도를 점령한 후 그 시를 썼다. 나는 2018년 마리우폴에 있는 평화거리의 담벼락에 적힌 시를 읽고 나서야 관심을 갖게 되었다.

스타니챠 루한스카의 동화유치원이 폭격당했다는 소식이 모든 것을 바꾸고 돌아올 수 없는 곳으로 우리를 데려가는 것처럼, 사람과 장소, 시에 관한 기억이 내 머릿속에서 소용돌이친다.

열 살짜리 아들이 내 핸드폰 화면을 보려고 하지만 그 아이는 파괴된 유치원들을 보면 안 된다. 아직은. 나는 뉴스를 끄고 업무와 관련된 채팅 창을 연다. 엄밀히 따지면 여전히 휴가 중이기는 해도 도네츠크에서 열고자 하는 문학 축제의 지원금을 얻기 위한 지원서 작성을 팀과 함께 끝마쳐야 한다. 문학 축제는 스타니챠 루한스카에서 멀지 않은 최전방의 작은 마을에서 열리는데, 희한하게도 지명이 '뉴욕'이다. 지원서는 늦어도 2월 25일, 이번 주말까지 제출해야 한다. 그렇지 않으면 스케줄에 맞춰서 축제를 열 수 없을 것이다. 공항 보안검색대를 통과하려고 줄을 서 있는 동안에도 나는 일을 멈출 수 없다.

트루스하운드 소속 전쟁범죄 조사원들과 분석가들 역시 계속 일하고 있다. 몇 주 전에 그들은 루한스크에서 지역 검사들과 함께 조직을 편성하고 업무 관련 연수를 실시했다. 현재 그 팀은 스타니챠 루한스카의 유치원 폭격을 조사해서 보고서를 작성하고 있다. '포탄은 어디에서 왔는가'라는 제목으로 2022년 2월 23일에 보고서를 출간할 예정이다.

모든 주요 공격을 제대로 기록하는 것은 매우 중요하다. 트루스하운드 팀은 2014년부터 이 업무를 담당해왔다. 그때와 지금의 차이는 세상이 마침내 진실을 인정하게 되었다는 것이다. 러시아가 우크라이나를 상대로 전쟁을 일으켰다는 사실. 어쩌면 요즘 우리는 또 다른 전쟁이 임박했는데도 경고를 귀담아듣지 않고 있는지 모른다.

지금까지 트루스하운드에서 내가 아는 사람은 '카사노바'라는 콜사인을 쓰는 현장조사원밖에 없다. 나중에 전쟁범죄 조사방법을 가르치는 강사 가운데 한 명이 될 사람. 인권운동가이자 민권운동 지도자인 올렉산드라 마트비추크를 만나기도 했다. 하지만 아직 나는 몇 개월 후의 미래는 상상하지 못한다. 런던에 있는 영국 의회, 브뤼셀의 유럽 의회를 비롯한 수많은 회의에 그녀를 따라 참석해서 아직 일어나지는 않았지만 사실상 임박한 전쟁범죄에 대한 정의 실현을 촉구하게 될 미래. 벌써 미래의 전쟁범죄자들이 국경 지대에 와 있다. 그들은 어린 시절 내가 러시아에서 여행하면서 만났을지도 모르는 사람들이며, 볼트모트의 마법이 해리포터에게 그렇듯 평생 나의 일부로 남을 나의 모국어와 문화를 공유하는 사람들이다. 그들이 짓밟을 미래의 피해자들과 생존자들, 직접 피해를 당한 사람들 못지 않게 트라우마에 시달리게 될 목격자들은 이르핀, 마리우폴, 이쥼, 카피톨리우카, 부차, 체르니히우, 헤르손, 그리고 다른 많은 도시와 마을에 있는 그들의 집에 머무르고 있다. 그들의 이름은 널리 알려지지 않을 것이다. 미래의 피해자들과 생존자들은 나의 친구들과 동료 우크라이나 작가 볼로디미르 바쿨렌코, 그리고 아직은 친구가 되지 않은 사람들을 포함한다. 카사노바가 피해자들과 친구가 되지 말라고 조언해도 나는 그 규칙을 어기게 될 것이다.

하지만 지금 나는 반짝이는 최신식 우크라이나 공항에서 휴가를 떠나기 위해 이륙하려는 여자에 지나지 않는다. 핸드폰으로 뉴스를 읽는 것과 일하는 것, 새로 산 권총에 대해서 생각하는 것을 멈춰야겠다. 근시에 책벌레인 사람이 권총은 왜 샀을까, 라는 생각.

천사의 변호인

예우헤니아 자크레우스카 I

예우헤니아 자크레우스카

나와 다르게 그녀는 이미 사격에 능숙하다.

변호사 예우헤니아 자크레우스카는 2014년에 처음 입대를 고민했다.

"어쩔 수 없이 군대에 가야 하는 상황이 올지도 몰라." 8년 전 그녀는 친구이자 언론인, 인권운동가인 레샤 간자에게 말했다.

두 여자는 2014년 3월에 점령된 지 얼마 안 된 크림반도에서 키이우로 운전해 돌아오면서 자신들이 목격한 것에 대해 대화를 나누었다. 두 사람은 존엄혁명²에 활발히 참여했으며, 혁명이 승리로 끝나고 러시아의 침공이 시작되자마자 크림반도로 향했다. 그녀들은 러시아의 점령을 막는 데 기여하고자 했지만 그것은 군대의 일이었다. 우크라이나 군사들은 영원히 하달되지 않는 명령을 기다리며 아무런 대응도 하지 않았다. 우크라이나는 평화를 중요하게 여겼지만 아직은 맞서 싸울 줄 몰랐다.

"군대? 우리의 입대를 허락하기는 할까?" 예우헤니아의 생각에 당황한 레샤가 의심 가득한 목소리로 물었다.

하지만 신화 속 미노타우로스가 미궁에서 치른 것과 같은 희생을 지난 8년간 치르는 동안 그녀는 입대를 계속 고민하고 있었다. 러시아의 우크라이나 침공에서 미궁은 모두가 '돈바스'라고 부정확하게 부르는 도네츠크와 루한스크였다.

---

2 오늘날 '존엄혁명'(2013-2014)으로 알려진 저항은 2013년 11월 말 키이우 중심의 마이단광장에서 당시 대통령이었던 빅토르 야누코비치의 유럽연합 가입 및 자유무역에 관한 협정 체결 거부에 맞서 벌어진 유로마이단 시위로부터 시작되었다. 유럽기와 '우크라이나는 유럽이다'라는 슬로건은 혁명의 상징이 되었으며, 그 혁명으로 인해 빅토르 야누코비치는 대통령직에서 축출당했다.

2014년 2월 크림반도에서 두 여자는 살상 준비를 마친 무장한 러시아 침략군과 파란색과 노란색 줄무늬의 우크라이나 국기, 그리고 크림반도의 타타르공화국 깃발을 흔드는 무력한 군중을 보았다. 변호사와 언론인도 강제 병합을 막을 수는 없었다. 예우헤니아는 체포된 우크라이나 시위대의 일원을 가까스로 구했고, 그녀가 목격한 것은 훗날 국제형사재판소에 제출할 보고서를 작성하는 데 도움이 되었다. 레샤도 언론인으로서 당시의 상황, 그리고 최초로 체포된 우크라이나 시위대에 관한 기사를 작성했다. 하지만 무장한 이방인들에게 맞선 그녀들은 그것밖에 할 수가 없었다. 국제법과 우크라이나 여론은 푸틴과 그의 공범들에게 아무런 의미도 갖지 못했다.

그런 이유로 입대는 여전히 유효한 선택지로 남게 되었고, 예우헤니아는 지난 몇 년간 강도 높은 사격 훈련을 소화했다. 그녀와 동료 변호사, 인권운동가들은 종종 친목 단합으로 사격 훈련을 택했다. 특히 2014년 키이우에서 일어난 혁명 당시 평화적인 시위대를 겨냥한 총격 사건을 담당했던 변호사들은 그런 훈련으로 치유받기도 했다. 그들은 먹잇감으로 전락하기를 거부했다. 무엇이든지 가능하다는 사실을 그들은 알게 되었다.

하지만 지금 예우헤니아 자크레우스카는 키이우 중심에 있는 인스티투차크 거리에 무장하지 않은 채 서 있다.[3]

---

3   인스티투차크 거리는 키이우의 마이단광장과 정부청사를 잇는다. 2014년 2월 18일과 2월 20일 존엄혁명 도중 시위대를 향해 발포했던 유혈 사태와도 연관되어 있다.

오늘은 2022년 2월 18일이다. 전면전에 대비하고 있어도 그녀는 아직 입대하지 않았다. 블라디미르 푸틴이 전면전을 선포했다고 미국 대통령 조 바이든이 밝혔지만, 이번만큼은 피로 물든 땅에 역사가 친절을 베풀 가능성이 아직은 희미하게나마 남아 있다.

예우헤니아에게도 선택의 여지가 남아 있다. 저명한 변호사인 그녀를 대신해서 다른 이들에게 전투를 맡길 이유는 충분하다. 그녀는 2014년 키이우 시내에서 벌어진 시위대의 학살을 일생일대의 사건으로 여기며 피해자 가족들의 변호를 맡았고, 그 사건의 법정 심리는 아직 진행 중이다. 예우헤니아는 재판에서 이길 것임을 안다. 그녀는 정의가 승리한다는 것과 우크라이나 베르쿠트 특수경찰대의 가해자들이 책임을 면치 못하리라는 것을 확실히 보여줄 것이다. 그녀에게는 굳이 참호에서 목숨을 걸고 싸우지 않아도 될 만큼의 고유한 전문성이 있다.

인스티투차크 거리에 색색의 종이로 만들어진 천사들이 바람에 나부낀다. 학살 피해자들의 친척과 친구, 그리고 학살 생존자들이 천천히 모여서 촛불을 하나씩 밝힌다. 예우헤니아도 촛불을 든다. 작은 기념비를 향해 다가가면서 그녀는 사진에서 보았던 얼굴들을 알아본다. 죽은 자들이 그녀의 마지막 고객이다.

오늘은 구름 사이로 조금 초현실적인 빛이 쏟아진다. 마치 하늘도 포탄에 쓰러진 자들을 기억하고 있다는 듯, 그리고 인스티투차크 거리에 모인 사람들에게 몸을 굽혀서 그 사실을 알려주려는 듯. 문득 10월광장 위로 무지개가 떠오른다. 이 건물에는 한때 내무인민위원회[4]의 고문실이 있었다. 우크라이나 작가, 예술가, 활동가들이 고통 속에서 목숨을 잃었던 그 건물은 1960년대 이후 중요한 문화센터로 탈바꿈했다. 무지개가 희망찬 앞날을 예견하는 길조처럼 보인다. 어쩌면 이번에는 우크라이나 지식인들이 체포되어 고문받고 처형되는 일을 막을 수 있지 않을까.

예우헤니아도 이런 길조를 믿는지는 알 수 없다. 그녀는 실체도 모르는 초강대국에게 자신의 임무를 위임하는 부류가 아니다. 하지만 어쩌면 이 순간 하늘에 뜬 무지개와 종이로 접은 천사들이 바람에 나부끼는 것을 보며 그녀 역시 더 고차원적인 정의의 존재를 믿는지도 모른다. 그녀가 핸드폰으로 사진을 찍는다. 빛나는 하늘, 도시 위로 예고 없이 떠오른 겨울 무지개, 8년 전 키이우에서 학살당한 남자들과 여자들을 기리고 자유와 존엄, 민주주의를 수호하기 위해 아이들이 손수 만든 천사들의 모습을 사진에 담는다. 예우헤니아의 절친한 친구이자 활동가인 로만 라투슈니도 목숨을 잃을 수 있었다. 예우헤니아 또한 그녀의 목숨을 걸었다. 그들은 살아남고 기념비에 얼굴이 새겨진 자들이 죽은 것은 순전히 우연의 문제였다.

예우헤니아는 누가 그들의 목숨을 빼앗았는지 안다. 사건이 일어난 시간의 순서부터 총알의 궤적, 나무 둥치에 남은 총알 흔적의 모양, 가해자들의 신상 정보, 특수경찰대의 지휘 체계까지,

---

[4] 1934년에서 1946년까지 소련 내정과 강제노동수용소(굴라크) 운영을 도맡았던 내무인민위원회는 이후 국가보안위원회KGB로 바뀌었다.

조사관과 검사, 기자들이 밝혀낸 고통스러운 세부 사항을 그녀는 빠짐없이 알고 있다. 지휘관 드미트로 사도우니크는 평화 시위를 벌인 우크라이나 시위대 39명을 살해하고 러시아로 도주한 혐의가 있다.

예우헤니아는 가해자보다 사망자를 더 잘 안다. 우크라이나인들은 눈물을 머금은 채 그들을 '100인의 의인[5]'이라고 부른다. 그리고 우크라이나인 모두에게 예우헤니아는 '100인의 의인'을 대변하는 변호사이다. 그녀는 그들의 이름과 얼굴, 그리고 부모들의 이름과 얼굴도 알고 있다.

그녀는 키아누 리브스가 주연을 맡은 영화 〈데블스 애드버킷 The Devil's Advocate〉을 보고 나서 변호사가 되기로 결심했다. 어린 시절 그녀는 키아누 리브스가 연기한 변호사와 똑같이 되든가, 그렇지 않으면 아예 그와는 정반대인 사람이 되겠다고 다짐했다. 어쩌면 예우헤니아 자크레우스카는 그녀의 이상을 실현했는지도 모르겠다. 지금 그녀는 천사의 변호인이 되었고, 아이들이 고사리손으로 종이를 접어서 만든 천사들이 바람에 나풀거리고 있으니까.

섬세한 성격에 깊고 푸른 눈동자와 긴 빨강 머리를 가진 그녀는 할리우드나 넷플릭스 법정 드라마의 주연에 완벽하게 어울린다.

하지만 러시아가 전면전을 선포하고 나면 그녀는 곧 긴 빨강 머리를 자를 것이다. 그녀와 레샤 간자는 결국 입대하게 될 것이다.

---

5 존엄혁명에서 특수경찰대에게 살해된 시위대를 '100인의 의인'이라고 부르는데, 이는 마이단 자위대에서 핵심 역할을 수행했던 수백 명을 일컫는 표현이다.

역사를 돌아보다

도시를 떠나는 난민처럼 아들의 손을 꼭 잡고 인파로 붐비는 기차역을 통과한다. 아직 내가 살던 도시가 공격받은 것은 아니다. 오늘은 2022년 2월 22일이고, 나는 여전히 이집트 룩소르의 여느 관광객과 다를 바가 없다. 고대 사원에서 온갖 언어로 재잘거리는 호기심 많은 열 살짜리 아들을 잃어버리지 않으려고 애쓴다. 다른 사람들처럼 엄마라면 마땅히 해야 할 의무인 것처럼 나는 사진을 아주 많이 찍는다. 천 년 넘은 돌 앞에서 사진을 찍으면 아이들도 덜 약해 보이지 않는가.

여행 가이드인 현지 여성이 웃음 띤 얼굴로 능숙하게 이야기를 들려준다. 그녀의 말에 거의 집중할 수는 없지만, 그럼에도 불구하고 나는 파라오들의 통치, 왕국의 흥망성쇠와 카르낙 신전의 거대한 기둥에 신성한 상징을 솜씨 있게 새긴 무명의 누군가를 집어삼킨 시간의 파도 속에 갇혀 있다고 느낀다. 역사의 저류 속에서 우리를 붙잡으려고 하는 군중처럼 시간이 나를 둘러싸고 소용돌이치는 것 같다. 내가 아들의 손을 꽉 쥔 것처럼 시간도 그렇게 나를 붙잡고 있다. 보호받는다기보다는 납치당한 느낌이 든다. 지금, 지금 당장 그들이 공격을 감행하기라도 한다면. 통신 장애 때문에 핸드폰으로 최신 뉴스를 확인할 수가 없다. 나는 이 여행이 끝났으면 좋겠다.

　나와는 다르게 아들은 귀를 쫑긋 세워 이야기를 듣고 있다. 가이드가 거대한 풍뎅이 석상으로 우리를 이끌고 그 주위를 일곱 바퀴 돌면서 소원을 빌어보라고 하자 아들은 기꺼이 그 말을 따른다. 심지어 아들은 찌는 듯한 이집트의 무더위 속에서 온종일 돌아다녔음에도 불구하고 다른 관광객들을 제치고 먼저 풍뎅이 석상 주위를 돈다. 대체 어떤 소원이기에 쨍쨍 내리쬐는 햇볕에도 아랑곳하지 않고 뛰어다니는 걸까.

　"무슨 소원을 빌었어?" 그 나이또래 소년들처럼 전자 기기를 선물받고 싶어할 거라고 짐작하며 가이드가 묻는다. 아들은 질문을 듣지 못했거나 듣지 못한 척한다.

　하지만 나는 열 살 아들의 소원을 숨길 마음이 없다. 오히려 나는 전 세계가 아들의 소원을 알게 되었으면 좋겠다.

　"블라디미르 푸틴이 죽는 게 아들 소원이에요."라고 내가 말한다.

그 순간 가이드의 미소가 사라지고, 그녀는 예의 있지만 의미는 없는 무슨 말을 중얼거린다. 나는 그녀를 탓할 마음이 없다. 열 살짜리에게 들을 만한 대답은 확실히 아니니까.

다섯 살 생일을 축하하는 케이크의 촛불을 끌 때부터 아들의 소원은 전쟁이 끝나는 것이었다. 오늘까지도 아들은 그저 평화를 바랐을 뿐이다. 그의 소원은 가해자의 처벌, 우크라이나의 승리나 정의의 실현이 아니라 그저 전쟁이 끝나는 것이었다. 하지만 우크라이나 아이들이나 시대는 빠르고 불가피하게 변하고 있었다.

아들이 죽기를 바랐던 블라디미르 푸틴은 바로 어제 루한스크와 도네츠크 인민공화국을 독립국으로 인정한다고 공표했다. 꼭두각시 정부를 인정한다는 것은 이제 러시아가 우크라이나를 상대로 하이브리드 전쟁을 끝내고 전면전을 일으킬 준비가 되었음을 의미한다. 뉴스에 나오는 공포는 엄포가 아니었다. 8년 전 도네츠크와 루한스크의 아이들처럼 우리의 삶도 곧 바뀔 게 분명했다. 나는 아들의 손을 더 꼭 잡았다.

룩소르에서 호텔로 돌아오는 길에 나는 아들에게 할머니의 어린 시절 이야기를 들려주었다. 엄마는 냉전의 위기 속에서 수학 시험 준비를 그만둔 적이 있었다. 핵전쟁이라도 나서 지구 종말이 오면 수학 시험 결과 따위가 무슨 소용이겠느냐고 생각한 엄마는 남은 시간을 즐기기로 마음먹었던 것이다.

종말은 오지 않았지만 수학 시험은 이미 끝나버렸다. 그런 이유로 엄마는 수학에서 역사로 전공을 바꿨다. 그리고 전쟁의 공포는 세계적으로 유명한 변호사 허쉬 라우터파하트와 라파엘 램킨이 1930년대에 다녔던 대학에 진학하도록 엄마를 이끌었다. 1944년 렘킨은 '제노사이드genocide'라는 용어를 만들었고, 라우터파하트는 '반인도범죄crimes against humanity'라는 개념의 윤곽을 그렸다. 이들이 정립한 두 개념은 뉘른베르크에서 나치 전범을 기소하고 훗날 헤이그 국제형사재판소에서 슬로보단 밀로셰비치를 심판하는 데 쓰였다. 다행히 지구 종말에 대한 엄마의 상상이 끼친 유일한 영향은 전공을 바꾼 것밖에 없었다.

사막을 달리는 택시 안에서 아들에게 이야기를 들려주는 동안에도 나는 몇 개월 후 아들의 할머니 역시 우크라이나 현실의 본질과 뗄려야 뗄 수 없는 전쟁범죄를 기록하기 위해서 국제법의 기초를 익히게 되리라는 사실을 알지 못했다.

"당신 나라 일이 잘 해결되었으면 좋겠네요." 안드리의 소원을 알게 된 가이드가 여전히 미소를 머금고 말했다.

나도 그렇게 되기를 희망한다. 무엇보다 우크라이나 국경에 결집한 러시아 부대의 수는 맹렬한 저항을 벌일 게 뻔한 키이우를 점령하기에는 부족하다. 그리고 고대의 풍뎅이가 부리는 마법의 힘도 무시하지는 못할 게 아닌가.

호텔로 돌아오자마자 푸틴이 러시아 영토 밖에 주둔하는 러시아군의 파병 결의안을 제출했다는 뉴스를 확인한다. 분명히 푸틴은 지금껏 살아남았고, 이집트 풍뎅이의 마법으로 수천의 목숨을 구하려는 내 아들의 순진한 시도는 아직 성공하지 못했다.

푸틴의 종말 대신 나는 가슴을 철렁 내려앉게 만드는 죽음을 듣는다. 1960년대 우크라이나 지하예술운동의 핵심 인물이었던 반체제 인권운동가가 지난밤 갑작스레 사망했다고 한다. 아들에게 이 소식을 전하고 싶은데 안드리는 이미 잠들어 있다. 하지만 이 책의 독자에게는 이야기할 수 있다. 이반 지우바는 1965년에 발간한 책 『세계화인가 러시아화인가?Internationalism or Russification?』를 통해 구소련 시절 우크라이나 문화와 언어를 억압하고 폭력적인 방식으로 '러시아화'하기 위해 노력했던 사실을 드러냈다.

작가 정신으로 지우바는 인권 침해와 학살의 정황을 조사했다. 사실 이것이 그의 소명은 아니었지만 역사는 그에게 선택의 여지를 거의 남기지 않았다. 역사는 이제 곧 내 선택의 여지도 좁히게 될 것이다. 아직은 모르지만 그해의 남은 기간 동안 나는 우크라이나 도시들 위에 뜬 수많은 별을 보게 될 것이다. 정전을 겪게 될 것이고[6]

지우바는 저명한 우크라이나 반체제 인사들이 동부 출신인 이유를 설명하면서 이렇게 말했다. "짓누르면 짓누를수록 저항도 거세진다." 지우바 자신도 볼노바하 근처 도네츠크에서 성장기를 보냈다.

이제 곧 볼노바하는 존재하지 않을 것이고 러시아군이 고향

---

[6] 이 문장은 미완으로 남아 있다.

을 짓밟는 것을 그가 보지 못하게 되리라는 사실도 별다른 위안을 주지 않는다. 설령 아주 조금의 위안을 준다고 해도 그것은 정의가 아니다.

새 집

카사노바 I

카사노바

트루스하운드의 전쟁범죄 조사원인 그녀의 콜사인은 카사노바다. 그녀는 서른일곱인 나와 나이가 비슷한 것 같다. 그녀도 머리가 길고 아들이 있으며 책을 쓰고 싶어 한다. 소설을 쓰기 위해서 내가 하던 일을 그만둔 반면 카사노바는 2014년부터 전쟁범죄 조사와 인권 수호에 헌신해왔다. 세월이 흐르면서 많은 사람들이 현장 임무를 그만두고 정의를 추구하되 스트레스를 덜 받는 길로 돌아섰지만 카사노바는 아니었다.

신변의 안전 때문에 그녀는 책에 실명을 언급하지 말아달라고 부탁했다. 카사노바는 2014년 전쟁으로 피해를 입은 도네츠크와 2018년 러시아에 강제 병합된 크림반도에 파견되어 일했다. 정의와 인권의 이상을 실현하기 위해서 그녀가 다음에는 어디로 향할지 누가 알겠는가. 만에 하나 그녀가 찾아서 기소하려는 전쟁범죄자 중 누군가에게 붙잡히게 되더라도 트루스하운드의 핵심 조사원인 그녀의 신분이 노출되지 않는 편이 확실히 낫다.

나는 카사노바에 대해 쓰고 싶었다. 그녀는 내가 이 책을 집필하는 이유이기도 하다. 처음에는 그녀가 익명으로 등장할 것을 요구해서 실망스러웠다. '카사노바'라는 남자 같은 콜사인이 과연 귀여운 별명을 붙인 미니밴을 몰고 전쟁터를 누비는 젊고 아리따운 그녀의 모습을 제대로 드러낼 수 있을지 의문스러웠다. 그녀가 모는 낡고 흰 메르세데스 비토는 '버디Birdy'이고, 그녀는 '카사노바'이다. 하지만 그녀가 들려준 이야기를 듣고 나는 그녀의 콜사인을 다르게 보게 되었다.

2021년 말, 러시아가 우크라이나를 침공한 지 7년이 되었을 때 카사노바는 전쟁범죄 조사원을 그만두기로 결심했다. 그녀가 수십 번씩 최전방과 임시점령지를 드나들면서 조사했음에도 불구하고 한 건의 사건도 헤이그의 법정 심리로 이어지지 않았다. 그녀는 범죄자를 법정의 벤치에 앉히는 결과로 이어지지 않는 현실은 생각하지 않겠다고 결심한 채 새로운 전쟁범죄를 기록하고, 보고서를 작성하고, 포탄 구멍의 사진을 찍고, 우크라이나 동부의 잔혹 행위를 영상에 담으며 업무를 계속 수행했다. 그녀는 결코 정의나 인권에 대한 믿음을 잃지 않았다. 하지만 그녀는 변화가 필요한 시점이라고 느꼈다. 선택은 쉽지 않았다. 트루스하운드는 그녀의 가족이 되었고, 러시아-우크라이나 전쟁에서 정의를 추구하는 것은 지난 몇 년간 카사노바를 앞으로 나아가게 하는 원동력이었다. 2022년 초 그녀는 용감하게 새 삶을 계획했다. 카사노바와 그녀의 남편은 중앙우크라이나에 집과 땅을 사서 아름다운 정원을 그 주위에 가꾸고 그곳에서 영원히 행복하게 사는 삶을 꿈꿨다.

카사노바는 이미 어떤 종류의 나무를 심어야 하는지도 알고 있었다. 사과, 살구, 체리나무가 우크라이나 땅과 기후에 가장 적합해서 잘 자란다. 훌륭한 전쟁범죄 조사원이었던 것처럼 좋은 농부가 되기 위해서 그녀는 하르키우국립농업대학의 석사 과정에 입학할 계획도 세워놓았다. 그녀는 재배한 과일을 팔고 키이우와 하르키우의 바쁜 도시인들을 마을로 초대해서 친환경 여행의 기회를 제공하며 생계를 꾸리려고 했다. 그야말로 단순하고 행복한 삶이었다.

그녀가 이야기를 들려주는 순간 '카사노바'는 새로운 의미를 덧입는다. 포르투갈어로 '카사casa'는 '집', '노바nova'는 '새로운'이라는 뜻이다.

그녀는 미래의 집 '카사 노바'의 정원을 제대로 계획했거나 아니면 적어도 제대로 꿈꿨다. 2022년 3월, 카사노바는 우크라이나 중심부 폴타바로 가서 미콜라 호홀[7]에 의해 신화가 된 고전적인 마을 미르호로드 근처에 땅이 있는 집을 구하려고 했다.

카사노바는 전쟁범죄 조사원을 그만두고 하르키우에서 새해를 맞이한 다음 '버디'를 몰아서 2022년 1월 1일 우크라이나 동부의 전쟁터로 향한다. 매년 전선에서 맞이하는 겨울마다 그녀의 친구들은 크리스마스 선물을 가져다주고 아이들과 놀아주기도 한다. 하르키우에 근거지를 둔 팀들은 자신들을 '성 니콜라스의 사슴'이라고 부르는데, 카사노바가 주로 운전을 도맡는다. 아이들과 놀아주는 게 쉽지는 않지만 다른 팀원들처럼 그녀도 사슴 뿔을 쓰고 옆에서 즐거움을 만끽한다. 그래야 전쟁터에서도 비극뿐만 아니라 기쁨을 보게 될 테니까. 2022년에 그녀는 스타니챠 루한스카로 팀원들을 태운 차를 몰기 시작했다. 2014년 러시아군이 학교를 폭격한 이후 2022년 확전을 꾀해서 2월 17일에 포탄을 퍼

---

7   역자 주: 미콜라 호홀은 작가 니콜라이 고골의 우크라이나어 표기이다.

부었던 그 동화유치원이 있는 마을로.

　포격 때문에 루한스크 근처 브루비우카 마을의 몇몇 청소년들은 '성 니콜라스의 사슴'에게 구출을 요청했다. 부모들은 떠나고 싶어 하지 않았지만 아이들의 피난을 허락했다. 팀은 카르파티아산에 숙소를 구했다. 카사노바는 그들을 하르키우로 데려오긴 했어도 더는 서쪽으로 차를 몰지 않으려고 한다. 지금 그녀는 하르키우에서 멀리 벗어날 수 없다고 느낀다. 나와는 다르게 러시아군의 침공에 대비해서 그녀에게는 실질적인 계획이 있다. 2022년 2월에 내가 수영복과 여름 드레스를 가방에 넣어서 이집트로 휴가를 떠난 동안 카사노바는 여분의 휘발유를 사고 하르키우에서 스비틀로보즈크로 향하는 탈출로를 연구했다. 스비틀로보즈크에서 그녀의 하르키우 친구들과 폴란드인 동반자들은 전면전에 대비해서 피난처를 확보했다. 그들은 연료가 가득한 플라스틱 용기를 아주 많이 비축했다. 카사노바는 언제든지 즉시 떠날 수 있도록 하르키우 아파트 발코니에 60리터를 쌓아두고 기다렸다.

　트루스하운드 역시 전쟁에 대비했다. 카사노바의 옛 상관이자 조직의 상임이사인 로만 아브라멘코는 브뤼셀로부터 당장 루한스크를 떠나라는 전화를 받기 전까지 그곳에서 전쟁범죄 조사에 대해 검사들을 교육하고 있었다. 전화를 받고 떠나기는 했으나 그는 서두르지 않았다. 그런 경고는 사방에서 쏟아졌고 모든 경고가 틀린 것처럼 보였다. 2022년 2월 23일, 로만은 결국 트루스하운드의 채팅 창에 최고강도의 경고 메시지를 두 단어로 전송했다. 코드 오렌지. 그 순간 모든 팀원들은 무엇을 할지, 어떻게 그리고 어디로 움직여야 할지를 알았다. 하지만 2021년 말에 채팅 창에서 나갔던 카사노바는 그 메시지를 받지 못했다. 그녀는 하르키우 집에 머무르고 있었다.

미르호로드 근처에서 정착을 꿈꿨음에도 불구하고 카사노바는 오직 길에만 집중한다. 그녀는 전쟁범죄 조사원과 자원봉사자를 태우고 미니밴을 운전하는 일을 사랑한다. 인권 업무는 금광에서 금을 캐는 게 아니기 때문에 그녀가 운전하는 미니밴들은 무척 낡았다. 미니밴에도 이름 혹은 콜사인이 있다. 시동이 꺼지면 그녀는 계속 가라고, 팀을 위험에 처하게 하지 말라고 미니밴에게 이야기한다. 미니밴들의 이름은 비밀이 아니다. 초록색 폭스바겐은 '오이', 노란색은 '피쉬Fishy'이다. 이 미니밴들은 트루스하운드 팀 전체가 이용하는 차량이다. 카사노바 자신의 미니밴은 흰색 메르세데스 비토인데, 그녀는 그 차에 '버디Birdy'라는 이름을 붙여주었다. 2022년 2월 24일, 하르키우를 향한 공격이 시작되었을 때 카사노바는 대피 계획에 따라서 임무를 수행했으며, '버디'에 승객을 태우고 실어나르기 시작했다.

그녀는 가급적 많은 사람을 피난시키고 나서 전쟁범죄 조사원으로서의 임무를 재개하려고 했다. 그 지역에 있는 전쟁범죄 조사원 모두가 러시아의 전술을 너무 잘 알고 있었고, 그들은 곧 홍수처럼 밀려드는 전쟁범죄를 보게 되리라는 사실을 알고 있었다.

정원이 딸린 새 집을 장만하려고 했던 그녀의 꿈은 미뤄졌다. 새 집을 사려고 했던 폴타바 근처에서 카사노바는 주유소에 멈춰 로만 아브라멘코에게 메시지를 보냈다.

"공석 있어요?" 그녀가 씁쓸하게 묻는다.

"물론 있지요. 어떤 일을 하고 싶어요?" 로만이 답한다.

2월 27일, 그녀가 페이스북에 글을 올린다. "여러분, 나는 살아 있고 잘 지내며 가족도 무사합니다. 다시 자원봉사와 그 '업무'로 돌아왔어요. 이렇게 말하면 무슨 뜻인지 이해하겠지요. 하르키우에서 민간인 공격에 관한 정보가 있으면 보내주세요. (개인 메시지로만)."

카사노바는 포르투갈어를 모른다. 집과 정원에 대한 꿈은 카사노바가 그녀의 콜사인을 갖고 나서 한참 후에 꾸게 된 것이다. 나에게는 체리나무에 둘러싸인 집 '카사 노바'의 목가적인 환상이 바로 그녀가 익명으로 활동하면서 지키려고 한 것으로 보인다. 심지어 카사노바가 목격자와 전쟁범죄 생존자에게 다시 말을 건넬 때도 나는 파괴와 불의, 고통의 현실 사이로 한 줄기 빛을 비추는 그녀의 '새로운 집'을 볼 것이다.

그녀가 증거였다

이리나 도우한|

이리나 도우한

1. 선택의 시간

이리나 도우한은 이미 새 집과 새 정원을 가지고 있다. 이전에 살던 집은 2014년 도네츠크에 두고 떠나야 했다. 마리우폴의 가족을 만나기 위해 대피하면서 그녀는 셰퍼드 마틸다와 고양이 두 마리, 러시아의 점령으로 입어보지도 못한 딸의 졸업 파티 드레스밖에 챙기지 못했다. 이리나가 러시아인들에게 납치된 동안 대부분의 귀중품은 이미 집에서 도난당했다. 물론 그녀는 20여 년간 가꾼 나무와 꽃도 피난시키지 못했다.

2023년 2월 23일 밤 11시경, 군에 있는 친구로부터 메시지를 받을 무렵 키이우 근처 이리나의 새 집은 고요하다. "몇 시간 안에 그들이 전면전을 일으킬 거야."

그녀는 펄쩍 뛰면서 남편에게 이 사실을 알려주러 가지만 그는 이미 잠들어 있다. 그녀는 메시지가 전송된 핸드폰을 손에 쥐고 남편이 잠든 모습을 바라보다가 깨우지 않기로 한다.

지난 8년간 그들은 서로를 소중히 보살피려고 애썼다. 2014년에 변호사 예우헤니아 자크레우스카가 러시아에 강제 병합된 도네츠크에서 인질로 붙잡혔던 끔찍한 시간에 대해 인터뷰했을 때 이리나는 훗날 '바그너 그룹Wagner Group'이라고 불리는 러시아인들이 그녀에게 무슨 짓을 했는지는 상세히 밝히지 않았다. 남편이 방에 있었고, 그녀는 남편이 그 이야기를 듣는 것을 원하지 않았다. 『뉴욕 타임스』에 도네츠크 광장에서 구타당하는 그녀의 사진이 실려서 기적적으로 그녀의 방면을 촉발했지만, 그 사진을 보는 것만으로도 남편은 힘들어했다. 그는 당시에 무엇을 할 수 있었을까. 그는 가장 어두웠던 시기 우크라이나인에게 무료 법률 서비스의 제공을 지원하는 유로마이단 긴급구조 핫라인에 연락했던 것을 기억한다. 전화를 받은 여자는 올렉산드라 마트비추크였는데, 시민자유센터 대표이자 미래 노벨평화상 수상자였다. "사진에 찍힌 여자가 내 아내입니다. 나는 무엇을 해야 합니까?" 그가 말할 수 있는 것은 이것뿐이었다.

다행히 이리나의 방면을 위해 그는 아무것도 할 필요가 없었다. 모리시오 리마Mauricio Lima가 찍은 사진이 모든 일을 해결했다. 그는 이후에 아내를 잘 보살피기만 하면 됐다. 2014년 도네츠크를 떠난 후 그는 마리우폴에서 어릴 때 살던 아파트와 자동차까지 남은 재산을 모두 처분했다. 이리나가 키이우 부근에서 안전하게 다시 정원 딸린 집에서 살도록 하기 위해서.

지금 이리나는 정원이 있는 새 집에서 러시아의 공격을 기다린다. 그녀가 도망쳐도 러시아는 그녀를 뒤쫓는다. 친구의 메시지가 틀렸기를 바라지만 여하튼 그녀는 준비가 되어 있다. 이미 2014년 도네츠크에서 러시아 군인들을 맞닥뜨렸으니 최악의 상황은 이미 벌어진 셈이다. 당시 그녀는 준비되어 있지 않았다. 그녀의 생존은 기적과 같았다. 유명한 사진 작가가 하룻밤 사이 그녀의 사건을 전 세계에 알려준 덕분에 러시아인들은 아무도 모르게 그녀를 죽일 수 없었다. 하지만 지금 이리나는 더이상 기적이 일어나기만을 바라지 않는다.

그녀는 자녀들과 손주들이 살아남을 수 있도록 새 집의 지하실에 음식을 비축해 두었다. 그녀는 우크라이나군이 승리할 수 있도록 의무부대의 일원으로 훈련을 받기도 했다. 그녀는 2월 24일 오후 2시까지 그들의 공격을 기다리며 남편의 품으로 파고들어 잠든다. 누구도 대비할 수 없는 무언가에 맞서 대비하고 있음을 그들은 안다.

눈을 뜨면 러시아가 따라잡았다는 사실을 그녀는 알게 될 것이다. 러시아군에 붙잡혔을 때 맞아서 뇌진탕을 일으킨 여파로 그녀의 청력은 온전하지 않다. 그래도 아들과 손주 두 명이 지금 살고 있는 바실키우의 수많은 폭발음을 듣지 않는 것은 불가능하다. 그녀는 그들의 탈출을 기다릴 것이고, 가족들은 만반의 준비를 갖춘 지하실에서 모일 것이다. 그녀는 가족 모두를 한 명씩 안아준 다음 가방을 메고 떠날 것이다. 남편은 이미 약속된 접선 장소로 차를 몰아서 그녀가 호스토멜의 의무후송팀에 합류하도록 도울 것이다.

부부의 작은 차는 생존을 건 탈출을 위해서 모두가 도망쳐 나올 때 마을로 들어가는 몇 안 되는 차량일 것이다. 그녀는 호스토멜 공항 상공에 떠 있는 러시아 헬리콥터들을 보게 될 것이다. 하지만 어떤 것도 그녀를 멈출 수는 없다. 2014년 이후 이리나는 우크라이나 동부를 침략한 러시아가 저지른 만행의 산증인이 되었다. 그녀는 헤이그의 국제형사재판소 검사들을 만나고 수십 번이나 인터뷰를 하면서 2014년 도네츠크에서 우크라이나인 부역자들과 러시아 군인들이 여성들을 고문하고 강간했음을 강조했다. 하지만 지금 러시아 침공의 증거인 까만 Ka-52 엘리게이터 헬리콥터들이 그녀의 머리 위에 떠 있다. 이제 그녀는 더이상 전 세계에 무언가를 증명할 필요가 없는 것 같다. 단지 우크라이나가 승리하도록, 우크라이나 군인들이 살아남도록 돕는 것만이 필요하다.

사실 이리나는 곧 헤이그로 돌아가서 성폭력과 전쟁범죄, 그리고 법적 책임에 관해 발언할 것이다. 하지만 다른 의무부대원들과 미니밴에 올라타서 키이우 방어군을 살리기 위해 떠나는 그녀는 아직 그 사실을 모른다. 2월 24일, 헤이그는 호스토멜에서 너무 멀리 떨어져 있는 것 같다. 까만 러시아 헬리콥터들이 훨씬 가까이 있는 것 같다.

나의 2월 24일

2022년 2월 24일, 우크라이나로 돌아가는 비행은 오전 7시로 예정되어 있다. 공항으로 가는 택시를 탈 때도 이집트는 여전히 어둠에 잠겨 있다. 반쯤 비어 있는 바닷가 호텔에 머무는 나머지 투숙객들은 평화롭게 잠들어 있다. 어두운 방갈로를 지나면서 나는 가방을 끌지 않고 들어서 운반한다. 아무도 나로 인해 잠에서 깨지 않도록. 아니면 나는 고요한 세상을 느끼고 싶은지 모른다. 이제 곧 세계는 영원히 바뀌게 될 테니까.

이집트와 우크라이나 모두 새벽 4시다. 하늘을 올려다본다. 청명한 하늘에 큰곰자리가 머리 위에서 밝게 빛난다. 다른 별자리도 빛을 발하지만 나는 알아보지 못한다. 별이 빛나는 밤을 처음 본 건 다섯 살 때 루한스크에서였다. 당시 우리는 르비우에 살았고, 별자리 보는 법을 배울 정도로 별을 보기에는 인공 불빛이 너무 많았다. 우리가 방문했던 루한스크의 친척집은 밤하늘의 별이 보일 만큼 어두운 거리에 있었다. 그곳에서 누가 다섯 살 꼬마였던 나에게 큰곰자리를 알려주었다. 어쩌면 엄마였는지 모른다. 별로 가득한 밤하늘은 그 도시에 관한 내 기억의 일부가 되었다. 별은 곧 내 어린 시절과 루한스크를 의미했다. 나는 성장했고, 루한스크는 2014년 러시아에게 강제 병합되었으며, 세상은 변했지만, 나는 아직 다른 별자리를 익히지 못했다. 그리고 2월 24일은 별자리를 익히는 날이 아니다.

아들에게 서두르라고 재촉한다. 비행기를 놓치면 우리는 이 집트에 갇히고 말 것이다. 아름답지만 아랍어를 모르는 가족이 길을 찾기는 쉽지 않은 이곳에.

차가 사막을 달리는 동안 뉴스를 읽으려고 애쓴다. 핸드폰의 인터넷 연결이 다시 약해지는가 싶더니 거의 없어진다. 모든 노력에도 불구하고 나는 간신히 제2차세계대전의 전보처럼 짧은 메시지 한 개만 수신한다. 메시지에는 이렇게 적혀 있다. "키이우에서 전쟁 발발."

숨이 턱 막힌다. 오보임이 틀림없다. 두려움에 휩싸여 있으니 주위 소리들이 먼 곳의 폭발음처럼 들린다. 단지 불꽃놀이라면, 누군가의 농담일 뿐이라면. 최근 우리는 공포스러운 뉴스를 너무 많이 읽었고, 별이 아니라 부서진 벽돌 더미에 깔린 장난감을 너무 많이 보았으며, 잘못된 것만 생각하고 잘못된 소원을 빌었다. 게다가 폭발 그 자체를 놓고도 다른 모든 종류의 설명이 가능하다. 가스 폭발이라면. 가스 폭발은 정말 가능한 일이다. 유럽의 수도를 폭격하는 것은 가능한 일이 아니다. 더는 가능하지 않다는 뜻이다. 다시는 그런 일이 일어나지 않아야 하지 않겠는가.

"창밖으로 별이 보여?" 내가 아들에게 묻는다.

"안 보여요." 아들은 너무 졸린 상태다.

"큰곰자리가 보이는데. 큰곰 말이야." 우크라이나에 있는 가족, 친구들과 연락을 시도하는 사이 핸드폰 화면에서 쏟아지는 불빛에도 불구하고 아들이 계속 별자리를 보도록 거짓말한다. 정확히 누구에게 메시지를 보내고 전화를 거는지는 기억나지 않는다. 어쨌든 거의 모든 시도가 실패로 끝나버린다. 사막은 끝이 없다.

"아, 보여요!" 아들이 큰곰자리가 보인다고 외친다.

우리는 운전기사에게 고마움을 표하고 공항으로 뛰어 들어간다. 집에 도착하면 모든 게 분명해질 것이다.

"무슨 일이 벌어지는지 아세요?" 우리가 공항으로 들어가자마자 이집트인 직원이 묻는다. 한동안 나는 아무 말도 하지 않고, 그는 현실을 깨닫게 하려는 듯 같은 말을 반복한다.

"당신 나라로 갈 수 없습니다."

"당신 나라로 갈 수 없습니다."

갈 수 있고 갈 거라고 나는 생각한다. 이륙하는 항공사의 편명이 나와 있는 파란 화면으로 달려간다. 이렇게 오래 르비우, 키이우, 하르키우 같은 우크라이나 도시들을 화면에서 보는 것도 마지막일 것이다. 나는 이 악몽이 끝나기만을 바라면서 모든 공항의 파란 화면들을 찾아다니게 될 것이다.

한 시간도 되지 않아서 우리는 이집트 마르사 알람의 작은 공항에 남겨진 유일한 승객이 되어버렸다. 절망에 빠진 우크라이나 사람들은 여행사에서 대절한 버스를 타기 위해 공항을 떠났다. 우크라이나인들은 행복한 나라에서 온 여행객들의 탑승을 방해하지 않도록 임시 호텔로 안내되었다. 나는 혼자 호텔과 항공편을 예약했기 때문에 여행사와 맺은 계약이 없었고, 우리는 모두가 버스에 올라탔을 때에도 공항에 남았다. 공항 직원이 떠나달라고 요청했다.

"여기 계시면 안 됩니다." 공항 유니폼을 입은 남자가 반복해서 말한다. 그는 정말 반복을 좋아한다.

갈 곳이 없다고 설명해도 그는 이해하지 못하는 것 같다.

"이집트처럼 2011년에 우리도 불의에 저항하는 혁명을 겪었어요. 러시아는 혁명에 성공한 우리에게 그 대가를 치르게 하는 거예요." 갑자기 내 입에서 그런 말이 튀어나왔다. 나는 이집트 혁명을 포함한 세 개의 혁명[8]에 관해서 내가 책을 집필했다는 사실도 말할 수 있었을 것이다. 하지만 전쟁이 나면 그런 소소한 이야

---

[8] 빅토리아 아멜리나의 2014년 데뷔 소설 『가을 신드롬Fall Syndrome』은 세 개의 혁명에 초점을 맞춘다. 2011년 튀니지의 존엄혁명, 2011년 이집트 혁명, 그리고 2013-2014년에 키이우에서 일어난 존엄혁명이다.

기를 나눌 여유가 없다.

남자가 나를 저지하면서 말한다. "쉿. 혁명에 대해서 떠들면 안 됩니다. 알았어요. 여기 입구 근처에 앉게 해줄게요."

나는 그에게 고마움을 표하고 바닥에 앉아서 항공편을 검색한다.

잔악무도한 적이 당신이 사랑해 마지 않는 도시들을 공격하는 것을 알면서 텅 빈 외국 공항에 갇혀 있는 기분이란. 분노와 슬픔, 그리고…… 안도의 감정이 복합적으로 느껴진다. 그렇다. 안도의 감정도 느껴진다. 이런 감정을 느끼는 것이 수치스럽지만 어쩔 수 없는 것 같다. 지구 종말 같은 전쟁 초기에 절망이나 분노가 아닌 다른 감정을 느끼는 작가가 나 혼자는 아닐 거라고 자신을 합리화한다.

폴란드와 리투아니아 시인이며 노벨상 수상자이기도 한 체슬라브 밀로즈는 1939년 나치와 소련이 폴란드를 공격했을 때 느꼈던 감정을 이렇게 묘사했다. "마침내 허튼소리가 끝났다." 그는 또 이렇게 썼다. "오랫동안 두려움을 불러왔던 예언은 자기 확신에 찬 거짓말과 환상, 속임수로부터 우리를 해방시켰고, 불투명한 것이 마침내 투명해졌다."

크라쿠프에서 나는 우연히 밀로즈의 책을 산 적이 있다. 크라쿠프는 지금 텅 빈 공항 터미널 바닥에 앉아서 항공편을 찾으려고 애쓰고 있는 바로 그곳이다. 밀로즈가 안도한 이유는 나와 다르지만 허튼소리가 마침내 끝났다고 하는 그의 요지에 나는 동의한다.

아들이 생일에 빈 마지막 소원은 결코 이루어지지 않을 것이다. 아들의 성장기를 함께 한 전쟁은 끝나지 않았고, 더 진화하고 성장해서 한 번도 본 적이 없는 전면전으로 변모했다. 우리는 러시아와 전쟁을 치르게 되었다. 이제 전쟁을 전쟁이라고 불러야 할 때가 왔다.

유령 같던 평화의 계절은 끝났다. 모든 것이 사막 한가운데의 이 텅 빈 터미널에 쏟아지는 햇살처럼 분명해진다. 이곳에서 크라쿠프로 가는 항공편은 없다. 어디로 가야 할지 모르겠다. 데렉 월콧Derek Walcott의 시를 속삭인다.

…… 이 계절은 찰나의 순간에만 이어졌네
황혼과 어둠 사이, 분노와 평화 사이에서 멈춘 것처럼
하지만 지금 우리 지구에서 그건 오래 이어진 것이라네

종말이 오면 누군가는 울고, 누군가는 비명을 지르고, 누군가는 침묵하고, 누군가는 욕하고, 또 누군가는 시를 암송할 것이다. 솔직히 나는 정말 욕을 많이 내뱉는다. 시간이 흐르면 많이 웃는 법을 배울 것이다. 종말은 모두의 상상만큼 빨리 오지 않는다. 여전히 배울 시간은 있다. 배움을 위한 가르침이 없을 뿐.

아무도 원치 않은 전쟁의 가르침

제니야 포도브나 I

제니야 포도브나

러시아의 침공 전날 밤, 제니야 포도브나는 이르핀에 있는 새 아파트에서 늦게까지 깨어 있다. 그녀는 다큐멘터리를 제작하는 공영 방송사에서 내보낼 비상시 행동요령을 편집하고 있다. 사무실은 시내 흐레샤티크 거리에 있고, 비상시 행동요령은 전쟁이 키이우까지 확전되는 순간 방영될 예정이다.[9] 거의 아무도 그런 시나리오를 믿지 않지만 제니야는 다르다. 동료들은 종군기자 때 그녀에게 생긴 트라우마 때문이라고 짐작한다. 하지만 이르핀에 있는 그녀의 이웃들과 달리 동료들은 그녀가 공황 상태에 빠진다고 비난하지 않으며, 그녀가 중요하다고 판단하는 것은 그것이 무엇이든지 행동요령에 넣을 수 있도록 허락한다.

    2월 24일 새벽 2시쯤, 제니야는 직접 편집한 행동요령에 만족하고 '전송' 버튼을 누른 뒤 잠든다. 첫 폭발이 일어나서 그녀가 옳았음을 증명하기 전에 그녀가 기억하는 마지막 순간이다. 비록 옳은 것이 그녀가 원한 것은 확실히 아니었지만.

    제니야는 아파트 8층 계단을 뛰어서 오르내리며 모든 주민들의 문을 두드린다.

    "일어나세요! 대비해야 합니다!"

    "일어나세요! 공격받고 있어요!"

    "일어나세요! 전쟁이 터졌습니다!"

    제니야는 이웃들이 오래 전 러시아의 침략 가능성에 대한 경

---

[9] 해당 방송사는 2022년 3월 22일 러시아의 침공 이후 키이우 시내로 위치를 옮겼다.

고를 듣고 했어야 하는 일을 마침내 하리라고 확신한다. 지하실을 준비시키고, 음식과 물을 저장하고, 전력 공급이 끊겼을 때 전기를 쓸 수 있는 곳을 파악해두는 것 말이다. 하지만 이웃들은 여전히 웃거나 욕을 퍼붓고, 자신들을 내버려두라고 제니야에게 말한다. 전쟁이 터지기에는 너무 이른 시간이고, 모두가 잠을 원한다.

그녀는 동네 수퍼마켓으로 달려간다. 지하실에 음식을 비축해두고 전기 발전기도 있는 것 같은 동네 수퍼마켓을 그녀는 이상적인 피난처로 여긴다. 제니야는 이 모든 것을 수퍼마켓 직원들에게 설명하고 싶다. 마침내 그들은 그녀의 이야기에 귀기울일 것이다.

지금은 2022년 2월 24일 새벽 5시 30분이다. 전 세계 사람들이 텔레비전을 켠다. 아직 그들은 호스토멜, 이르핀, 부차 같은 마을의 이름을 모른다. 하지만 그들이 어쩌면 제니야 가까이에 있는 사람들보다 키이우가 처한 상황의 심각성을 더 잘 알고 있을지 모른다.

이 순간 어쩌면 이집트 공항 직원들은 이미 나에게 조국으로 돌아갈 수 없다고 말하고 있었는지도 모른다. 그들도 이 상황을 아니까. 모두가 이 상황을 안다.

하지만 이르핀에 있는 수퍼마켓 직원들은 여느 때처럼 업무를 준비한다. 그들은 제니야 포도브나 기자에게 곧 손님이 올 테니 업무에 집중할 수 있게 진정하라고 말한다. 제니야와 그녀의 부모님은 근처 아파트 단지에서 개방된 지하실을 발견하고 그곳에 방공호를 마련한다. 이제 곧 폭격으로 파괴되고 약탈당한 슈퍼마켓은 자취를 감추게 될 것이다.

정오 즈음 제니야는 아름다운 호수 근처에 있는 그녀의 아파트 8층으로 향한다. 헬리콥터 소리를 듣고 그녀가 창밖을 내다본다. 까만 엘리게이터 헬리콥터들이 까마귀 떼처럼 호스토멜 공항 위를 날고 있다. 이 광경은 앞으로 몇 달간 그녀의 뇌리에서 떠나지 않을 것이다. 키이우가 함락될지 모른다는 사실을 깨닫자마자 제니야에게 공포가 엄습한다. 그녀는 유리병 속에서 전쟁을 지켜볼 운명에 처한 것처럼 유리창에서 멀어지지 못한다. 그녀의 집, 고향, 그리고 부모님은 침략자들이 가진 무기와 까만 악어에 비하면 무력해 보인다. 제니야의 시간이 멈춘다.

이리나 도우한은 호스토멜로 향하는 그녀의 차 안에서 똑같은 헬리콥터 무리를 보고 있다. Ka-52 공격용 엘리게이터 헬리콥터들이 저공비행하면서 우크라이나 지상군을 향해 기관포와 유도 미사일을 쏘고 있다. 하지만 이리나가 의무부대와 합류하는 데 집중하는 사이 제니야는 종군기자로서 그 장면을 상공에서 목격하고 있다. 그녀는 이 헬리콥터 무리가 의미하는 바를 곰곰이 생각한다. 호스토멜 공항이 러시아군에 함락되면 수송기들이 군사 수천 명을 키이우의 코앞까지 싣고 올 것이다. 그녀는 자신의 세상이 종말을 향해 치닫고 있을지 모른다는 사실을 깨닫는다. 러시아의 계획은 먹혀드는 것 같고, 키이우는 며칠이나 몇 주가 아니라 단지 몇 시간 안에 러시아에 점령되고 말 것 같다. 제니야의 세계가 사라지고 있다.

그때 예상치 못한 반전이 일어난다. 헬리콥터 한 대가 검은 연기를 내뿜으며 아래로 추락한다. 제니야는 호스토멜 공항의 상공을 덮은 먼지구름을 바라보는데, 엘리게이터 헬리콥터 한 대가 아니라 천하무적이라는 러시아군의 신화 전체가 격파되고 있다. 첫 번째 헬리콥터의 격추는 승리가 아니라 희박한 승리의 가능성을 널리 드러내는 것으로, 많은 이들에게 일종의 상징이 된다. 불타는 러시아군의 엘리게이터는 우리가 싸우다가 죽는 게 더 낫기 때문에 싸우는 게 아니라 승리할 수 있기 때문에 싸운다는 사실을 의미한다. 이 두 가지 선택 사이에는 엄청난 차이가 존재한다. 이제 제니야는 미래를 계획할 수 있게 되었고, 그 계획에는 첫 번째 헬리콥터를 격추시킨 그 사람을 찾아서 이야기를 나누고, 그것을 전 세계에 전하는 일도 포함된다.

폭발이 가까워지고, 헬리콥터들이 저공비행하고, 러시아 전투기들이 상공에 출현하고 나서 점점 냉소가 옅어지는 이웃들을 위해서 제니야는 지하실 청소를 시작한다.

러시아 전투기와 엘리게이터는 우크라이나의 방어를 무력화한다. 하지만 저항이 계속되면 러시아의 대형 Il-76 수송기들은 군대와 무기, 연료를 싣고 방향을 바꿔서 본국으로 돌아가야 할 것이다.

그동안 제니야는 '부샤'라고 이름 붙인 늙은 친칠라를 위해

깔아둔 모래 안에 종군기자로 활약하며 받은 상패들을 숨긴다. 제니야는 남편의 훈장들을 안전한 곳에 보관하지 못한 것을 후회한다. 그녀에게는 남편의 군복에 달린 훈장들을 빼서 모래에 묻을 시간이 없다. 그녀는 상패도, 남편의 군복도 가지고 갈 수 없다. 2014년 이후 적이 된 러시아군을 너무 잘 알기 때문에. 그녀가 우크라이나군과 관련되어 있음이 누군가 혹은 어떤 물건에 의해 밝혀지기라도 하면 그녀와 부모님은 고통 없이 빨리 죽기만을 바라는 수밖에 없다. 그녀는 아파트에 작별을 고하고 아버지의 차가 기다리고 있는 거리로 나간다. 지금 그녀는 머릿속에서 두 가지 꿈을 꾸고 있다. 첫 번째는 물론 다시 집으로 돌아오는 것이다. 하지만 아파트가 파괴되면 이것은 불가능하다. 두 번째는 호스토멜 공항에 떠 있던 첫 번째 헬리콥터를 격추시킨 군인을 찾아서 고마움을 전하는 것이다. 가해자와 피해자처럼 영웅에게도 이름과 얼굴이 있다. 하지만 그것을 조사하고 있을 때가 아니다. 제니야는 러시아군이 키이우로 향하고 있고, 곧 이르핀에 당도하리라는 사실을 안다.

    꽉 막힌 도로 때문에 제니야는 호스토멜과 보로댠카를 경유하는 더 위험한 경로를 택한다. 어둠 속 코로스텐 근처에서 그녀는 호송대를 발견한다. 제니야는 그들이 러시아군을 막기 위해 이동하는 우크라이나 제14여단이기를 바란다. 하지만 그녀가 탄 차를 밀어버리려는 탱크를 보고 의구심을 갖는다. 그녀는 군에 있는 친구들에게 전화해서 상황을 묻는다. 답은 짧고 공포스럽다.

"아군이 아니야."

제니야는 전체 차량에 'v'가 표기된 것을 본다.

몇 달 후 제니야는 이르핀의 아파트 문을 열고 조용히 말할 것이다. "저희 집에 오신 것을 환영해요." 그녀의 목소리는 갑자기 공기를 들이마시지 못한 것처럼 변하고, 나는 그녀를 따라 반쯤 불탄 방들을 둘러보게 될 것이다.

그때 나는 초보지만 능숙해지려고 노력하는 전쟁범죄 조사원이 되어 있을 것이다. 폐허가 된 이방인들의 집을 돌아다니는 경험도 했을 것이다. 나는 끔찍한 범죄를 겪고도 살아남은 사람들과 이야기하는 법을 카사노바로부터 배웠을 테고, 그들과 그렇게 이야기를 나눌 것이다. 하지만 존경하는 동료 작가이자 종군기자, 그리고 나의 친구인 제니야에게 들려줄 단어는 찾지 못할 것이다. 그녀가 반쯤 불탄 그녀의 삶으로 나를 안내하는 동안 나는 침묵할 것이다.

"여기 내 책들이 있네요. 봐요, 기적이라고 했잖아요. 난 운이 좋았어요. 이웃들은 모든 걸 잃었지만 나에겐 아직 책이 있어요."

그녀는 의자에 올라서서 선반 위에 있는 무언가를 꺼내려다가 우연히 빨간 목걸이를 찾을 것이다.

"내가 만든 거예요. 불안하면 이런 걸 하거든요. 도움이 돼요. 이건 2014년에 전쟁터에 나간 친구 소식을 기다리면서 만들었어요."

"그리고 여기는 침실이에요. 바닥이 언제든지 무너질 수 있어요. 포탄이 정확히 여기 밑으로 떨어졌거든요. 그때 난 이 방에 있었어요. 24일에 그 모든 게 시작되었을 때."

포탄 구멍 위에 있는 침실에 서 있는 것만으로 위험할 수 있지만, 나는 제니야가 그곳을 보여준 이유를 알게 될 것이다. 그녀가 다른 여성들을 위해서 했던 것처럼 그래야 나도 그녀의 이야기를 전할 수 있을 테니까. 여전히 사랑스러운 커튼과 기적처럼 멀쩡한 베개가 있는 아늑한 침실 사이로 추락하는 것보다 나는 제니야를 놓치는 것을 더 두려워하게 될 것이다.

제니야는 뒤돌아서 얼굴에 흐르는 눈물을 닦고 아무런 이유도 없이 나에게 사과할 것이다. 나는 그녀에게 눈물 흘리는 건 정상적인 반응이라고 말할 것이다. 하지만 그 순간 꽤 냉소적으로 나는 눈물 흘리는 그녀의 모습을 사진으로 남겨도 좋을지 고민할 것이다. 격한 감정을 담은 사진이 좋은 이야기를 만들지 않겠는가. 나는 기자가 아니어서 상대를 위해 포옹이라도 해줄 수 있는 상황에서 사진이나 영상을 찍는 데 익숙하지 않다. 그래도 사진 한 장 때문에 러시아군의 인질로 잡혀 있었던 이리나 도우한이 풀려났다. 도네츠크에서 구타당한 이리나 도우한을 찍은 사진작가 모리시오 리마처럼 유명하거나 좋은 사진을 찍지는 못해도 나는 때로 기록과 관여가 사실 다르지 않다는 결정을 내릴 것이다. 나는 핸드폰을 들고 우는 친구의 사진을 찍게 될 것이다.

미국 작가 수전 손택Susan Sontag은 사진 찍는 것이 불개입의 행위라고 생각했다. '개입하는 사람은 기록할 수 없고, 기록하는 사람은 개입할 수 없다'라고 그녀는 사진에 관한 책에 썼다. 내 기억에 아직 미완으로 남은 전쟁에 관한 내 소설에서 인물들은 항상 논쟁을 벌였고, 작가로서 나는 기록하지 않지만 개입을 택하는 편에 섰던 것 같다. 하지만 나는 그 누구보다 제니야의 허락으로 그녀의 이야기를 기록하게 되리라는 사실을 알게 될 것이다. 어떤 식으로든지 이 기록은, 이야기를 전달하는 이 행위는, 그 자체로 개입인 것이다.

모리시오 리마가 러시아군에 붙잡혀 있던 이리나 도우한의 목숨을 구한 것처럼 사진이 생명을 구하는 경우가 있다. 하지만 이번은 아니다.

세계는 해방 이후 이르핀을 방문하는 전 세계 지도자들과 유명인들의 사진에 끔찍한 배경으로 등장하는 제니야의 아파트를 보는 데 익숙해질 것이다. 나는 그곳에서 내 사진을 찍지 않을 것이다.

유럽

이집트에서 비행기표를 찾는 것은 힘들다. 유럽이기만 하면 목적지는 크게 신경 쓰지 않지만. 결국 나는 프라하행 표를 구한다. 푯값이 터무니없이 비싸지만 단 하루도 이곳에 더 머무르고 싶지 않다. 야자수, 수영장, 그리고 전체적으로 이완된 이곳의 분위기는 우크라이나의 상황과 너무 다르다. 나는 집으로 돌아가야만 한다.

공항에서 유럽연합의 승객들이 프라하행 비행기에 오르기 위해 체크인을 하고 보안검색대를 통과한다. 우크라이나 국민들은 기다려야 한다. 여권을 보거나 말소리를 듣지 않아도 나는 체코인들 사이에서 우크라이나인을 구별할 수 있다. 우리는 더이상 관광객처럼 보이지 않는다. 이미 우리는 난민, 군인이나 그 사이에 있는 무언가 혹은 누군가가 되어버렸다. 아직 그게 무엇인지 우리는 모른다.

우리는 체크인 카운터에서 우크라이나인들은 비자 없이 유럽연합을 몇 년간 여행할 수 있다는 사실을 설명하려고 한다. 관광객처럼 일상적으로 체코에 입국할 수 있다는 사실도. 하지만 우리가 더는 관광객이 아니라는 사실을 모두가 알고 있다.

어둠이 깔린 공항은 '우크라이나는 유럽'이라는 것과 이번 침략의 원인이 우크라이나에서 일어난 존엄혁명일지 모른다는 슬로건을 설명할 만한 장소가 아니다.[10] 이런 논쟁은 먹혀들지 않고, 아무도 우리를 들여보내주지 않는다.

동시에 첫 번째 난민들이 우크라이나 국경을 넘어 폴란드, 슬로바키아, 헝가리, 루마니아, 그리고 몰도바로 향한다. 하지만 나는 그 사실을 전혀 모른다. 우리는 한 시간 정도 프라하공항의 결정을 기다리면서 전날 독일행 항공편에 탑승을 거부당한 우크라이나인에 대한 소문을 이야기한다.

"비행기 못 타면 어떡해요?" 열 살짜리 아들이 나에게 묻는다.

나는 질문의 답을 모른다. 톰 행크스가 출연한 2004년 미국 영화 〈터미널〉에서 봤던 난민들에 대한 온갖 뉴스와 다큐멘터리

---

10 오늘날 존엄혁명(2013-2014)으로 알려진 혁명은 2013년 11월 말 키이우 마이단광장에서 유로마이단 저항 시위로 시작되었다. 이는 빅토르 야누코비치가 유럽연합과 정치 및 자유무역 협정 체결을 거부한 것에 반발한 항의로 촉발되었다. 유럽연합기와 '우크라이나는 유럽'이라는 슬로건은 혁명의 상징이 되었으며, 이로 인해서 빅토르 야누코비치는 축출되었다.

가 생각난다. 톰 행크스가 연기한 인물은 뉴욕 존 F. 케네디 공항에 갇혀서 그의 나라로 돌아갈 수도, 미국에 입국할 수도 없게 된다. 우리처럼 사이에 끼어버린 것이다.

한 시간 후 우리에게 판결이 내려진다. "탑승 가능합니다."

나는 여전히 착륙 이후 통과해야 하는 입국심사를 걱정한다. 프라하공항에 갇히는 것은 조금 더 나을지 모른다. 언어도 비슷하고 공항에는 카페도 많았던 것 같다.

프라하공항에서 입국심사를 담당하는 젊은 여성이 내 여권을 흘깃거리고 나를 쳐다본다. 그녀는 여권에 적힌 정보보다 내 얼굴 표정이 더 흥미로운 것 같다. 어쩌면 그녀는 일을 시작한 지 얼마 안 돼서 자신의 나라가 폭격당하고 있는 사람을 못 봤는지 모른다. 어쩌면 그녀는 내가 아니라 전쟁을 보고 있는지도 모른다. 어떤 질문도 하지 않고 그녀는 내 여권에 도장을 찍는다. 나는 고개를 끄덕이고 역시 아무 말 없이 서류를 챙긴다. 나는 "고마워요"라는 말조차 내뱉을 수 없다. 나는 흐느끼고 있다.

"왜 울어요, 엄마?" 아들이 묻는다.

"집에 왔으니까." 내가 말한다.

"하지만 여긴 우크라이나가 아니잖아요." 아들이 말한다. 혼란스러운 얼굴로.

"여기는 유럽이야." 마치 '유럽'이라는 단어가 모든 것을 아이에게 설명해줄 수 있는 비밀번호라도 되는 듯 내가 말한다. 물론 유럽은 그렇지 않다. '유럽'이라는 단어는 며칠 후 재정의될 것이다. 세계는 변모하고 있고, 단어의 의미도 변하고 있다. 나는 '전쟁'이라는 단어를 발음할 수 없는 나 자신과, 아들의 침묵, 그리고 체코 입국심사관의 시선에서 그 변화를 체감한다. 우리의 입국이 허가되어서가 아니라, 나를 보는 사람들의 시선에 내가 아니라 전쟁이 담기고 있는 것만 같아서 울음이 터진다. 우크라이나인은 모두 전쟁이 되어버렸다. 우리와 관련된 다른 어떤 것도 중요하지 않으며, 참사가 시작되었다는 사실만이 중요해졌다.

폴란드로 향하는 열차표를 산다. 수심 가득한 유럽을 통과해서 우크라이나 나의 집으로 향한다. 그곳에서 나는 전쟁을 치르고 있는 사람일 뿐, 전쟁 그 자체는 아닐 것이다.

물론 아들은 나와 함께 가지 않는다. 우리는 이제 곧 헤어질 것이다. 하지만 아들은 아직 그 사실을 모른다.

K 출신 작가

이리나 노비츠카 I

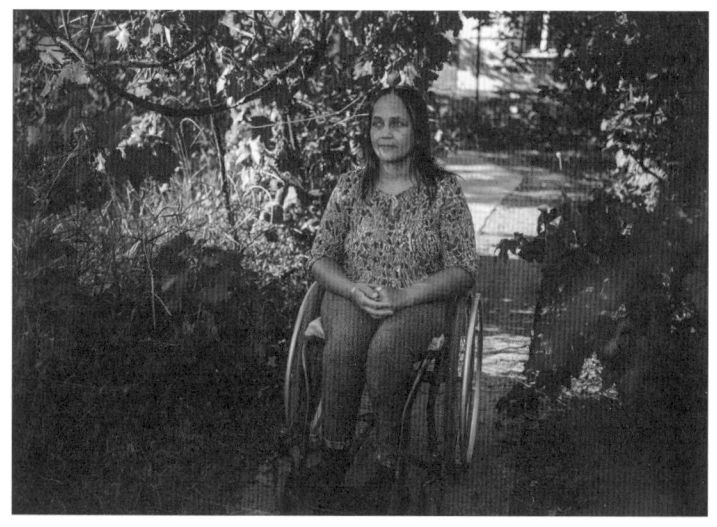

이리나 노비츠카

아침 7시, 폭발이 이리나 노비츠카의 집 벽을 뒤흔든다. 이 순간 그녀의 이웃들은 벌떡 일어났는지 모른다. 이리나는 거의 10년 동안 그러지 못했다. 심지어 전면전이 시작되어도 그녀는 천천히 휠체어로 움직여야 한다.

여느 우크라이나인처럼 그녀도 광적으로 뉴스와 메시지를 읽는다. 러시아군이 헤르손으로 진군 중이고, 이미 그녀가 있는 드니프로에서 200킬로미터도 떨어지지 않은 곳까지 빠르게 움직이고 있다. 하지만 그녀는 자신의 안위를 걱정하지 않는다. 나라의 반대쪽 끝 하르키우에서 러시아군은 이즘 근처 작은 마을로 진군 중이고, 그곳에는 자폐증을 앓는 그녀의 열네 살 아들 비탈리카와 그녀의 오랜 친구이자 전남편, 그리고 우크라이나 작가인 볼로디미르 바쿨렌코가 살고 있다.

이리나는 빠르게 움직일 수 없지만 생각만큼은 빠르다.

"비탈리카를 데리고 떠나." 그녀가 볼로디미르에게 메시지를 보낸다.

그녀는 통신이 두절되지 않는 한 매일 그에게 탈출을 재촉할 것이다. 그리고 3월 7일, 그녀는 아들과 그들이 처한 상황에 대한 마지막 메시지를 받을 것이다. 볼로디미르는 러시아군이 마을로 들어올 때 그가 창문에서 본 장면을 이리나에게 이렇게 묘사할 것이다. "호송대의 마지막에 까만 니바 자동차가 있었어. 첩보원이 탄 것 같아. 핸드폰 전화번호를 모두 지워버렸어." 그게 그의 마지막 메시지가 될 것이다.

그들의 이야기는 2006년에 시작되었다. 요리학교 졸업생인 볼로디미르 바쿨렌코는 이줌에 있는 사료 공장에서 관리인으로 일하는 틈틈이 지역 아동예술센터에서 봉사 활동을 했다. 창작을 향한 그의 열망은 아직 채워지지 않은 때였다. 대학원에서 우크라이나 문학을 공부한 이리나는 르비우에 있는 출판사에서 편집자로 일했고, 볼로디미르 같은 작가 지망생을 위한 웹사이트 업무에 점점 깊이 관여하게 되었다. '시 창작 워크샵' 웹사이트는 르비우에 기반을 두고 있어서 동쪽 끝 이줌에 있는 시인들의 관심을 끌지는 못했다. 하지만 볼로디미르가 쓴 시의 강렬함이 이리나의 관심을 사로잡았다. 그의 필명은 볼로디미르 바쿨렌코-K였다. 그녀는 곧 'K'가 이줌 근처 그가 태어난 마을 카피톨리우카를 나타냄을 알게 되었다. 볼로디미르는 카피톨리우카를 깊이 사랑했다. 그의 사랑을 거의 되돌려받지는 못했지만 이 작은 마을은 그에게 삶과 죽음의 중심이 될 것이었다.

"두 개의 영혼이, 아아, 내 가슴에 살고 있구나." 이리나는 만남 당시 볼로디미르의 모습을 떠올리면서 괴테의 『파우스트』를 인용하는 것을 좋아한다. 그는 여전히 자신의 정체성과 역사 속에서 자신의 자리를 찾고 있었다. 이리나는 이미 역사를 창조한 경험이 있다. 2004년 겨울, 그녀는 키이우와 나라 전역에서 일어난 시민저항운동에 참여했다. 2004년 대통령 선거 조작을 막고 우크라이나 민주주의의 방향을 재정립한 운동은 훗날 '오렌지 혁명'으로 알려지게 된다. 볼로디미르는 반대편 바리케이드에서 오렌지 혁명을 바라보았다. 이리나가 키이우에서 친서방 성향, 궁극적으로는 친우크라이나 성향만을 띤 후보 빅토르 유셴코를 지지하며 시위하는 동안 볼로디미르는 도네츠크의 코스탼티니우카에서 친러시아 성향 후보 빅토르 야누코비치의 지지 진영을 지켜보았다. 볼로디미르는 그들의 친러시아 관점을 이해하려고 노력했지만 불가능했다. 2004년 오렌지 혁명 당시 그의 선택 때문에 그는 2022년 러시아 정권의 명백한 표적이 되고 말았다.

2006년 볼로디미르와 이리나가 만났을 때, 그는 이미 러시아군이 2022년에 확실히 제거하고 싶은 목표가 되고 있었다. 제국의 문화에 소속되어 얻는 특권은 물론 생존을 위해서라도 러시아인으로 정체성을 바꾸지 않을 사람. 이리나는 그의 완전한 탈바꿈을 도와주었다.

그 당시 그녀는 체첸공화국의 첫 번째 대통령 조하르 두다예프의 이름을 딴 거리에 있는 르비우의 인터넷 카페에서 돈을 지불하고 밤을 지새웠다. 볼로디미르는 구소련 시절처럼 소련 지도자와 러시아 작가의 이름을 딴 거리가 즐비한 카피톨리우카에서 인터넷에 접속했다. 그들은 17년 후 카피톨리우카에 그의 이름을 딴 거리가 생기고, 그가 죽음을 맞게 되며, 그녀가 전쟁 중 휠체어에 의지해서 장례를 치르게 되리라는 사실을 상상이나 할 수 있었을까. 물론 아니었을 것이다. 그들은 인생과 시, 정치를 이야기하며 밤을 새웠다. 그녀는 그에게 아르튀르 랭보의 시, 롤랑 바르트, 이반 프란코의 사랑에 관한 철학, 우크라이나의 '처형당한 르네상스 시대' 작가들, 그리고 60년대 저항 예술가들을 그에게 알려주었다. 이리나와 볼로디미르는 서로의 시를 읽었고, 우크라이나 반대편 끝에서 서로의 소식을 전했다. 그해 말, 그들은 같이 살기 시작했다. 그가 이리나에게 왔다고 하는 편이 더 맞을 것이다.

그가 카피톨리우카를 사랑했던 것처럼 르비우는 작가가 되려는 그에게 더 많은 기회를 주었다. 바쿨렌코는 시 낭독회에 참석했고, '우크라이나의 몽마르트' 비르멘스카 거리에서 작가, 음악가, 화가들의 예술 공동체에 속하게 되었다. 지가 갤러리는 예술인들의 구심점 역할을 하며 전시회와 음악회, 낭독회를 개최했다. 바쿨렌코는 최선을 다해서 자신의 예술을 드러내려고 노력했다. 우크라이나에서 가장 유명한 문학 잡지 체트베르—영어로는 '목요일'이라는 뜻이다—를 창간한 유리 이즈드리크는 30호의 기획에 도움을 얻기 위해서 바쿨렌코를 초대했다. 이리나는 지금도 그 잡지의 30호를 간직하고 있다. 바쿨렌코는 시인으로 갑자기 유명해지지는 않았다. 2011년에 그가 쓴 첫 번째 동화책이 먼저 출간되었다.

2008년 이리나는 첫 아들을 낳았다. 의사들은 부적절한 태아의 위치 때문에 제왕 절개술을 해야 했다. 3일 동안 그들은 산모에게 아기를 보여주려고 하지 않았다. 이리나가 처음 아들을 봤을 때 그녀는 조그만 아기의 몸에서 긁힌 상처와 이마에 난 상처의 흔적을 발견했다.

"수술 중에 문제가 있었어요?" 그녀가 물었다. 하지만 아무도 질문에 답하려고 하지 않았다. 독립 이후 우크라이나 의료 시스템은 여전히 개혁되지 않았고, 산부인과 진료를 받거나 출산하는 여성들은 특히 취약한 상태에 놓여 있었다. 이리나는 더이상 따지지 않았다. 그녀는 병원에서 나와서 아들, 남편과 함께 집에 있고 싶었다. 부부는 아이에게 '비탈리카'라는 이름을 지어주었다.

이리나는 두 살 무렵 아들의 어휘력이 다른 아이들에 비해 무척 빈약하다는 사실을 깨달았다. 그리고 아이는 시선을 피했다. 볼로디미르는 아이에게 문제가 없다고 주장했지만 1년도 되지 않아서 아이는 자폐증을 진단받았다.

이리나는 아들에게 최대한 많은 것을 가르치려고 애썼다. 심지어 아이는 몇몇 숫자와 글자를 익히기도 했다. 볼로디미르는 단지 아이가 사랑과 이해를 조금 더 필요로 할 뿐이라고 믿었다. 자신만의 독특한 비언어적인 방식을 통한 소통으로 그는 대화하지 않고도 아이를 이해하는 것처럼 보였다. 부부는 점점 더 자주 다퉜다. 아이와 결혼, 작가의 꿈을 포기한 것으로 인한 스트레스와 바쁜 일상 탓에 이리나는 다리에 통증을 느꼈지만 이미 늦은 후에야 문제의 심각성을 인지했다. 2011년에 그녀는 걷는 능력을 잃었다. 우크라이나의 민주주의처럼 그들의 결혼도 파경을 맞고 있었다. 이리나가 2004년 시위에 참가하면서까지 반대했던 친러시아 독재 성향의 후보 빅토르 야누코비치가 2010년에 대통령으로 당선되었고, 그는 다른 구소련의 국가들처럼 우크라이나를 독재국으로 만들기 위해 세력을 굳히고 있었다. 하지만 이리나는 정치에 관해서 논쟁할 여력이 없었다. 그녀의 삶은 급변했고, 그녀는 휠체어를 타는 데 적응해야만 했다.

다시 걸을 수 있을지도 모른다는 희망은 있었다. 2013년 말, 크림반도의 요양원 의사 류드밀라는 그녀가 일어서도록 도움을 주었다. 걸을 수는 없어도 일어설 수는 있었고, 그것만으로 이리나에게는 큰 의미가 있었다.

"다시 오세요. 그때는 보조 기구의 도움으로 걸을 수 있을지도 모릅니다." 2014년 2월 초 이리나가 크림반도를 떠나기 전에 의사는 그렇게 그녀를 격려했다.

이리나는 다시 보행 능력을 되찾고 결혼 생활도 회복할 수 있으리라는 희망에 차서 르비우로 돌아왔다. 하지만 그녀는 볼로디미르가 민주주의 지지 세력과 '티투슈키'라고 불리는 친정부 시위진압대 사이의 심각한 투쟁으로 격화된 시위[11]에 참여하기 위해서 키이우를 떠났다는 사실을 알게 되었다. 볼로디미르는 마린스키 공원에서 티투슈키에게 심하게 머리를 구타당하는 부상을 입었다. 하지만 부상당한 다수와 다르게 그는 승리를 안고 집으로 돌아왔다. 그들은 운이 좋았다.

야누코비치 정권은 몰락했고, 전직 대통령은 러시아로 도주했다. 승리는 씁쓸했다. 백 명이 넘는 사람들이 죽거나 실종되었고, 러시아군은 크림반도까지 들어왔다.

---

11 2013-2014년 사이에 일어난 존엄혁명을 의미한다.

러시아의 크림반도 합병 때문에 이리나는 류드밀라 박사를 다시 만나지 못했고, 보행 능력을 회복할 기회도 얻지 못했다. 볼로디미르와의 결혼 생활을 되돌릴 기회도 사라졌다. 러시아가 우크라이나 동부를 침략하면서 볼로디미르는 카피톨리우카로 돌아가겠다고 결심했다. 이쥼은 하르키우에서 도네츠크로 가는 길목에 있어서 군과 피해를 입은 시민 모두를 돕기에 편리했다.

몇 년이 지나서 이리나는 다른 남자를 만났다. 그는 엄청난 미남이었고 똑똑했으며 그녀처럼 휠체어를 탔다. 볼로디미르는 자신의 아버지, 그리고 비탈리카와 함께 살았다. 이리나는 새 남편과 함께하기 위해서 드니프로로 거주지를 옮겼다.

그런 까닭으로 이리나와 볼로디미르는 2022년 2월에도 전화와 인터넷으로만 소통할 수 있었다. 그들이 처음 만났을 때 그녀가 르비우의 두다예우에서, 그가 카피톨리우카에서 접속했던 것처럼.

2022년 첫 두 달간 그들의 대화 주제는 주로 이쥼과 카피톨리우카가 안전을 담보하기에 러시아와 너무 가깝지 않은지 여부였다. 볼로디미르와 이리나는 매일 대화를 나눴지만 결정을 내리지는 못했다.

2월 24일 오전 7시, 드니프로에 있는 이리나의 집 벽이 폭발로 흔들렸을 때도 볼로디미르는 그녀의 첫 대화 상대였다.

"제발 비탈리카를 데리고 떠나줘." 그녀가 그에게 다시 간청했다. 하지만 그는 결코 떠나지 않을 것이다.

전쟁을 치르러 가는 것처럼

2022년 2월 24일, 우크라이나인 수천 명이 서쪽으로 피난 가는 동안 다른 수천 명은 방어군에 합류하기 위해 동부로 향하기 시작한다. 4천만 새떼가 굉음에 놀라서 공중으로 치솟으며 지평선까지 하늘을 뒤덮는 것 같다. 도로는 곧바로 혼잡해진다. 원래도 줄이 짧지 않지만 폴란드와 우크라이나 사이 국경에 늘어선 줄은 모든 기록을 갈아치운다. 2월 26일 오후, 내가 국경에 도착했을 때는 이미 수만 명이 우크라이나를 벗어나기 위해 걸어서, 차를 타고, 버스에 올라 검문소로 몰려간다. 오직 차량 두 대만 국경을 넘어서 우크라이나로 들어간다. 내가 그중 한 차에 타고 있는데, 폴란드 작가 지에모비트 쉐레크의 회색 다치아 더스터이다.

르비우에 가서 친구의 가족을 대피시키려는 지에모비트는 나를 태워주고 짐도 싣도록 친절을 베푼다. 자동차 트렁크는 약과 위생용품, 폴란드 수퍼마켓에서 급히 산 통조림으로 가득하다. 나는 마지막 폴란드 주유소에서 기름통과 작은 기념품 보드카를 산다. 우크라이나에서 친구 소피아가 전화했을 때 내가 가져가는 물품을 이야기해주자 그녀는 웃음을 터뜨리며 말했다.

"꼭 전쟁이라도 치르러 가는 것처럼 만반의 준비를 갖췄네!"

그녀의 웃음에 히스테리가 있었는지 아이러니가 있었는지 모르겠다. 둘 다였던 것 같다. 나도 함께 웃었다. 당시 일은 카프카적인 꿈 같은 것일 수밖에 없었다. 지금 국경에서 그 꿈은 현실로 변하고 있다.

동쪽으로 가는 사람은 얼마 되지 않아서 어느 순간 우리는 우크라이나 탈출 행렬에 섞이고 만다. 동쪽으로 향하는 사람들을 위한 컨트롤 타워는 아예 없다. 아무도 우리가 오리라고는 예상하지 않았고, 모든 자원을 피난민을 위해 쓰고 있다. 지난 이틀간 국경에서 피난민 행렬에 섞여 있는 동안 나는 몰래 그들을 관찰한다. 어제 체코 국경검문소 직원이 나를 관찰했던 것처럼.

피난 가는 동포를 보지 못한 것은 아니다. 나는 그런 사람들을 본 적이 있다. 내 가족의 일부도 2014년 도네츠크에서 피난을 떠나야 했다. '자매'라고 부르는 시누는 도네츠크에서 헤르손으로 이주했다. 한나 할머니는 르비우로 가셨고, 2014년 군사 접촉선이

돼버린 작고 오래된 옛집으로 돌아가는 백일몽만 꾸시다가 그곳에서 돌아가셨다. 도네츠크와 루한스크를 비롯해서 크림반도 출신 친구들이 많이 있다. 그들은 집 열쇠를 주머니에 넣고 다니면서 남은 이웃들에게 빈 아파트 화분에 물을 뿌려달라고 요청하고, 유대인들이 '내년은 예루살렘에서'라고 하는 것처럼 모두에게 '도네츠크에서 다시 보자'고 말하는 것을 가르친다. 나는 이 모든 것에 익숙하다. 사실 나도 루한스크의 별이 빛나는 밤하늘과 도네츠크의 햇빛 가득한 광장, 그리고 크림반도의 작은 마을 시메이즈 근처 조그만 사이프러스 내음을 떠올린다.

하지만 공포와 절망에 사로잡힌 우크라이나인들이 며칠이고 국경에 체류하고, 모든 것을—심지어 집 열쇠마저—두고 떠날 각오로 이렇게 집단적인 피난을 떠나는 광경은 본 적이 없다.

그들은 가져온 게 별로 없다.

"야, 너 귀여운 가방을 가지고 있구나." 핑크색 가방을 끄는 금발의 여자아이에게 내가 말한다. 나는 가방에 아이가 좋아하는 장난감이 가득 들어 있기를, 그래서 이미 레고를 잃어버린 내 아들처럼 소녀가 장난감을 그리워하지 않기를 바란다. 아이 엄마는 아이에게 숨기려고 하지만 잔뜩 겁에 질린 것 같다. 소녀는 갑자기 떠나게 된 휴가처럼 받아들이는지 스스로 가방 끄는 것을 자랑스러워하는 게 분명하다.

"어디서 왔니?" 내가 묻는다.

"지토미르"라고 아이가 답한다.

사실일 거라고 나는 생각한다. 하르키우나 수미에서 출발한 사람들은 여전히 국경을 향해서 나라를 가로지르고 있을 것이다.

"우크라이나 안으로 들어가려구요?" 폴란드 국경검문소 직원이 얼굴을 찌푸리며 묻는다.

나는 누군가와, 어쩌면 내 조국과 결혼이라도 하는 것처럼 "네"라고 말한다.

폴란드 직원과 다르게 국경 너머 우크라이나 직원은 아무것도 묻지 않는다. 그는 안다. 그저 내가 집에 가려고 한다는 사실을.

우리는 걸어서 국경을 넘는 사람들을 지나쳐서 차를 몬다. 군중은 수백 개의 손과 입, 눈을 가지고 신음하는 거인처럼 보인다. 거인은 고통스러워한다. 외면하고 싶지만 나는 억지로 그 광경을 눈에 담는다. 고통에 신음하는 거인이 아니라 개개인을 보려고 해야 한다. 그들은 나와 아들처럼 대부분 여성과 아이들이다. 어제부터 남자들은 우크라이나를 떠나지 못하게 되었다. 내 눈에 보이는 젊은 남자들은 아마 외국인일 것이다. 그들은 공포에 사로잡혀 그들의 언어로 쓸모없는 언쟁을 벌이고, 국경 수비대원은 그들의 말을 거의 이해하지 못한다. 수비대원이 우크라이나어로 전체 군중에게 무슨 말을 외치지만 거인은 그의 말을 듣지 않는다. 수비대원은 몰려든 인파 속에서 누구도 압사하지 않도록 예의 따위는 버리고 필사적으로 애쓴다. 보통은 그런 수비대원의 입장에 공감하는 편이 아니지만 이번만큼은 그의 행운을 빈다.

우리는 줄지어 늘어선 자동차를 지나 한 시간 동안 여행을 이어간다. 차 안에서 다투는 가족, 차 주위를 걸으며 몸을 데우려는 사람, 아기를 안고 있거나 개를 산책시키고 화장실 없는 도로에서 볼일을 보기 위해 수풀 속으로 들어가는 사람, 더 빨리 국경을 넘기 위해 차를 놔두고 걷는 사람을 본다. 나는 우크라이나의 절망과 공포, 분노를 지나쳐 간다. 나라 전체가 갑자기 생존을 위해 달려야만 하는 것 같다. 주유소에서 산 작은 폴란드산 보드카를 꺼낸다. 왜 샀는지 몰랐지만 이제는 그 이유를 안다. 행렬은 40킬로미터 가량 이어져 있고, 기념품 보드카는 그들을 지나쳐 가는 경험에 비해서 너무 작다.

지에모비트는 내일 폴란드로 다시 돌아올 예정이다. 폴란드인인 그는 행렬을 지나쳐서 곧장 유럽연합 주민을 위한 통로로 국경을 넘을 수 있지만 나는 그렇지 않다. 우크라이나로 입국하는 것은 쉬워도 출국하려면 나흘 정도를 국경에서 보내야 할 것이다. 아들에게 약속하긴 했지만 나는 당분간 폴란드로 돌아갈 계획이 없다. 나는 아이에게 거짓말을 했고 앞으로도 계속 거짓을 말할 것이다. 전쟁 때문에 나쁜 습관이 생겼다.

2022년 2월 26일 저녁, 르비우에 있는 내 아파트에 도착한다. 평소처럼 아들과 반려견이 달려와 반겨주지 않아서인지 춥고 텅 빈 것처럼 느껴진다. 사이렌이 울부짖는다. 나는 복도 바닥에 누워서 부상당한 사이렌처럼 울부짖는다. 안으로 들어가서 아들의 책과 장난감, 집, 성, 우주선, 유명 건물을 모방해서 만든 괴이한 레고 조형물을 보기가 두렵다. 다음 몇 달간 아들은 그것들을 걱정할 것이다. 피난민 아이들에게 아들의 레고를 만지지 말라고 말할 수 있을까. 원하는 것은 무엇이든 가지라고, 아들의 장난감으로 놀고 아들의 책을 읽고 아들의 침대에서 자게 할 수 있지만, 아들의 레고 조형물만큼은 건드리게 할 수 없다. 그 조형물들을 만드는 데 너무 긴 시간이 걸렸다.

    나는 레고가 무탈하다고 아들에게 거짓말을 할 테고, 우리집은 작은 피난처로 바뀔 것이다. 누가 언제 아들의 레고 집을 부수는지는 보지도 않을 것이다. 바로 그때 마리우폴, 포파스나와 볼노바하가 완전히 파괴되고 말 테니까.

산만큼, 그녀의 드론만큼 높이

예우헤니아 자크레우스카

    2월 24일 아침, 변호사 예우헤니아 자크레우스카와 그녀의 남편은 국토수비군 앞에 처음 줄을 선 사람들이 아니었다. 이건 모두 그녀의 완고함 때문이었다. 키이우에서 첫 폭발이 일어난 후에도 예우헤니아는 법원으로 가서 예정된 재판에 참석하려고 했다. 아무것도 정의 실현을 막을 수 없다는 듯이. 최소한 푸틴은 그럴 수 없다.

    예우헤니아의 동료 변호사들은 러시아의 포탄이 쏟아지는 와중에 법원으로 가는 게 현명한 판단인지 의심했지만 그녀는 여전히 이렇게 주장했다. "이번 전쟁의 목표는 우크라이나와 우크라이나의 모든 기관을 파괴하는 거야. 그래서 법원을 포함한 국가

기관은 계속 일해야 해." 삶에서도 그렇지만 예우헤니아의 주장은 법원에서 늘 강한 설득력이 있었다.

게다가 전면전 첫날 그녀가 참석하려는 재판은 역사적으로 중요한 사건이다. 마이단 사건 중 하나로, 우크라이나인 모두가 존엄혁명 당시 평화 시위 도중 살해당한 사람들을 기억한다. 푸틴의 거듭된 재판 방해는 받아들이기가 힘들다. 러시아는 이미 우크라이나 전쟁포로들과 재판에 기소된 자들의 맞교환을 요구했고, 2019년 12월에 이루어진 적이 있었다. 그것조차 예우헤니아 자크레우스카를 막지는 못했다. 그녀는 전면전이 그녀를 멈추게 하리라고 믿지 않는다.

하지만 오전 9시, 재판이 열리지 않을 것임이 분명해진다.

우리 모두처럼 예우헤니아는 전쟁 속에서 그녀의 역할을 찾아야만 하고, 변호사로서의 역할은 수행하기 어려워 보인다. 예우헤니아는 남편을 바라본 다음 함께 등산갈 때처럼 전쟁에 대비해서 짐을 꾸린 배낭을 집어든다. 남편도 그의 전쟁 배낭을 든다. 그들은 키이우의 솔로만스키에 있는 프로타시우 야르 공원 근처 아파트를 떠난다. 로만 라투슈니와 함께 예우헤니아는 가까스로 건설 회사들의 영향력으로부터 그 공원을 보호할 수 있었다. 그들은 수도 방어를 위해서 국토수비군 사무실 바깥에 긴 줄을 서 있는 자원봉사자들과 합류한다.

예우헤니아는 두려워하고 있을까. 어쩌면 그럴지도 모른다. 그녀는 멀리 줄의 맨 끝에 서 있고, 그녀의 차례가 오기도 전에 총이 바닥날지 모른다. 이제는 변호사가 아니지만 아직 군인도 아닌 그녀는 무기를 못 받게 되지 않을까 두렵다.

마침내 그녀의 차례가 오고, 그녀는 칼라슈니코프를 받는다. 그녀는 위험천만한 상황으로 뛰어들 각오가 되어 있다. 가까스로 키이우 국토수비군에 공식 합류했으니 2022년 2월 24일에 더이상 바랄 것이 무엇이겠는가.

곧 예우헤니아의 부대는 스토얀카와 벨로고로드카 마을 뒤편의 키이우 외곽으로 향할 것이다. 2월 27일까지 러시아군은 스토얀카로 진군해서 진지를 구축할 것이다. 신참들이 주를 이루는 예우헤니아의 부대는 그들을 맞이하기 위한 훈련에 돌입할 것이다. 하지만 예우헤니아의 주요 임무는 가장 중요하고 한 번뿐인 첫 전투를 기다리는 일이 될 것이다. 러시아 탱크들이 뚫고 나가면 그녀의 부대는 그들을 멈춰 세우고 최대한 오래 러시아 수송대의 진군을 지연시킬 것이다. 그리고 여전히 그녀의 유일한 무기는 첫날 그녀가 기뻐하면서 지급받은 AK-74일 것이다. 그녀는 부대를 위해서, 탱크를 공격할 무기를 공급받기 위해서 노력하고 성공하겠지만 그것만으로 충분하지는 않을 것이다. 결국 그녀는 칼라슈니코프 한 자루로 탱크들을 멈춰 세우는 법을 배우게 될 것이다.

"번쩍이는 모든 곳을 조준하라. 빛을 향해 조준하라." 교관들은 이렇게 말한다.

그녀는 사격에 능숙하다. 그녀는 그렇게 할 수 있다.

"탱크! 탱크!" 누가 무전기에 대고 소리친다. 그녀는 벌떡 일어나서 무장하고 AK-74를 잡은 뒤 자신에게 반복해서 말한다. "번쩍이는 모든 곳을 조준하라. 빛을 향해 조준하라."

하지만 이번에는 아니다. 잘못된 알람이다.

그러고 나서 다른 알람이, 그리고 또 다른 알람이 뜬다. 이번에도 잘못된 알람이다. 모든 알람이 그럴 것이다. 러시아 탱크들은 결코 키이우 외곽에 다다르지 못할 것이다. 예우헤니아는 배움의 시간을 갖고 하르키우에서 곧 전투를 치르게 될 것이다. 나는 그녀를 하르키우에서 만나게 될 것이다.

체르니히우 공습

비라 쿠리코

비라 쿠리코

1. 선택의 시간

2022년 3월 3일, 예고도 없이 체르니히우에 공습을 퍼붓는 바람에 적어도 마흔일곱 명이 사망하고 그보다 많은 사람들이 집을 잃는다.

누구에게 전화해야 할지 모르겠다. 가까운 지인이 있는 것 같은데 누구인지 기억할 수가 없다. 물론 이전에도 여러 번 그 도시를 방문한 적이 있다. 마지막으로 체르니히우에 간 것은 2021년 여름이었고, 나는 도심에 있는 호텔 우크라이나에 머물렀다.

3월 12일, 이 호텔 역시 FAB-500 미사일을 맞고 파괴될 것이다. 2021년 여름에 나는 이런 미래를 상상조차 하지 못했다. 그때 체르니히우의 아늑한 카페에 앉아서 나는 젊고 재능 있는 그 지역 작가 비라 쿠리코를 알게 되었다. 체르니히우의 축제 매니저인 나는 그녀와 그녀의 대단한 논픽션 데뷔에 대해 쉬지 않고 이야기했다.

『연루된 사람들의 거리』는 체르니히우에서 60년대 저항 예술가로 유명했던 우크라이나 반체제인사 레우코 루키아넨코 옆에 살았던 평범한 구소련 시대인들의 이야기를 들려준다. 당시 정권과 어떤 식으로든지 연루돼 있던 평범한 사람들은 그가 죽고 난 뒤 그의 이름으로 거리를 부르는 것을 반대했다. 루키아넨코를 염탐한 사람도 있었고, 그런 걸 신경 쓰지 않은 사람도 있었다. 작가를 직접 만난 적은 없지만 그 발상은 아주 멋져 보였다. 나는 '비라 쿠리코'라는 그녀의 이름밖에 몰랐다.

2022년 3월 3일 러시아가 예고 없이 체르니히우 아파트 단지에 폭탄을 투하할 당시 그녀에게 닥친 일을 나중에 알게 되었다. 비라 쿠리코는 체르니히우에 돌아왔다. 그 사실을 모르는 채, 그녀와 남편은 이미 점령당한 마을들을 지나서 운 좋게 치명적인 위험을 피했다.

점령당한 심장

이리나 노비츠카Ⅱ

볼로디미르의 마지막 메시지를 읽고 이리나는 2022년 3월 7일에 카피톨리우카가 점령당한 사실을 알게 되었다. 그녀는 점령군이 마을에서 주민들을 떠나지 못하게 하고, 검문소에서 검문을 실시한 것은 알지 못했다. 볼로디미르와 아들이 사는 집 바로 앞에도 검문소가 있었다. 하지만 그녀는 이미 3월 1일부터 기름이 동났고, 3월 3일부터는 전기가 끊긴 것을 파악하고 있었다. 그리고 지금은 인터넷과 핸드폰도 먹통이 되었다.

3월 22일은 너무 추웠고, 이즘 부근의 기온은 영하 18도까지 떨어졌다. 사람들은 마당에 땐 불 옆에서 시간을 보내며 음식을 만들고, 가까스로 지인과 전화 연결이 된 이웃으로부터 들은 소식을 조용히 공유하고, 고대인들처럼 몸을 데웠다. 봄이 오기를, 우크라이나군이 오기만을 기다리면서.

무엇보다 이리나는 과도한 걱정에 휩싸이지 않기 위해 애썼다. 볼로디미르는 장애가 있는 아들과 연로한 아버지의 유일한 보호자였다. 할아버지와 아버지, 아들 삼대는 정원이 딸린 작은 집에 함께 살고 있었다. 카사노바가 전쟁범죄 조사를 그만두고 새 삶을 시작하면서 얻으려고 고민했을지 모르는 그런 집. 볼로디미르에게도 신체적인 장애가 있었다. 그는 젊을 때 러시아에서 소련군에 복무하면서 얻은 트라우마에 시달렸고, 2014년 마이단혁명 당시에도 부상을 입었다.

이리나는 잔악한 러시아군과 제국이 볼로디미르 같은 우크라이나 작가와 활동가들을 어떻게 다루는지 알고 있었다. 우크라이나 문학으로 학위를 받으면서 그녀는 19세기와 20세기 우크라이나 문학의 역사에 있었던 비슷한 사례를 너무 많이 알게 되었다. 하지만 그녀는 자신의 생애에서 같은 역사가 반복되리라고는 예상하지 못했다. 러시아군이라도 카피톨리우카의 작은 집에 사는 연약한 남자 둘과 무력한 소년을 해칠 수는 없을 것 같았다.

하지만 2022년 3월 13일, 모든 것이 변했다. 점령을 경험하지 않을 만큼 운이 좋았던 우크라이나인 모두는 이 뉴스를 보고 점령지의 절망적인 상황을 알게 되었다. 이 뉴스는 또 다른 볼로디미르인 볼로디미르 코노노우의 처형에 관한 것이었다. 코노노우는 휠체어를 타고 다님에도 불구하고 활동적이고 성공적인 삶을 영위하고 있어서 그녀에게는 희망의 본보기가 되는 우크라이나인이었다. 그는 거의 20년 전 금속 가공 공장에서 오른 팔과 왼 다리를 잃는 부상을 당했다. 2014년부터 그는 우크라이나 동부군을 도우며 그들에게 음식을 제공하고 그의 차로 전투병들을 전장까지 실어날랐다. 아내와 함께 그는 '민병대'의 포로로 붙잡혀서 98일 동안 감금되었지만, 그런 경험조차 그를 무너뜨리거나 저지할 수는 없었다. 코노노우는 사업체를 설립하고 계속 군인들을 도왔다. 지금 언론 보도가 흘러나온다. 그 유명한 자원봉사자 코노노우가 세베로 도네츠크 근처 루한스크에서 휠체어를 탄 채 러시아 침략자들의 총에 맞아 사망했다고.

이리나는 침략자들이 이 남자를 살려두지 않는다면 볼로디미르와 그녀의 아들을 살려둘 리가 없다는 사실을 깨닫는다. 그녀는 숨이 막힌다.

그래서 이리나는 소셜 미디어에 바쿨렌코와 연락이 닿지 않으며, 그가 위험에 처해 있을 수 있다는 정보를 퍼뜨리기 시작한다.

4월 초 볼로디미르의 실종에 관한 메시지를 확인하자마자 나는 테탸나 테렌과 문인협회PEN 동료들에게 연락을 취한다. 우리는 메신저 앱 시그널Signal에 위험에 처한 작가의 구출을 위한 작은 채팅 방을 열어두고 있었다. 문인협회에 연락한 것은 합리적이고 실용적인 방안이었다. 우리는 재빨리 우려스러운 소식을 전 세계 작가들과 공유한다. 하지만 그다음에 나는 완전히 터무니없는 짓을 벌인다. 나는 볼로디미르 바쿨렌코와의 채팅 창을 연다.

그는 2021년 여름에 딱 한 번 나에게 연락한 적이 있었다. 그는 내가 운영진으로 참여하는 문학 축제에 초대받을 수 있는지 물었다. 하지만 축제 프로그램의 편성은 이미 끝난 상태였고, 우크라이나 작가들이 기꺼이 전쟁터로 오려고 했기 때문에 그의 요청을 거절해야만 했다. 축제 준비로 바빴던 나는 이 채팅을 잊어버렸다. 지금 다시 메시지들을 읽으니 숨이 막힌다. 2021년에 볼로디미르는 농담처럼 이런 말을 썼다. "하긴, 마지막 축제도 아니고, 그사이 나도 죽지는 않을 테니까……." 그는 거절해야 하는 내가 미안해하지 않기를 바랐다. 볼로디미르가 남긴 마지막 말은 "그리고 도움이 필요하면 그냥 노크해요"였다.

나는 여섯 달 후 이즙이 마침내 우크라이나군에 의해서 해방되었을 때 카피톨리우카에 있는 볼로디미르의 집 문을 두드리게 될 것이다. 나는 동료 작가와 축제 기획자로서가 아니라 전쟁 범죄 조사원으로 그의 집을 찾게 될 것이다.

데보라 보겔 구출하기

나는 구소련 시절에 지어진 르비우 외곽의 9층 회색 아파트에서 성장했다. 할아버지는 소련군 대령이자 전투기 조종사였다. 장기간의, 어쩌면 논란의 여지가 있는 군 복무의 대가로 소련 정권은 할아버지와 그의 가족—할아버지의 아내인 내 할머니와 딸 두 명—에게 탱크 수리 공장 근처의 작은 방 두 개가 있는 아파트를 주었다.

소련군의 아이들과 증손주였던 우리는 하루에도 몇 번씩 탱크의 발포로 창문이 흔들리는 소리를 들으며 자랐다. 공장에서 수리되고 나면 탱크는 정기적으로 시험을 거쳤다. 이런 폭발은 그저 어린 시절에 듣던 소리였을 뿐 어떤 위험도 의미하지 않았다.

오늘날까지 전쟁터에서 폭발음을 들어도 나는 평정심을 유지할 수 있다. 심지어 2014년 아우디이우카에서는 포격을 알아차리지도 못했던 게 기억난다. 소련 정권은 일반인보다 전쟁에 잘 대비하도록 내 인생을 바꾸었다.

열여섯 살 때 엄마와 나는 할아버지의 아파트보다 탱크 공장에 가까이 있는 작은 아파트를 어렵사리 장만했다. 그 아파트는 공장에 너무 가까이 있어서 근무 시간 중에 내 창문 바로 밖에서 노동자들이 주고받는 대화가 들렸다. 엄마와 나는 창밖의 탱크 수리 시설이 전쟁이 터지면 합당한 미사일 타깃이 되리라는 사실을 생각하지 못했다.

소련이 붕괴되었기 때문에 소련의 군국주의적인 문화가 소멸되면서 탱크 공장은 결국 문 닫을 것이고, 그 땅도 택지 개발업자들에게 팔릴 거라고 기대했다. 하지만 그런 일은 일어나지 않았다.

2022년 2월 24일 엄마에게 전화했을 때 나는 다짜고짜 이렇게 소리쳤다. "엄마, 문서를 챙겨서 당장 떠나요! 언제라도 그 공장을 폭격할 수 있으니까!"

나는 "지금 당장!"이라고 몇 번이나 고함쳤다.

내 말을 따르기는 했지만 엄마는 아버지의 집에서 아주 멀리 벗어나지는 않았다. 아버지 집은 군사 시설에서 2백 미터밖에 떨어져 있지 않았다.

친애하는 할아버지이자 아버지였던 소련군 대령은 2014년 러시아군의 광기를 보지 못하고 돌아가셨고, 우리는 2022년 3월

6일에 그 아파트에서 모였다.

나이가 다른 다섯 여자들—엄마, 이모, 언니, 여덟 살 조카, 그리고 나—은 추억을 안고 거실에 모인다. 나는 선반 위의 수많은 사진들을 바라본다. 사진들이 나에게 조언이라도 건넬 수 있는 것처럼. 결국 나의 모든 선조들이 전쟁과 침략, 학살에서 생존해야 했던 게 아닌가.

우리에게는 의논해야 할 중요한 문제가 있다. 먼저, 겁에 질린 조카 마리아는 어떻게 할 것인가. 언니의 남편인 조카의 아버지는 이곳이 아니라 2월 24일에 자원입대한 군인들처럼 부대에 있다. 둘째, 폴란드에서 안전하게 대피해 있지만 혼자일 때가 많은 열 살 내 아들은 누가 돌볼 것인가. 기술 회사 부사장인 아들의 아버지는 계속 미국 전역을 돌아다니며 고객들에게 확신을 심어줘야 할 것이다. 아무리 폭탄이 떨어져도 우크라이나의 수천 명 엔지니어들이 가진 최첨단 기술은 여전히 신뢰할 만한 것이라고 (그리고 그들은 자신들의 능력을 증명하게 될 것이다). 그가 중요한 직책을 맡고 있다는 것은 적어도 우리 모두에게 돈은 큰 문제가 아님과 동시에, 그가 아이들을 돌볼 수 없음을 의미한다.

가장 까다로운 문제인 흰 셰퍼드 라이라도 남아 있다. 나는 이집트로 휴가를 떠나기 전날 엄마에게 개를 맡겼다. 전쟁 첫날부터 라이라는 사이렌 소리를 피해 복도에 숨어서 전쟁터로 떠난 아빠를 그리워하는 마리아에게 정서적인 도움을 주는 중요한 미션을 수행하고 있었다. 하지만 개도 취약하기는 마찬가지다. 탱크 공장의 폭발음에 겁을 먹고 도망이라도 치면 어쩌지.

개와 사랑스러운 조카가 아파트에서 가장 안전한 장소인 복도 바닥에서 행복하게 서로 껴안고 있는 동안 나머지 가족은 모두를 위한 최선책을 격렬하게 논의한다. 아니면 적어도 견딜 수 없는 것은 아닌 차선책을. 하지만 자동차와 운전면허증이 있는 사람은 나밖에 없기 때문에 선택도 대개는 나의 몫이다.

끔찍함을 더해가는 소식이 계속 들어오고, 내 업무용 채팅은 도네츠크와 키이우, 체르니히우, 하르키우에서 필요로 하는 인도적 지원에 관한 메시지, 그리고 피난에 도움이 필요하거나 르비우에서 안전하게 머무를 장소가 필요한 작가들의 메시지로 가득 찬다.

가족의 대피를 위해서 며칠간 우크라이나를 떠나는 것은 불가능할 것 같다. 러시아군의 군사 타깃에 근접해 있는 아파트에서 터무니없이 안전함을 느끼며 나는 어린 시절에 살던 집에서 밤을 보낸다.

이튿날 아침, 언니의 남편 페트로가 방문한다. 그렇게 짧게 머무는 것은 최전선으로 배치되기 전에 작별 인사를 하러 온 것을 의미하는 것 같은데, 시간이 없어서 그에게 묻지 못한다. 새벽 6시에 문 열리는 소리를 듣고 꼬마 마리아가 달려가서 "아빠!"라고 소리치며 원숭이처럼 펄쩍 뛰어 그의 품에 안긴다. 변장으로 낯선 영웅처럼 보이는 페트로에게 매달린 마리아를 보면서 나는 결심한다.

"내일 모두 대피시켜 드릴게요." 부녀의 시간을 방해하지 않기 위해서 낮은 목소리로 엄마에게 말한다. "페트로가 우리를 지켜주는데, 딸의 안전쯤은 보장해줘야 하지 않겠어요. 그게 내가 도울 수 있는 방식이에요. 짐을 꾸리세요."

'노아의 방주'로 알려진 내 아파트로 돌아가서 나도 짐을 싼다. 아들의 방한복, 잠들기 전 아들에게 읽어주는 책과 반려견의 장난감도 챙긴다. 내 옷은 가져가지 않는다. 나는 곧 돌아올 테니까.

책이 꽂힌 선반으로 몸을 돌려서 가까이 다가간다. 곧 울음이 터질 것 같은 얼굴로 물끄러미 선반을 바라본다. 한 권씩 책을 꺼내 본 다음 다시 선반에 둔다. 책도 대피시켜야 하는 걸까. 어떤 책을 대피시켜야 할까. 나에게는 책이 너무 많다.

결국 세 권의 책을 가져가기로 한다. 1930년대 소련 정권에 의해 살해당한 작가들의 문집인 『처형당한 르네상스The Executed Renaissance』, 1960년대 저항 예술가 그룹에 속했고, 소련 국가보안위원회KGB에게 붙잡혀서 동료들의 밀고를 강요받고 처참하게 망가진 우크라이나 천재 시인 흐리츠코 추바이의 시선집, 그리고 히브리어로 창작을 결심하고 1942년 다른 수천 명의 유대인처럼 르비우의 게토에서 살해당한 젊은 시인 데보라 보겔의 책이다. 그들의 글을 좋아하는 것만으로 이 세 권의 책을 집은 것은 아니다. 비이성적이고 어리석어 보이지만 나는 처형된 작가들과 이미 망가져 버린 천재, 어린 아들과 함께 학살당한 시인을 구하고 싶다. 과거에 그들을 구할 수 있었다면 얼마나 좋았을까, 싶은 마음으로 오늘 이 책들을 피난시킨다.

    3월 8일 세계 여성의 날에 엄마와 언니, 조카, 암컷인 반려견을 데리고 폴란드 국경으로 운전한다. 우리는 그곳에서 스무 시간 넘게 체류한다. 3월은 춥지만 계속 자동차 엔진을 켜둘 수는 없다. 얼마나 기다려야 되는지 모르는 상황이어서 국경에 닿기도 전에 기름이 떨어질 수 있다. 추위 때문에 잠이 밀려온다. 차에 있는 다른 가족은 운전할 줄 모른다. 언니가 밤에 나를 깨운다. "일어나! 가자! 차들이 움직이고 있어."라고 언니가 소리친다. 시동을 켜고 10미터 앞으로 전진하는가 싶더니 차들이 다시 멈춘다. 난민을 가득 실은 차량의 행렬은 11일 전 반대 방향인 우크라이나로 들어올 때보다 별로 줄어들지 않았다.

    우리는 이웃들을 알게 된다. 긴 줄을 지나서 국경으로 곧장 가려는 사람들과 언쟁을 벌인다. 우리는 서로를 지켜준다. 내 차 앞에는 하르키우에서 온 여자가 털복숭이 검정 고양이를 앞좌석에 태운 채 검은색 벤츠를 몰고 있다. 이름은 몰라도 검정 고양이를 태우고 검정 벤츠를 모는 여자는 새치기하려는 사람들을 멈춰 세우는 나를 돕고, 피난 가려고 가져온 차가운 만두를 마리아에게 내어준다. 하지만 그녀는 새벽 5시 모두가 잠든 사이 갑자기 시동을 켜고 앞에 늘어선 차들을 앞질러서 나에게 실망감을 안긴다. 아이들이 탄 차도 줄 서 있다는 사실을 아는 그녀는 고양이를 데리고 새치기한다. 나는 그녀를 섣불리 재단하지 않으려고 애쓴다. 하르키우 출신인 그녀는 폴타바에서부터 쉬지 않고 달려왔을 것이다. 그리고 그녀는 마리아와 만두를 나눠 먹기도 했다. 이 만두와 반려견이 고단한 밤과 낮 동안 마리아를 따뜻하게 데워주고 심한 허기는 느끼지 않게 해주지 않았던가.

답을 기대하는 것은 아니어도 나는 여전히 이렇게 탄식할 수밖에 없다. "그 여자는 우리한테 왜 그랬을까."

털이 보송보송한 검정 고양이를 태운 이방인에게 배신감을 느끼는 동시에, 폴란드로 도망치는 것 또는 반려견 대신 다른 사람을 우리 차에 태워서 피난시키지 않은 것에 대한 죄책감을 느끼며 우리는 기다림을 이어나갔다.

탱크 수리 공장은 2022년 3월 26일까지 공격받지 않을 것이었지만, 아무도 그 사실을 미리 알 수 있는 방법은 없었다. 매일 엄마, 이모, 언니, 그리고 여덟 살 조카는 복도에 숨어서 포탄에 대비해야 했을 것이다. 그곳에는 방공호가 없었기 때문에.

3월 26일, 러시아가 마침내 점령당한 도시 세바스토폴에서 공장을 향해 미사일 공격을 감행해서 엄마의 아파트 창문은 깨질 것이다. 하지만 그녀는 그곳에 없을 것이다.

보이지 않는 난민들

테타나 필립추크 |

테타나 필립추크

1. 선택의 시간

서재에 있던 『처형당한 르네상스』를 포함한 책 몇 권과 나의 가족을 피난시키고 있을 때 이보다 더 중요한 탈출이 우크라이나의 반대편에서 일어났다.

2022년 3월 8일 아침, 국토수비군은 하르키우문학관 직원들이 원고와 서신, 그리고 20세기 우크라이나 작가들의 초판본을 서부로 향하는 기차에 신도록 돕는다. 문학관의 책임자 테탸나 필립추크도 기차에 오른다. 우크라이나 문학의 역사에서 중요한 위치를 차지하는 이 도시를 떠나는 건 힘들지만, 처형당한 르네상스 세대의 유산을 거의 전부 간직하고 있는 유일무이한 컬렉션의 책임자는 바로 그녀이다. 그녀는 컬렉션을 단 1초도 무방비 상태로 내버려두지 않을 것이다. 미사일이 떨어지더라도 그녀는 컬렉션 옆에 있는 편을 선호한다. 서부로 향하는 기차 안에서 테탸나와 남자 동료 둘은 군인처럼 교대로 보초를 선다. 밤중에 기차의 불빛이 꺼지고, 폭발의 파편으로부터 승객들을 보호하기 위한 가리개가 닫혀 있을 때조차 그들은 보초 서기를 멈추지 않는다. 난민으로 가득한 기차는 어둠과 적막 속에서 전쟁으로 피폐해진 키이우를 지나서 우크라이나를 관통해 서부로 나아간다.

열차에 탄 승객들은 하르키우, 발라클리야와 볼로디미르 바쿨렌코가 남기로 한 이쥼에서 피난을 떠났다. 유일하게 난민을 태우지 않은 객실에서 테탸나가 피난시키고 있는 작가들은 눈에 보이지 않는 난민들이다.

그들의 아카이브는 나머지 세계에서는 아무 의미도 갖지 못할 것이다. 그들은 자신의 선택으로 우크라이나인이 된 괴짜들이다. 그들은 1930년대에 학살당해서 공동묘지에 묻히고, 구소련 시절에는 추모조차 금지된 '처형당한 르네상스'에 속한 자들이다. 그들은 1960년대와 70년대에 감히 추모를 계획했다는 이유로 노동교화소로 보내진 우크라이나의 60년대 저항 예술가들이다. 그들의 작품은 세계문학과 유럽문학의 일부가 될 수 있는 적기에 번역되지 못했다. 하지만 어둠 속에서 원고를 지키는 테탸나 필립추크 같은 사람들에게 그들은 세상의 전부이다.

하지만 늘 그렇지는 않았다. 나처럼 테탸나는 러시아어로 말하고, 도스토예프스키, 톨스토이, 불가코프를 읽으며 성장했다. 그 후 그녀는 하르키우의 카라진대학에서 러시아 문학을 전공했다. 러시아 고전에 매료된 학생이었던 그녀는 언젠가 하르키우문학관에 간 적이 있었다. 그녀 자신도 알지 못했고 숨겨져 있었던 우크라이나 문학의 역사에 관심을 갖게 되었고, 자원봉사자로 박물관에서 일했다. 미래 문학계의 스타가 된 세르히 자단을 포함한 청년들과 함께 문학관에서 그들은 우크라이나인들에게 20세기 작가들을 알리는 데 기여하기로 마음먹었다.

진실을 여는 열쇠는 슬로보하우스Slovo House가 있는 쿨투리 9번가에 있었다. 다른 우크라이나인들의 집과는 달리 그 집의 벽들은 '처형당한 르네상스'에 속한 작가들을 기억했다. 우크라이나 최고 지성인이었던 그들은 출입문만 다섯 개에 예순여섯 개의 방이 있는 집에서 함께 살았다. 전형적인 소련 건물들과는 대조적으로 슬로보하우스는 환한 불빛으로 가득했는데, 이는 곧 작가들을 가두는 감옥이었던 것으로 드러났다. 이곳에 거주했던 거의 모든 이들이 체포되어 고통 속에서 죽음을 맞이하는 불행한 결말을 맞이했다. 밤에 까만 차가 오면 계단에서 발소리가 들렸다. 작가들과 그들의 가족들은 침대에서 얼어붙은 채 생각했다. 나를 잡으러 오는 건가. 자신이 아니라 이웃이 잡히면 그들은 안도했지만 동시에 수치를 느꼈을 것이다. 적의 포탄이 자신에게 떨어지지 않을 때 지금도 많은 이들이 같은 심정을 느낀다. 생존 본능은 행복감을 느끼라고 강요한다. 그래도 행복해지고 싶지 않다. 대신 인간으로 남고 싶을 뿐이다.

문학관 아카이브의 피난이 시작되기 전날 슬로보하우스가 공격당했다. 위험을 무릅쓰고 테탸나는 파괴의 정도를 파악하기 위해서 추운 하르키우의 거리를 내달린다. 그녀는 건물이 사라졌을까봐 걱정하고, 몇 년에 걸쳐서 사귄 그곳 주민들의 안위를 염려하고, '아파트먼트40'이 붕괴되었을까봐 속을 끓인다. 그녀는 하르키우 탐방을 원하는 작가들과 학자들을 초청해서 그녀의 팀과 함께 그곳에서 예술가들을 위한 레지던시를 운영했다. 처형당한 작가 페트로 리소비가 한때 소유했던 이 아파트는 자유분방한 예술가들이 파티와 시 낭송회를 열고, 철학적인 토론을 벌이던 곳이었다. 하지만 러시아 미사일은 제2출입구 앞을 손상시켰고, 테탸나가 피난시키는 아카이브에 속하는 작가 이반 드니프로우스키가 한동안 소유했던 '아파트먼트21'의 창문을 깨뜨리고 나머지는 그대로 두었다. 이반 드니프로우스키는 그 세대에서 가장 빛나는 작가는 아니었지만 그의 아카이브는 현존하는 거의 유일한 자료였다. 드니프로우스키는 내무인민위원회의 체포 전에 폐결핵으로 사망해서 아파트가 압수되지 않았고, 테탸나와 동료들은 그의 자료를 통해서 슬로보하우스와 처형당한 거주민들을 연구할 수 있었다. 이제 그 자료는 기차에 실려서 하르키우로부터 멀어지고 있다.

(안전의 이유로 위치를 공개하지 않도록 부탁받은) 이 아카이브는 승리할 때까지 안전한 장소에 보관될 것이다. 며칠이 지나서 테탸나는 집에 돌아온다. 그녀의 컬렉션은 서부에 안전하게 보관돼 있고, 그녀의 가족 역시 피난을 떠났다. 그녀는 이제 도시에 홀로 남아 있다. 아파트의 문을 열려고 하는데 겁에 질린 이웃들이 안에서 잠근 사실을 알게 된다. 살을 에는 추위에 통행금지 시간이 가까워지는데다가 날은 점점 어두워지고 있다. 그래도 그녀는 슬로보하우스에 갈 수 있다. 그녀에게는 '아파트먼트40'의 열쇠가 있다. 그녀는 슬로보하우스에 가서 5월까지 그곳에 머무른다. 이 구역은 하르키우에서도 빈번한 공격의 타깃이 된다. 아무래도 러시아인들은 근처 병원을 타깃으로 삼은 것 같다. 하지만 테탸나에게 '아파트먼트40'의 1층은 안전하게 느껴진다. 한때는 행복한 예술가들의 레지던시였고 한때는 감옥이었던 곳이 이제는 전쟁의 피난처가 된다.

테탸나는 다시 업무를 시작한다. 문학관으로 사람들을 초청할 수는 없어도 그녀의 팀은 온라인에서 지속적으로 진실을 알릴 수 있다. 2022년 3월 21일, 그녀는 시 낭독회를 기획한다.

    같은 날 70여 마일 떨어진 곳에서 볼로디미르 바쿨렌코는 이줌 근처의 점령지 카피톨리우카에 갇혀 일기를 쓴다. 그는 '시의 날'과 V자 대형으로 하늘을 나는 두루미들, 그리고 승리를 향한 그의 신념을 기록한다.

노아의 방주

 키이우에 있는 나의 아파트는 '영구적인 평화'라는 표현만큼이나 멀리 떨어져 있는 것처럼 보인다. 많은 친구들은 동부에서 서부로, 나와는 반대 방향으로 움직인다. 르비우와 키이우의 동료 작가 상당수는 이미 르비우 기차역에서 봉사활동을 한다. 그들은 혼란에 빠져 있거나 겁에 질린 피난민이 도시에서 길을 찾거나 서쪽 폴란드 국경으로 가는 교통 수단을 찾도록 돕는다.

 친구 카테리나 미할리치나는 동화작가이자 시인, 번역가이다. 지금 그녀는 기차역에서 긴급 공지사항을 읽는다. 그녀는 즉석에서 공지사항을 쓰고 번역할 수 있다. 일반적인 공지사항은 더 이상 쓸모가 없다. 한 시간에 한 번은 아니더라도 매일 시간표와 주위 상황이 바뀌고 있다.

친구이자 시인인 오스타프 슬리빈스키도 이곳에서 봉사하고 있다. 동시에 그는 '전쟁사전'이라고 부르는 프로젝트를 시작했는데, 모든 단어의 의미가 어떻게 변하고 있는지 사람들에게 사례를 보내달라고 요청했다. 나도 '전쟁사전'을 만드는 데 기여하려고 하는데, 어떤 식으로든 언어로 표현하는 것 자체를 실패하고 만다.

나의 아파트는 피난처로 바뀐다. 아이 세 명과 개 한 마리가 있는 가족, 할머니와 고양이가 있는 가족, 그리고 햄스터를 키우는 가족이 모두 피난처의 손님들이다. 그들의 이름은 대부분 기억하지 못할 것이다. 하지만 부차의 친구들을 내가 어떻게 기다리고 있는지만큼은 기억할 것이다.[12]

소셜 미디어에 올린 그들의 글은 내가 읽은 후에 사라져버린다. 나는 부차에 있는 녹색 복도에 관한 글을 읽는다. 그리고 점령군이 그 복도에 있는 차들을 총으로 쏜 것을 확인한다. 3월 12일, 친구가 남편의 핸드폰으로 연락해서 부차를 떠나 키이우에 도착했다는 메시지를 보낸다. 그녀는 곧 르비우로 향할 것이다.

내가 새 이주민들을 만나서 차를 마시고, 구호물품 창고에 가고, 용감한 트럭 운전사들과 협상하는 사이에도 학살이 자행되고 있음을 안다. 이리나 도우한과 도네츠크에 있는 수백 혹은 수천 명의 사람들에게 무슨 일이 벌어지는지 나는 안다.

---

12 시인이자 기자인 올레나 스테파넨코, 그녀의 남편이자 벨라루스 시인인 세르히 프릴루츠키, 그리고 그들의 아들이다.

마침내 친구가 왔을 때 나는 아무것도 묻지 않는다. 그녀는 따뜻한 아파트, 그리고 물과 전기, 식량이 끊기지 않은 상황을 확인한 다음 침묵한다. 그녀의 어린 아들도 며칠 동안 한마디 말도 내뱉지 않는다.

이튿날 그녀가 말한다. 그녀와 그녀의 친구는 아이들을 먹이기 위해서 음식에 손을 대지 않았다고. 피난하는 동안 끔찍한 것을 봤지만 기억할 수는 없다고.

그녀는 괜찮은 듯하고, 심지어 가끔 웃기도 한다. 그녀는 고양이 이야기를 할 때만 눈물을 보인다. 2월 24일, 그녀는 아파트를 떠나서 부차에 있는 친구 집으로 가면서 하루이틀 고양이를 홀로 남겨두었다. 고양이를 찾으러 돌아갈 수는 없었다. 그들의 목숨도 위험해질 테고, 고양이 때문에 아들의 목숨을 위태롭게 할 수는 없었다. 아무리 고양이라고 해도.

"하지만 러시아인들이 어쨌든 모든 아파트에 침입하고 있으니까." 그녀가 이상하게 희망적으로 말한다. 그녀는 자신의 아파트나 소유물 따위는 신경 쓰지 않는다. "그들의 침입으로 고양이가 몰래 빠져나갈 수 있으면 좋으련만."

"아파트에 들어갔을 거야." 지난 여름, 그녀가 파랗고 아늑한 부엌 사진들을 보여준 것을 떠올리며 나는 그녀를 위로하려고 애쓴다.

아침에 눈 떴을 때 부엌에서 커피를 내리는 사이 크게 '펑'하고 터지는 소리를 듣는다. 올레나가 얼굴을 찡그린다.

1. 선택의 시간

"네가 생각하는 그런 건 아니야."라고 내가 말한다.

하지만 그게 맞았다. 이후 우리는 폭발음을 듣는다. 뉴스를 보니 야보리우 훈련소가 공격받아서 자원입대한 사람들이 다치거나 목숨을 잃었다.

올레나는 며칠 동안 아들과 서부로 갈 것이고, '노아의 방주'는 계속될 것이다. 도시가 더 많은 공격을 받고 있지만, 공격에 익숙해진 우리는 불만을 표출할 엄두도 내지 않는다. 우리는 지금 모든 것을 전쟁 이전의 평범한 삶이 아니라 마리우폴의 상황과 비교하고 있다.

"연기는 사라지고 있으며, '노아의 방주'는 여전히 당신을 기다립니다." 나는 소셜 미디어에 이렇게 쓴다. 도시의 최고점인 '하이 캐슬'을 검은 연기로 뒤덮어버린 또 다른 폭발이 일어난 뒤에.

사서와 작가의 전쟁일기, 그리고 처형당한 도서관

율리야 카쿨랴다닐류크 I

율리야 카쿨랴다닐류크

이줌 근처의 마을 카피톨리우카는 작지만 그곳에는 작가와 사서가 살고 있다. 작가는 볼로디미르 바쿨렌코-K, 사서는 율리야다.

카피톨리우카의 유일한 학교와 유치원 사이에서 마을 행정사무소와 길을 사이에 두고 마주보는 율리야의 도서관은 아담하고 아늑하며 완벽하다. 그녀는 그곳을 집이라고 부르고 그곳에서 행복을 느낀다.

2월 24일 새벽 6시, 그녀의 친구로부터 전화가 걸려온다. 그녀의 부모님이 있는 발라클리야와 보로바에 폭발이 일어났다. 그녀의 열두 살 아들은 여전히 잠들어 있다. 그녀의 남편이자 목수인 디마는 최근에 운전병으로 입대해서 이미 도네츠크의 코스탄티니우카에 있다. 수화기에 대고 그가 확신에 차서 말한다. 러시아군이 들어오지 못하게 반드시 막겠다고. 지역 문화부에 있는 그녀의 상관들도 똑같이 말한다. 아무도 '전쟁'이라는 단어는 입에 올리지 않는다. 전쟁이 폭발도, 푸틴이 야간에 머무는 곳의 주소도, 계엄령도 의미하지 않는 것처럼. 그래서 그녀는 도서관에 가기로 결심한다.

그곳은 카피톨리우카의 단 하나뿐인 도서관이고, 그녀는 단 하나뿐인 도서관의 사서이다. 사람들은 책과 관련된 일로만 그녀를 찾지 않는다. 예를 들어, 2022년 2월 24일에 어떤 여자는 율리야에게 스마트폰 앱을 설치해달라고 왔다. 이곳에서 도서관은 노인센터이자 여성들의 안전한 쉼터이자 아이들의 놀이 활동이 이루어지는 공간이다. 이처럼 힘든 시기에 도서관은 모두를 위해서 열려 있어야 한다. 율리야는 도서관의 문을 연다.

평범한 나날이다. 더는 폭발이 일어나지 않고, 심지어 책을 빌리러 오는 독자들도 있다.

그녀는 볼로디미르 바쿨렌코의 몇 안 되는 고향 친구 중 한 명이다. 다른 사람들은 그를 괴짜로 여기고, 술 때문에 그가 일으킨 문제를 기억한다. 비록 그가 이미 몇 년 전에 그 문제를 극복했고, 자신과의 싸움에서 거둔 작은 승리를 자랑스러워한다고 해도. 율리야가 그에게 담배의 노예라고 말한 뒤에 그는 담배도 끊어버렸다. 자유가 전부였던 바쿨렌코는 노예가 아니라고 대꾸했지만 다시는 담배를 피우지 않았다. 율리야는 그의 책들과 그를 언급한 신문 사진들까지 도서관에 보관했다. 그녀는 작가가 사는 마을의 사서인 것을 뿌듯해했다.

침공이 시작되던 날, 그녀는 멀리서 볼로디미르 바쿨렌코를 본다. 그는 그녀에게 손을 흔들지만 그녀는 그에게 걸어갈 시간이 없다. 그녀는 사실상 대화의 마지막 기회였던 그 순간을 후회하게 될 것이다.

카피톨리우카의 작가와 사서는 서로를 다시는 볼 수 없게 될 것이다.

두 사람은 카피톨리우카에 머무르며 전쟁일기를 쓰기 시작할 것이다. 율리야가 더 일관적으로 쓴다. 그녀는 깔끔한 노트에 파란 잉크로 전쟁을 기록한다. 과거에 교사였음을 드러내는 단정한 손글씨로. 볼로디미르는 빨간 잉크와 까만 잉크로 많은 선을 그어 글을 고치고 새로운 내용을 덧붙이는 식으로 일기를 쓸 것이다. 그의 손글씨는 해독하기가 쉽지 않다.

사서는 2022년 2월 24일에 아무도, 심지어 그녀조차 '전쟁'이라는 단어를 발음할 수 없을 때 전쟁일기의 집필을 시작한다. 그녀의 일기에는 이렇게 적혀 있다.

> 우크라이나에서 전쟁이 일어났다. 러시아가 우리를 침공했다……

볼로디미르는 그녀의 첫 번째 문장에 동의하지 않을지도 모른다. 그는 이 전쟁이 2014년에 일어났다고 상기시킬 것이다. 그는 침공의 초기 며칠을 시적으로 회고할 것이다.

> 태양은 땅을 덮는 것을 서두르지 않는다. 천천히, 소심한 튤립 새싹들이 흙에서 모습을 드러낸다. 아무도 서리에 맞서 이겨내도록 감싸주지 않았다. 도시에서 건물들이 포탄에 맞은 뒤로 꽃을 돌볼 시간은 없어졌다.

시인과 작가 두 사람은 얼마나 빠르게 공포에 적응했는지 기록할 것이다. 볼로디미르는 이렇게 쓸 것이다.

모든 것에 익숙해진다. 중요한 것은 이 와중에 어떤 사람으로 남을 것인가의 문제다. 그라드 로켓탄의 폭발은 전혀 나를 괴롭히지 않는다.[13] 갑작스러운 죽음이 두렵지 않지만, 나에게는 죽음의 특권이 없다. 나는 혼자가 아니므로 살아남아야만 한다.

2022년 3월 12일, [율리야가 다음과 같이 기록한다.]

이렇게 빨리 새로운 환경에서 사는 법을 배우다니, 정말 놀랍다! 며칠(일주일) 전만 해도 나는 폭발과 비행기 소리에 엄청난 공포를 느꼈다. 하지만 오늘 나는 그라드 로켓탄들과 마을 의회 사이의 거리를 들으면서 장작을 팬다. 그렇다. 하다못해 난방 시설을 최소한 하나라도 지키기 위해서 이웃집을 따뜻하게 데우려면 장작 패는 법을 익혀야 했다. 그라드 로켓탄들이 발사되는 동안에도 장작을 팬다. 전투기는 하늘을 날고, 나는 보일러에 불을 땐다. 나는 이미 소리로 일어나는 일들과 생명의 위협이 있는지 여부를 가늠한다. 다행히 지난 며칠간의 '도착'은 거의 없었다. 그래서 신경계의 정상적인 기능 유지를 위해 필수적인 수면을 취하는 것이 가능하다. 하지만 내 손은 가끔 아무런 이유도 없이 떨린다. 그리고 지친 머리는 더 언급할 것도 없다. :)

---

[13] BM-21 '그라드Grad'는 구소련에서 디자인한 122mm 자주식 다연장 로켓탄 발사기이다.

오늘 마침내 나는 가까스로 통신 신호를 찾아서 디마와 대화를 나누었다. 부모님과 여자 친구들에게도 메시지를 보냈다. 심지어 [친한 친구] 라폴랴가 나에게 전화를 걸기도 했다. 글쎄, 그렇지 않으면 어떻게 가능했겠는가. :)

내가 건강하게 살아 있다는 사실을 부모님에게 전하게 되어 매우 기쁘다. 얼마나 많이 걱정했는지 나는 안다. 그리고 세상에, 디마의 목소리를 들었다! 그도 내 목소리를 들어서 행복해했다.

그라드 로켓탄들이 다시 발사되고 있다. 나는 더이상 관심조차 두지 않는다.

오늘 도서관에 갔다. 내 물건 몇 개를 챙겼다. 모든 것을 가지고 올 수가 없어서 안타까웠다. 책들을 보는 것은 고통스럽다. 모든 것이 더러워지고 연기에 덮인 채 흩어져 있다.

어린 소년들이 자신들은 죄가 없으며, 집에 가고 싶다고 나에게 거의 간청하다시피 했다. 정말 이상하게 그들이 전혀 두렵지 않았다. 나는 단지 그들에게 많은 말을 하고 싶었다! 상점을 털고, 도둑질하고, 겁쟁이처럼 굴고, 민가 뒤편에 장비를 묻었기 때문에 그들은 군인이 아니라 수치스러운 존재에 불과하다고. 그들과 그들의 아이들은 저주받았고, 그들의 손에 묻힌 인간의 피를 결코 씻어내지 못할 것이라고도 했다. 모든 말을 듣고 있던 소년들이 고개를 떨군다.

율리야는 확실히 자신만을 위해서 일기를 쓴다. 운이 좋다면

영원히 그것을 읽을 사람은 없을 것이다. 작은 마을 사서의 일기에 누가 흥미를 가질 것인가. 그들의 범죄를 감추고 싶어 하는 점령군이라면 모를까. 그녀는 그들이 첩보 활동의 혐의를 씌우지 못하도록 너무 세세하게 묘사하지는 않으려고 한다.

볼로디미르도 점령군이 그의 일기를 발견할까 두렵다. 하지만 그는 언젠가 세상이 그의 이야기에 귀기울일 거라고 희망한다.

2022년 3월 17일, 바쿨렌코는 다음과 같이 기록한다.

> 오늘은 점령당한 지 열흘째 되는 날이다. 러시아군의 Z사단 이후 도착할 연방보안국의 수중에 이 원고가 들어가고 말 것임을 안다. 하지만 여전히 나는 국제기구들에게 원고를 주기를 희망한다. 점령이 장기화되면 그들이 국제사회의 규약에 따라 통치할 테니까.

카피톨리우카에 인터넷이 끊겼다. 그곳은 러시아 검문소들로 나눠져 있고 폭격당하고 있어서 멀리까지 걷는 것은 위험하다. 사서와 작가는 마을의 반대편 끝에 살고 있다. 그래서 율리야는 볼로디미르가 심문을 위해서 끌려갔는지 알지 못한다. 그녀는 그가 전쟁일기를 집 정원에 묻었고, 그의 기록이 이미 끝났으며, 그의 삶 또한 곧 그렇게 되리라는 사실을 알지 못한다. 율리야는 계속 일기를 쓸 테고, 2022년 3월 24일에 시민 남성들의 납치가 갑자기 급증한 사실을 기록할 것이다. 그녀는 볼로디미르가 그날 납치된 남자들 중 한 명임을 모를 것이다.[14] 두 사람 모두 경멸하는 'Z' 표식이 있는 흰 미니밴에 태워져서 그가 끌려간 동안 그녀가 쓴 일기는 다음과 같다.

[편집자 노트: 아랫글의 조각들은 율리야 카쿨랴다닐류크의 일기에서 발췌했다.]

03. 24. 2022

사람들이 사람들을 죽이고 있다. 영토나 식량 때문이 아니라 아무 이유도 없이. 어쩌면 그들은 두려운지도 모른다. 그들이 죽이지 않으면 내일 그들이 죽임을 당할까봐. 바보들……

가끔 겁이 나면 내가 물이라고 상상한다. 나는 땅속으로 스며들어 갈라진 틈새에 숨고, 지하의 샘으로 깊숙하게 흐른다. 하지만 포탄이 날아오면서 만물이 떨리고, 땅이 흔들리고, 물도 평화를 잃어버린다. 지금 당장은 평화를 찾을 곳이 없다.

03. 25. 2022

매일이 혼란의 연속이다. 날마다 오늘이 전쟁의 끝이 될 거라는 희망을 품는다. 하지만 그들은 밤낮없이 포탄을 쏘고 또

---

[14] 볼로디미르 바쿨렌코는 2022년 3월 22일 미성년인 장애인 아들 비탈리카와 함께 처음 심문을 목적으로 잡혀갔다. 그때는 풀려났지만 그는 3월 24일에 또 끌려갔고, 아무도 다시는 살아 있는 그의 모습을 볼 수 없었다.

쏘아올린다. 가까운 곳을 포격하는 소리가 내 머릿속을 분열시킨다. 메아리치는 총성과 헬리콥터, 기계들의 소음은 끝이 없다. 계속 보다 보면 현실이 아니라 공포 영화에서나 벌어지는 일처럼 여겨진다. 어제 낮에 나는 글을 썼고, 지금은 실제 '액션'이 시작되었다. 도네츠크인민공화국DPR 전투원들은 이 땅에서 끔찍한 일을 벌인다.[15] 그들은 군인들을 붙잡아 머리에 총을 겨누고, 우크라이나군 혹은 국토방위군과의 연관성을 드러내는 아주 작은 단서라도 있는지 찾는다. 이 이야기를 듣고 나는 정말 두려워졌다. 진정한 '독일인들', 진정한 '게슈타포'가 왔음을 깨달았다. 이제 카피톨리우카는 모퉁이마다 주인이 있고, 우리는 모든 것에 관해서 허가를 받아야 한다. 그들이 나를 잡으러 오면 어떻게 할지 감히 상상조차 할 수 없다!

3월 28일이 되면 카피톨리우카의 작가는 잡혀서 고문을 받을 것이다. 아니, 어쩌면 이미 죽었는지도 모른다. 그의 전쟁일기는 발견될 날만 기다리며 우크라이나의 검은 땅속에 묻혀 있을 것이다.

카피톨리우카의 사서는 마을의 일을 기록하는 유일한 사람이 되었다는 사실을 모르는 채 계속 일기를 써나갈 것이다.

---

[15] 러시아는 도네츠크인민공화국이 2014년에 우크라이나로부터 독립을 선언했다고 주장하지만 국제사회는 이를 러시아의 영토로 인정하지 않고 있다.

03. 28. 2022

내가 늘 겁에 질려 있다는 것이 가장 역겹다. 전화 사용은 금지되어 있다. 모든 공포를 그냥 잊어버리고 싶어서 이곳의 모든 것과 모든 일을 기록할 수가 없다.

그녀는 자신이 사는 거리에서 어떤 남자가 체포되어 갔다는 사실을 안다. 어쩌면 다시는 그가 돌아오지 못할지 모른다는 사실도. 그녀가 옳았다. 그 남자의 시신은 곧 카피톨리우카에서 발견될 것이다.

율리야는 혼자 남아서 글을 쓰지만, 위험에 처해 있기는 그녀도 마찬가지다. 우크라이나 군인의 아내는 안전을 보장받을 수 없다. 그녀는 마을을 떠나기가 두렵다. 검문소에서 이미 그녀의 이름을 노트에 적어두었을지도 모른다. 그래서 그녀는 남는다. 그래서 그녀는 계속 일기를 쓴다.

마지막 바흐무트 스파클링 와인과
포파스나 화병, 내 방공호의 로마규정

[열세 살 때의] 옛 기억으로 자꾸만 돌아간다. 새해 전날이었고, 소련의 전통에 따라 집안의 여자들은 작은 부엌에서 저녁 식탁에 올릴 마요네즈가 들어간 샐러드를 대량으로 만들기 위해 삶은 채소를 썰고 있다. 내 도움은 필요 없어서, 할아버지를 제외한 모두가 부엌에 있는 동안 나는 여섯 식구가 사는 60제곱미터 너비의 아파트를 돌아다닌다. 아무도 거실에 없는데 무슨 이유에서인지 텔레비전이 켜져 있다. 어린 시절 텔레비전은 거의 항상 켜져 있었고 러시아 공영 채널이 나왔다. 갑자기 새해 프로그램이 옐친 대통령의 긴급 연설로 바뀐다.

"지쳤습니다. 저는 떠납니다."라고 그가 말한다. 그리고 그는 푸틴을 언급한다. 경각심을 느꼈다고 말할 수 있으면 좋으련만, 걱정에 사로잡혔던 기억은 없다. 대신 나는 꽤 흥분된 상태였다. 방금 새로운 역사가 쓰이는 것을 목격했으니까. 나는 부엌으로 달려가서 엄마, 할머니, 이모에게 그 뉴스를 알린다.

전쟁 초기에 배우게 되는 '두 개의 벽에 관한 규칙'이 있다. 포격이 일어날 때는 가장 가까운 창문에서 벽 두 개만큼 떨어진 거리에 있는 편이 좋다. 물론 방공호에서 대피하는 게 낫겠지만 방공호는 많지 않다. 사실 작은 아파트 혹은 창이 많은 아파트에 살면 '두 개의 벽에 관한 규칙'을 지키기도 힘들 것이다.

르비우에 있는 내 아파트가 피난민들로 붐빌 때 나는 그곳을 떠나서 최근에 구입한 시내 아파트의 꼭대기층으로 갔다. 가구와 냉장고, 심지어 전기 주전자도 없었지만 그곳에서 나는 혼자였다.

채광창까지 아파트에는 창이 너무 많아서 '두 개의 벽에 관한 규칙'을 지키기는 불가능하다. 창이 없는 유일한 곳은 드레스를 보관하려고 했던 작은 옷방이다. 춥지 않게 바닥에 러그를 깔고 네팔 히말라야 산맥에서 몇 년 전 남편과 썼던 침낭을 찾는다. 지금은 이 침낭과 옷방이 내 방공호인 셈이다. 이곳을 나의 둥지라고 부른다. 허리가 아프다. 러그를 깔았지만 기침을 하기 시작한다. 2022년 3월을 떠올리지 않고 다시 이 옷방을 열어서 드레스를 찾을 수는 없을 것 같다. 공습 경보가 울려도 이곳에서는 깨지 않고 푹 잠든다. 너무 지친 탓인 것 같다. 아니면 이미 최대한 안전한 곳에 있음을 알기 때문인지 모른다. 군사 타깃이 될 가능성이 있는 르비우 방송국에 위험할 정도로 근접해 있는 건물의 꼭대기층이긴 하지만. 나의 둥지, 나의 방공호, 나의 요새이다. 이곳으로 책을 가져왔다. 파울 첼란의 시집, 흐리호리 추바이, 『승리로서의 생존』, 러시아 굴라크에 있었던 우크라이나 여성들에 관한 옥사나 키스의 책. 책을 읽지는 못한다. 벗삼아 곁에 두고 있는 것이다. 혼자 있고 싶었다. 울고, 울부짖고, 파울 첼란의 시를 크게 소리내어 읽을 수 있도록. 하지만 나는 토데스푸게, 「죽음의 푸가」를 암송할 뿐이다. 아마 이것은 홀로코스트를 다루는 가장 유명한 시일 것이다.

공습 경보는 울리지만 아무 일도 없는 것 같다. 아니면 무슨 일이 일어나고 있지만 이곳이 아닐 뿐이거나. 다른 이들은 죽고 나는 죽지 않는다. 옷방에서 잠을 청하지 않아도 될 듯하다. 창가에서 도시의 밤을 바라보면서 잠들 수 있다. 우울하고 고단한 상태로. 심지어 르비우에서도 사람들은 안전을 위해서 통행금지 시간 동안 모두 소등해야 한다고 믿는다. 나는 그게 어떻게 유도미사일로부터 우리를 지켜주는지 이해할 수 없다. 미사일은 불빛을 타깃으로 삼는 게 아니라 좌표에 의해서 발사된다. 어쩌면 제2차 세계대전의 기억 때문인지도 모른다. 그래서 제시간에 불을 끄지 않는 사람들은 화가 난 이웃들로부터 항의 메시지를 받는 것이다.

"당신이 우리 모두를 적에게 노출시키고 있어요!"

"5층에 있는 사람 중에 누가 이상한 보라색 불빛을 켜뒀어요? 러시아군에게 보내는 반란군의 신호는 아니겠지요?"

"죄송합니다. 저예요. 제가 보라색 불빛을 켭니다. 그저 당신의 이웃일 뿐이에요."라고 누가 답장을 쓴다.

르비우는 오랜 기간 폭격되지 않았는데, 그 이유는 알 수가 없다. 여기 있는 누구도 이유를 알지 못한다. 르비우가 늘 국수주의적인 러시아 프로파간다의 중심으로 간주되던 것을 감안하면 이것은 비논리적인 현상이다. 마리우폴은 파괴하면서 왜 르비우는 공격하지 않을까. 그들에게는 원거리 무기도 있는데.

공격 목표가 되지 않는 것에 대한 죄책감을 느낀다. 이런 감정은 러시아군이 르비우를 공격하지 않는 것만큼 비논리적이지만 어쩔 수가 없다.

저녁에 바닥에 있는 파란 침낭 안에 누워서 마침내 일어나는 폭발음을 듣고 나서야 나는 안도감을 느낀다. 대피와 구호, 피난민 거처 문제의 조율을 논의하기 위해 쏟아지는 자원봉사 그룹의 메시지에 답하기를 멈춘다. 그저 가만히 누워 어둠을 응시하며 나는 다가올 일을 기다린다. 하지만 아무것도 일어나지 않는다.

구시가지의 아름다운 골목, 장이 서는 광장, 14세기의 교회가 있는 비르멘스카 거리를 걸으며 집에 갈 때마다 모든 건물의 모든 것을 기억하려고 애쓴다. 얕은 돋을새김과 아틀란테 조각, 그리고 기둥까지. 러시아가 이 모든 것을 파괴해버릴 것인가. 이 거리는 단지 내 기억 속에만 존재하게 될 것인가. 발로바 거리의 벽 한 곳에서 나는 세르히 자단의 시를 보고 마리우폴 평화거리에 있던 벽의 시를 떠올리지 않을 수 없다. 그 시는 여전히 그곳에 있을까.

아니면 이미 그곳의 건물, 그곳의 사람들과 함께 사라져버렸을까.

어쩌면 군사 전문가들은 르비우가 북부와 동부, 서부에 있는 도시들처럼 폭격당할 수 없으며, 폭격당하지 않으리라는 사실을 알고 있는지도 모른다. 하지만 나는 그렇지 않다. 미사일의 유형, 우리의 방공, 그리고 러시아의 전투기에 관해서 아무것도 알지 못한다. 나에게는 그런 것을 알아낼 시간이 없다. 나는 다른 것을 배우느라 바쁘다. 예를 들면, 군사용 구급상자를 만드는 법, 미국의 구호 지원을 받기 위해 필요한 서류의 종류, 혹은 키이우, 하르키우, 체르니히우, 수미로 갈 트럭을 찾는 법 같은 것.

새로운 문화 프로젝트들도 있다. 일례로, 우크라이나 문인협회 회장 테탸나 테렌은 우크라이나 시의 인용문을 구급상자에 넣는 아이디어를 냈다.

"상처를 치료하기 위해 옷을 자를 가위를 찾다가 시를 읽는 군인을 상상할 수 있습니까?"라고 내가 묻는다. 그 아이디어를 무척 좋아하기는 하지만.

우리가 정말 구급상자에 시를 넣기 시작했는지는 기억나지 않는다. 아무래도 아닌 것 같다. 매일이 2월 24일처럼 아주 긴 하루로 느껴진다. 어제의 일도 기억할 수 없다. 아들과 엄마에게도 전화하지 않는다. 오로지 도움이 필요하거나 도움을 줄 수 있는 사람들하고만 대화한다. 레이스를 짜거나 벌집을 짓는 것처럼 그저 계속 그들을 서로 연결하고, 연결하고, 또 연결할 따름이다.

테탸나도 더 실행 가능성이 높은 문화 프로젝트에 관한 아이디어를 떠올린다. 그녀는 '전쟁에 관한 대화 시리즈'를 시작한다. 우크라이나 작가들이 자신의 경험을 외국 동료들에게 이야기하는 온라인 대담 시리즈이다.

3월 26일, 나는 테탸나의 르비우 숙소로 걷고 있다. 우리는 '전쟁에 관한 대화 시리즈'를 생방송으로 함께 시청하고 우크라이나 문인협회가 기획하는 모든 프로젝트를 논의하기로 했다. 나는 창고에서의 노동으로 지친 몸을 끌고 자마르스티니우스카 거리를 지나간다. '제노사이드genocide'라는 용어를 만든 변호사 라파엘 렘킨에게 헌정된 명판을 올려다보며 멈춰 선다. 명판은 잘못 걸려 있는 것 같다. 다른 이야기에 속해 있을 뿐이다. 명판에는 정의 실현과 진실 인정, '다시는 되풀이하지 않는 것'이 쓰여 있다. 이 모든 것은 지금 사라져버리고 없지 않은가.

필립 샌즈Philippe Sands가 쓴 책 『동서 거리East West Street』를 사랑한다. 그 책이 국제법의 변화 안에서 사람들의 삶과 역사적인 내러티브를 엮어가는 방식도. 우리가 국제법에서 일어나는 변화의 초기 단계에 있을지 모른다는 사실을 깨달았다. 그리고 나는 한 명의 시민이자 작가로서 이런 변화가 일어나도록 돕고 싶다. 법과 인권이 법학 학위를 가진 사람들의 전유물로 남아서는 안 된다고 생각한다. 궁극적으로 법은 인간에 관한 것이고, 적어도 인간을 그 중심에 두어야 하니까. 이런 점에서 보면 법은 문학과 닮아 있다. 어쩌면 나는 의약품을 분류하고 박스를 옮기고 모금하는 것 말고 다른 무언가를 할 수 있을지도 모른다.

캐나다 작가 마거릿 애트우드와 우크라이나 작가 나탈카 스니아단코가 오늘 온라인으로 대화를 나눈다. 하지만 나는 거의 듣지 않는다. 나의 방공호 둥지로 더 많은 책을 가져오고 싶다. 『동서 거리』를 다시 읽고 싶다. 로마규정, 제네바협약 같은 국제법 관련 책도 읽어보고 싶다. 아직은 제네바협약이 한 개인지 여러 개인지조차 모르지만 읽고 싶은 마음은 분명하다. 로마규정은 온라인으로 쉽게 찾을 것이다. 낯선 시대에는 낯선 글을 읽게 된다.

베레질과 부차

 "2022년 2월 26일 18시 하르키우에서 〈마클레나 그라사〉 공연이 열립니다."라는 공고문은 지금도 온라인에서 볼 수 있다. 온라인에서 '구매' 버튼을 누르면 침략 따위는 없고 조명과 웃음, 박수갈채로 가득한 평행 우주로 가는 티켓을 살 수 있을 것만 같다. 2022년에 백 주년을 맞은 베레질극장이 있는 곳으로.[16] 하지만 하르키우에는 미사일이 떨어졌고, 러시아군이 벨호로에서 국경을 넘어 우크라이나로 진군했으며, 2022년 2월 26일과 그 이후에도 초연은 열리지 못했다.

---

[16] 베레질극장은 레스 쿠르바스를 연출로 선임해서 실험적인 극을 선보였던 스튜디오로, 베레질 예술협회에 의해서 1922년에 설립되었다.

〈마클레나 그라사〉는 미콜라 쿨리시가 마지막으로 대본을 집필했고, 1933년에 레스 쿠르바스가 베레질극장에서 마지막으로 연출한 연극이다.[17] 1922년부터 1934년까지 불운한 우크라이나 소비에트 사회주의 공화국의 수도 하르키우에서 연극은 초연되었다. 줄거리는 단순하다. 가난한 가정 출신 십 대 소녀 마클레나가 가족을 먹여 살리기 위해 매춘을 포함한 온갖 일을 하면서 고군분투하는 내용이다. 원본 희곡은 영원히 사라져버렸다. 러시아어 버전만 살아남아서 다시 우크라이나어로 번역되었다. 우크라이나 문학의 역사를 드러내는 고통스러운 은유가 아닐 수 없다.

쿨리시는 극의 배경을 폴란드로 설정했다. 소련의 외부로 배경을 정했음에도 불구하고 그와 레스 쿠르바스는 목숨을 부지하지 못했다. 소련 정권은 두 예술가에게 완벽한 소련의 현실을 왜곡했다는 혐의를 덧씌웠다. 수백만 우크라이나인을 죽음으로 내몬 대기근의 시대에 펼치기에는 터무니없는 궤변이었다. 하르키우 거리에 유령처럼 나타난 아이들과 농부들은 더이상 구걸조차 하지 않고 조용히 죽어갔다. 이런 상황에서 어떻게 그들의 공연이 소련의 현실을 실제보다 어둡게 왜곡할 수 있었겠는가. 이건 레토릭에 불과한 말이다.

---

17 미콜라 쿨리시(1892-1937)는 우크라이나 아방가르드 극작의 선구자였다. 그는 1934년에 체포되어 1937년 카렐리아 지역의 산다르모흐에서 처형되었다. 그의 처형은 '1917년 혁명'의 20주기에 맞춰서 정치범을 포함한 수감자를 대상으로 자행된 대량학살의 일환이었다. 쿨리시의 많은 희곡들이 레스 쿠르바스의 연출로 베레질극장에서 공연되었다.
레스 쿠르바스(1887-1937)는 우크라이나 아방가르드 극의 선구적인 연출가였다. 그도 쿨리시처럼 1934년에 체포되었고, 1937년 11월 산다르모흐에서 처형되었다.

대공포 시대에서 살아남은 배우 요시프 히르냐크[18]의 회고록에 따르면 레스 쿠르바스는 이렇게 표현했다고 한다.

> 현실에 대한 열정의 결핍에 대해 말하자면…… 지난 나흘간 극장으로 가는 길에 나는 굶주림으로 죽은 여성의 시체를 지나쳐 걸었네…… 아무도 그녀의 시체를 처리하지 않았어. 그런 장면들은 열정을 불러일으키지 않아.

그 연극의 초연 이후 한 신문은 '사회주의의 현실에 반하는 파쇼적인 중상모략'이라고 평했다. 국가로부터 후원을 받는 〈러시아 투데이〉 같은 러시아 채널에서 활동하는 선전원들도 오늘날 우크라이나 예술을 두고 같은 표현을 할 수 있을 것이다.

지금처럼, 1933년에 그 연극은 또 다른 변명거리에 불과했다. 우크라니아 엘리트 전체가 그저 말살될 예정이었다. 1937년 11월 3일, 극작가 미콜라 쿨리시와 연출가 레스 쿠르바스 모두 총살되었다. 거의 3백 명에 달하는 다른 우크라이나의 창작자, 시민사회 지도자, 정치인들과 함께.

아무도 대기근과 '처형당한 르네상스' 때문에 기소되거나 처벌받지 않았다. 일부 가해자들이 나중에 처형되긴 했지만 그들이 저지른 범죄 때문은 아니었다. 소련은 기계적으로 공포를 유발하

---

18 요시프 히르냐크(1895-1989)는 베레질극장에서 가장 뛰어난 배우들 중 한 명이었다.

며 그들의 존재를 완전히 지워버렸다. 대량학살은 시작하기 쉬워도 멈추기는 어렵기 때문에.

'마클레나 그라사 26/02/22 18.00'라고 적힌 대형 포스터는 지금도 극장 건물에 걸려 있을지 모른다. 물론 르비우의 창고에 있는 나는 그것을 볼 수 없다. 하르키우에 남은 친구들에게 포스터에 관해 감히 물을 수도 없다. 그들에게 묻는 질문은 한 가지뿐이다. 어떻게 지내느냐고. 그들은 괜찮다고 거짓을 말한다. 나는 산소를 운반하는 혈액 세포들처럼 계속 물건을 조달하고, 포장하고, 르비우에서 하르키우와 다른 도시들로 구호 물품을 싣고 가는 트럭과 미니밴, 자동차들을 조율한다. 다시 하르키우를 보게 될지는 모르지만, 그런 기회를 얻기 위해서라도 나는 맡은 일에 충실해야만 한다. 하르키우가 공격당할 때마다 〈마클레나 그라사〉가 초연되었어야 하는 그 극장을 떠올린다. 극장은 여전히 그곳에 있을까.

러시아군은 5백 킬로그램짜리 폭탄 두 개를 마리우폴의 드라마극장에 투하해서 그 안에 숨어 있던 가족을 몰살시켰다. 전투기가 다가와서 폭탄을 투하하는 소리는 상상할 수 있지만, 지붕이 폭발하고 벽이 붕괴되었을 때 그 안에서 일어나는 일은 도저히 머릿속에 그릴 수 없다. 같은 일이 하르키우의 극장에서도 일어날 수 있을까. 키이우의 극장에서는? 르비우의 극장에서는? 친구 옥사나 스토미나가 그녀의 발코니에서 마리우폴의 극장을 볼 수 있듯이 내 발코니에서도 르비우의 극장이 보인다. 차이가 있다면 그곳에서는 이미 그런 일이 벌어졌고, 다른 곳에서는 그런 일이 발생할 가능성이 있다는 것뿐이다. 하르키우에 그런 일이 발생할 가능성은 어느 정도일까. 세르히 자단은 하르키우의 인형극 극장에서 밤을 보내고 있다. 이 극장이 공격당하기라도 한다면. 쿨리시와 쿠르바스가 한때 살았던 슬로보하우스 근처 놀이터에서처럼 사람들은 거리에서, 놀이터에서도 죽는다. 사람들은 내가 포장하는 구호 물품을 받으려고 줄 서 있는 와중에도 죽는다.

국제 뉴스를 볼 시간은 없어도 나는 하르키우가 자주 뉴스에 등장하고 있다고 추측한다. 하르키우극장에서 초연될 〈마클레나 그라사〉 때문에? 우크라이나 문화에서 가장 중요한 사건인 현대 우크라이나 극장의 백 주년 기념일 때문에? 아니다. 세계는 여전히 아무것도 모를 것이다. '처형당한 르네상스', 천재 극작가 미콜라 쿨리시, 혁신적인 연출가 레스 쿠르바스와 1922년에 설립되어 1937년 소련 정권에 의해 숙청되었던 베레질극장에 대해서. 하르키우가 뉴스에 오르내리고 있지만 세계는 여전히 모를 것이다. 나는 우크라이나가 여전히 유럽 지도에서 '러시아 근처의 포스트 소비에트 국가'라고 모두가 부르는 큰 맹점에 불과하다고 동의할 것이다. 다만 쿨리시의 〈마클레나 그라사〉가 2022년 2월 26일 18시에 하르키우 드라마극장에서 다시 개막한다면.

오늘은 2022년 3월 31일이고, 1922년에 레스 쿠르바스가 설립한 이래로 베레질극장이 백 주년을 맞이하는 날이다.

전면전이 일어나지 않았다면 오늘 우리는 레스 쿠르바스, 미콜라 쿨리시와 그들의 극장을 추모했을 것이다. 하지만 지금 우리는 전쟁을 치르는 중이다. 그래서 2022년 3월 31일은 베레질의 백주년 기념일이 아니라 부차 해방 기념일이 된다.

이제부터 우리는 어떻게 그날을 기억할 것인가. 매년 3월 31일이 되면 나는 무엇을 떠올릴 것인가. 베레질, 아니면 마을의 해방 직후에 드러난 부차 학살? 아마 나는 둘 다를 떠올릴 것이다. 부차 학살과 베레질은 연결되어 있으니까. 2022년까지 부차는 목가적인 마을이었고, 1922년에 설립된 베레질은 독특하고 현대적인 우크라이나 극장이었다. 하지만 이 둘 모두 처형되고 말았다.

길잡이별들 사이에서

올렉산드라 마트비추크 I

올렉산드라 마트비추크

베레질과 관련된 또 다른 중요한 사건이 일어났다. 극장이 사라지고, 연출가와 선임 극작가가 처형되고 나서 한참 후에. 60년 전이었던 1962년, '60년대 저항 예술가'로 알려진 젊은이들이 키이우의 인스티튜츠카 거리에 있는 10월 궁전에 모였다. 레스 쿠르바스와 그의 독창적인 우크라이나 극장을 기념하기 위해서였다. 그날의 모임은 용감한 모험이었다. 소련 정권은 가능한 모든 수단을 동원해서 쿠르바스에 관한 기억을 모조리 지워버렸고, 우크라이나 소비에트 사회주의 공화국의 수도에서 공공연하게 그를 입에 올리는 것은 현명한 처사가 아니었다. 하지만 1962년 인스티튜츠카 거리에 모인 예술가들은 스탈린의 사망 이후 시대가 변했다고 믿었고, 행동의 파장을 걱정하지 않을 만큼 용감했다. 그로부터 1년 전, 위대한 선임자의 복원 작업에 몰두한 연출가 레스 타뉴크는 레스 쿠르바스가 처형된 장소를 찾기 위해 러시아로 향했다. 인스티튜츠카 거리에서 그날 밤 타뉴크와 친구들은 적어도 그 시간 동안만큼은 레스 쿠르바스와 베레질에 관해서 거리낌없이 자유롭게 발언했다.

가끔은 진실에 대한 반응이 더 진실에 가깝기 마련이다. 권력자들이 아주 작은 조각이라도 진실을 두려워하는 이유가 바로 그 때문이다. 공식 행사가 끝나고 청중 사이에 있던 여성이 타뉴크에게 다가와 씁쓸하게 말했다. 대량학살 무덤을 찾기 위해서 러시아까지 갈 필요는 없었다고. 바로 이곳, 키이우에도 그런 무덤이 있으니까.

그 여성은 목격자였고, 그녀의 증언을 통해서 '60년대 그룹'에 속했던 최소 세 명—연출가 레스 타뉴크, 시인 바실 시모넨코, 화가 알라 호르스카—이 소련의 범죄를 연구하게 되었다.

아직 나는 우크라이나 예술가들의 슬픈 전통에 속하지는 않았다. 죽은 동료들에게 일어난 일을 찾아다녀야 하는 전통 말이다. 나는 목격자를 찾는 법을 배우게 될 것이다. 바키우니아 출신 여성을 따라 마을로 가서 20세기 소련의 대량학살 무덤을 밝힌 사람들처럼. 아직 나는 범죄를 연구했던 알라 호르스카의 삶에는 관심을 갖지 않는다. 하지만 시간이 흐른 뒤, 나는 우리에게 얼마나 많은 공통점이 있는지 알게 될 것이다.

2022년 3월, 나는 그저 호르스카의 거대한 기념비적인 예술작품들을 떠올리며 그것들의 안전을 걱정한다. 그녀의 모자이크 작품은 대부분 도네츠크에 있고, 세 점만 마리우폴에 있다. 〈꽃 피는 우크라이나〉, 〈인생의 나무〉, 그리고 〈황조롱이[보리비테르]〉.

후자가 나에게는 가장 소중하다. 모자이크 말고 그것의 원형을 본 적이 있는데, 매우 아름다운 그림이었다. 마리우폴에 있는 실제 모자이크는 훨씬 더 아름답다. 예술가들은 원형에서 조금 벗어나서 파란색을 더했고, 흰 새의 형상을 가지런하게 다듬었다.

〈황조롱이〉의 원형은 전면전이 벌어지기 전 2021년에 키이우의 60년대 저항 예술가 박물관에서 처음 보았다. 흥미롭게도, 그 당시 호르스카의 작품들과 타뉴크의 원고를 보관하던 그곳에서, 나는 전쟁범죄 기록과 모니터링을 이끌고 있었던 저명한 인권 변호사 올렉산드라 마트비추크를 만났다.

우연한 만남은 아니었다. 우리의 친구였던 테탸나 테렌이 박물관에서 그녀의 생일을 기념하고 있었다. 60년대 저항 예술가들은 우리에게 길잡이별 같은 존재였고, '처형당한 르네상스' 세대와 늘 위험에 처해 있는 우크라이나 문화의 전체 역사와 우리를 잇는 연결점이었다. 테탸나로서는 그들 사이에서 서른다섯 번째 생일을 기념하고 싶었던 꿈이 이루어진 셈이었다.

그 당시 나는 소설가이자 도네츠크에서 열리는 문학 축제의 감독이었다. 인권에 관한 나의 참여는 올레흐 센초우와 스타니슬라우 아세예우 같은 동료 작가들, 또는 수학자에서 언론인이 된 크림반도 출신 오스만 아리프메메토우의 자유를 위한 캠페인에 한정되어 있었다.[19] 볕이 좋은 키이우의 60년대 저항 예술가 박물관 테라스에 와인잔을 들고 서 있을 때는 상상하지 못했다. 알라 호르스카처럼 내가 글 쓰는 시간을 줄이는 대신 우크라이나의 집단 무덤에 관해서 알려지지 않은 이야기를 조사하는 데 더 많은 시간을 할애할지 모른다는 사실을.

반면 올렉산드라 마트비추크는 쿠르바스나 타뉴크처럼 연출

---

[19] 오스만 아리프메메토우는 심페로폴 출신 언론인으로, 크림반도연대 비정부기구의 소셜 미디어에서 활동한다. 그는 2019년 날조된 테러 혐의로 러시아 보안국 요원들에게 체포되어 러시아 도시 로스토프온돈의 남부 지역 군사법정에서 14년형을 선고받았다. 빅토리아 아멜리나는 러시아 정권에 의해 감옥에 갇힌 우크라이나인들을 지지하는 인권 캠페인 #SolidarityWords를 통해서 그 사건을 대외적으로 알렸다. 아리프메메토우는 러시아의 크라마토르스크 폭격으로 인한 아멜리나의 부상 소식을 듣고 지지의 뜻을 전하는 편지를 쓰기도 했다. 우크라이나 문인협회는 아멜리나가 부상 악화로 죽음을 맞이했을 때 그의 편지를 받았다.

가가 되기를 꿈꿨다. 하지만 그녀는 예술가의 길을 걷는 대신 정의를 추구하기로 마음먹었다. 어려서부터 그녀는 주위 세상이 불의로 가득하는 것을 알아차렸다. 올렉산드라는 바실 스투스의 사망을 어떻게 알아냈는지 기억한다. 뛰어난 우크라이나 시인이자 60년대 저항 예술가 사이에서도 전설적인 반체제 인사였던 그는 러시아의 강제노동수용소에서 사망했다.[20] 올렉산드라는 다수의 유럽인들이 2022년에서야 이해하기 시작한 단순한 진리를 이미 알고 있었다. 악은 과거의 어딘가에 존재하지 않고 바로 여기에 있다는 것. 스투스의 이야기에 가슴아파하면서, 그녀는 러시아 문화에 동화된 가족에서 태어났지만 우크라이나어를 쓰는 사람이 되기로 했다. 그녀는 곧 스투스의 친한 친구들을 만나게 되리라는 사실은 알지 못했다. 스투스처럼 그들은 1972년 소련 체제에 반하는 프로파간다를 퍼뜨린 혐의로 7년(징역)형과 3년(유배)형을 선고받았다. 스투스는 살아남지 못했지만 올렉산드라에게 정의를 추구하도록 영감을 주었다. 그리고 스베르스튜크는 살아남아서 그녀의 멘토가 되었다.[21] 그들은 시를 매개로 만났다. [예우헨] 스베르스튜크는 시 낭송대회를 이끌었고, 올렉산드라가 선택한 시들은 그에게 특별한 인상을 남겼다. "체구는 자그마한 분이

---

20 바실 스투스(1938-1985)는 소련 붕괴의 불과 6년 전 강제노동수용소 페름-36에서 사망했다.

21 예우헨 스베르스튜크(1928-2014)는 특출난 문학 비평가이자 출판인인 동시에 정치범이었다. 1972년에 체포된 그는 반체제 운동과 정치범 옹호에 연루된 혐의로 페름의 강제노동수용소 7년형과 시베리아 유배 5년형을 선고받았다.

그렇게 힘이 넘치는 시들을 골랐군요." 그는 아직은 숨겨져 있는 올렉산드라 내면의 힘을 꿰뚫어 보았다. 정작 자신은 평생 집필보다 정치에 더 많은 시간을 할애했어도 스베르스튜크는 그녀가 꿈을 좇아 연출가가 되리라고 기대했다. 하지만 올렉산드라는 법을 선택했고 [2001년] 셰우첸코법대에 진학했다.

그녀는 너무 많은 인권 침해를 목격했고 그것을 외면할 수 없어서 보수가 좋은 은행에서의 일을 그만두었다. 그녀는 인권을 향한 오랜 열정이 바로 자신의 직업이 되어야 한다고 생각했다.

십 대 시절 올렉산드라는 종종 스베르스튜크의 에세이를 타이핑하고는 했다. 그는 러시아의 강제노동수용소에서 건강을 잃어 스스로 타이핑을 할 만큼 시력이 좋지 않았다. 올렉산드라는 기꺼이 그를 도왔다.

예우헨은 2014년 말, 존엄혁명이 끝나고 러시아의 침공이 시작될 무렵 죽음을 맞이했다. 그 당시 올렉산드라의 단체와 그녀는 다른 많은 단체들처럼 우크라이나에서 벌어진 전쟁범죄와 반인도범죄를 기록하느라 분주했다.

시민자유센터는 그저 이성을 좇아서 그 일을 시작했다. 혁명이 최악으로 치달을 무렵 인스티튜츠카 거리에서 죽은 시위자들의 시체는 그냥 사라져버릴 것처럼 보였다. 단체는 사진을 찍어서 공개하기 시작했다. 인권운동가들이 체포되고 살해되어도 이미 소문은 퍼질 테니까.

지금 돌이켜보면 우리의 삶 전체는 이미 60년대 저항 예술가들과의 만남에 의해서 규정된 것 같다.

서구의 인본주의 문화와 우크라이나의 '처형당한 르네상스'에 영향을 받은 60년대 저항 예술가들은 놀라운 예술 작품들을 창조했고, 감명 깊지만 한편으로는 고단한 삶을 살았다. 서구의 히피나 비트족과 비슷했지만, 우크라이나의 60년대 저항 예술가들은 전체주의적이고 반민족적인 소련 체제 하에서 활동해야 했다. 유명한 예술가들은 러시아의 강제노동수용소에서 복역했다. 내가 제일 좋아하는 시인 바실 스투스와 예술가 알라 호르스카를 포함한 이들은 소련 정권에 의해서 죽음을 맞이했다.

테라스 파티에 이어서 야유회가 열렸다. 전시 작품들 중에서 나는 알라 호르스카의 다채롭고 아름다운 〈황조롱이〉 스케치를 감상했다. 올렉산드라와 내가 만났을 때 그녀는 이미 업무 조직은 물론이고 전쟁범죄와 반인도범죄의 기록에 관한 경험이 많았다. 그때 이미 우리가 알라 호르스카를 화가나 반체제 인사가 아니라 전쟁범죄 조사원으로 간주했는지 모르겠다. 2022년 지금에 이르러서야 60년대 저항 예술가들의 활동이 훨씬 잘 이해되고, 우리와 가까우며 중요한 것처럼 느껴진다.

1967년 마리우폴의 평화거리에 설치된 대형 모자이크 〈황조롱이〉의 스케치를 서서 감상하면서 그 모자이크를 다시는 보지 못하리라고는 상상하지 못했다. 알라와 동료들이 몇 달에 걸쳐 만든 모자이크는 2022년 러시아의 포격으로 단 몇 초만에 파괴되고 말 것이다.

여전히 남아 있는 것은 키이우에 있는 형형색색의 스케치, 알라 호르스카에 대한 기억, 그리고 끔찍한 범죄의 진실을 밝히려는 우크라이나 여성들에게 그녀가 불어넣은 영감뿐이다.

내무인민위원회는 1970년에 그녀를 살해했다. 다른 60년대 저항 예술가들처럼 강제노동수용소에 보내는 것만으로 그녀를 억압하기는 힘들었다. 유명 공산당원이었던 그녀의 아버지 때문에 그녀는 소련 대중에게 너무 많이 알려져 있었다.

알라는 옳은 역사의 편에서 목숨을 걸고 진실을 말했다. 60년대 저항 예술가 박물관에서 내가 만났던 올렉산드라 마트비추크도 마찬가지였다.

2
나의 길을 찾아서

키이우로 돌아오다

내 문제는 키이우에 안 가고 르비우에 있겠다고 아들과 약속한 것이다. 4월 2일 저녁 8시 30분, 나는 키이우로 가는 티켓을 사기로 결심한다. 열차는 같은 날 밤 10시 35분에 떠난다. 밤 10시부터 통행금지여서 고민할 시간이 많지 않다. 안전한 여행이 될 거라고 믿지만 위험에 대한 생각을 떨칠 수 없다. 나에게 무슨 일이 생겼을 때 아들이 알게 될 마지막 사실은 엄마가 자신에게 거짓을 말했다는 것이다. 하지만 작가여서 좋은 점도 있다. 다른 작가들에게 도움을 청할 수 있으니까. 훌륭한 동화작가 친구 카테리나 미할리치나에게 메시지를 보낸다.

"동화작가니까 내 거짓말의 이유를 설명할 방법을 찾아야

해. 할 수 있겠니?"

"그렇게 할게." 그녀가 확신을 준다. "가."

키이우를 떠나지 않은 동료 작가들에게 메시지를 보내기 시작한다. 시인이자 활동가, 그리고 특출난 두 아들의 엄마 스비틀라나 포발라예바, 언론인이자 또 다른 우크라이나의 뛰어난 동화작가 올랴 루시나, 작가이자 변호사, 그리고 여성운동가 라리사 데니센코에게. 스비틀라나는 남편과 함께 역에서 나를 만나겠다고 한다.

"왜 이렇게 일찍 일어나려고 해?" 내가 툴툴거린다.

하지만 친구는 키이우에서 택시 승차는 여전히 안전하지 않을지 모른다고 주장한다. 운전사가 누구인지 어떻게 알겠는가. 타

스비틀라나 포발라예바

당한 주장인지 확신할 수는 없어도 나는 기꺼이 그 제안을 따른다. 키이우와 친구들이 그립고, 어서 그들을 보고 싶다.

열차는 거의 비어 있다. 전면전이 시작된 후로 처음 떠나는 기차 여행이다. 많은 사람들은 최근에 포위당한 수도로 여행하는 것을 두려워한다. 나이 든 승무원이 안전을 위해서 창문을 내리고 블라인드를 닫을 것을 정중히 요청한다. 폭발이 일어나면 블라인드가 유리 파편으로부터 나를 보호해줄지 모른다. 하지만 한밤중에 숨이 막혀 잠에서 깬다. 전쟁 중에 산소 부족으로 죽는 것은 너무 어리석은 일 같다.

나는 승무원에게 다가간다. 그는 잠들어 있지 않다.

그는 창문을 열게 해준다. 아무래도 내가 유리 파편보다 산

라리사 데니셴코

소 부족으로 죽을 것처럼 보이는 모양이다.

"그래도 불은 켜지 마세요." 그가 부탁한다.

"안 켤게요."라고 나는 약속한다.

나머지 밤 동안 침대에 앉아서 빠른 속도로 지나쳐 가는 우크라이나를 바라본다. 밖에서 불어오는 바람이 산소로 폐를 가득 채우듯 우크라이나는 점점 가까이 다가와서 내 몸 안을 가득 채운다. 키이우로 향하는 매 순간 나는 고향에 있는 것 같다. 가까이에서 폭발이 일어나 유리 파편에 맞아 죽더라도 나는 행복하게 죽음을 맞이할 것이다.

새벽에 나는 지토미르와 키이우 사이 어디 즈음에서 영상을 촬영해서 지금은 르비우에 있는 키이우의 친구들에게 전송한다.

아침에 조금 졸렸지만 스비틀라나를 보자마자 잠이 달아난다. 그녀와 그녀의 남편은 키이우 중심에 있는 나의 19층 아파트로 나를 데려간다.

건물의 거의 모든 거주민들이 나갔다. 수위 이리나가 밝은 얼굴로 돌아온 나를 맞이해준다. 그녀는 나의 귀환을 승리의 징조로 받아들이는 것 같다. 그녀는 내가 르비우에서 태어났고 그곳에도 아파트를 가지고 있다는 사실을 안다. 돌아오지 않는 것을 선택할 수 있었지만, 지금 나는 이곳 키이우에 있다.

"건물이 얼마나 파손됐는지 봤어요?" 그녀가 묻는다.

파손 정도는 경미하다. 건물 정면에 난 총알 흔적 정도. 총격으로 창문 한 개도 깨져 있다. 총격이 일어나기 전에 주인들이 대피해서 천만다행이다. 하지만 우리는 이 모든 것에 웃음을 터뜨린다. 이 정도면 예상했던 것보다는 낫지 않은가.

스비틀라나는 19층 창문으로 보이는 경관에 감탄한다.

"여기서는 정말 많은 게 보이네!" 내가 찻주전자를 놓아둔 위치를 떠올리며 쿠키를 찾는 동안 그녀가 탄성을 지른다. 러시아의 키이우 공격은 너무 짧게 끝나서 전쟁 이전에 산 쿠키가 아직 딱딱하게 굳지 않았다.

스비틀라나는 내가 이집트와 르비우에 있는 동안 놓친 것을 알려준다. 그녀의 두 아들 바실과 로만 라투슈니는 지금 군대에 있고, 그녀의 이웃이자 친구인 예우헤니아 자크레우스카와 친구의 남편 미하일로 역시 입대했다. 사실 우리의 모든 친구들이 군에 있거나 군을 돕고 있다. 그녀의 둘째 아들 로만 라투슈니는 수미에 있는 트로스타네츠 해방을 위한 전투에 며칠 전에 참전했다. 그는 1919년부터 1922년까지 우크라이나 소비에트 사회주의 공화국에 있었던 게릴라 지역 홀로드니 야르의 이름을 딴 제93 기계화여단에 소속된 것을 자랑스러워한다. 입대할 당시 그는 활짝 웃었지만, 아들이 떠나고 그녀는 공습 경보보다 더 크게 통곡했다. 첫째 아들 바실은 2015년 1월부터 우크라이나 동부를 방어하고 있었지만, 막내 아들 로만은 전쟁이 아닌 다른 종류의 투쟁을 위해서 태어난 아이 같았다. 그와 예우헤니아 자크레우스카는 내 발코니에서도 보이는 공원 프로타시우 야르를 함께 방어했다. 그는 워낙 타고난 활동가여서 나는 [스비틀라나에게] 우크라이나 미래 대통령의 어머니로서 회고록을 써보라고 농담하고는 했다. 하지만 그것도 2021년의 일이다.

 3월 내내 그녀는 군과 이웃, 그리고 주위의 개를 도왔다. 러시아 작가 미하일 불가코프가 키이우에서 세 들어 산 아파트가 있는 곳이라고 기억되는 안드리이우스키 우즈비즈의 텅 빈 거리에서 그녀는 생일을 기념했다. 2022년 3월에 문을 연 곳은 별로 없었다. 미하일로 스타리츠키의 유명한 우크라이나 연극 제목 〈두 마리 토끼 쫓기〉와 이름이 같은 카페, 크림반도의 타타르 식당 마사피르, 그리고 외국 특파원들을 포함한 사람들에게 어떻게든 금지된 술을 팔고 있는 작은 바 정도. 물론 불가코프와 관련된 것은 없었다.

 그리고 그녀는 3월에 결혼했다. 물론 그녀는 결혼을 중요하게 생각하지 않는다.

 "알다시피 둘 중 한 명이 죽거나 응급 상황이 생겼을 때를 대비해서 한 거야. 전쟁 중에 결혼하는 게 낫지." 그녀가 말한다.

 그녀와 남편은 20년 넘게 함께 살았고, 아들 두 명을 키웠다.

 "어쨌든 축하해."라고 내가 말한다.

 우리는 웃음을 터뜨린다. 발코니에 나가서 청명한 키이우 하늘 아래 사진을 찍으려고 포즈를 취하면서도 계속 웃는다. 웃음은 그치지 않는다.

 그러다 갑자기 스비틀라나의 상태가 나빠진다. 그녀는 원인을 모르지만 나는 알 것도 같다.

"이걸 먹어. 아마 공황장애일 거야."라고 내가 설명한다. 내가 준 신경안정제를 삼키고 스비틀라나의 상태가 나아진다.

우리는 더이상 웃지 않는다. 더이상 가장하지도 않는다. 지금 시체들이 발굴되는 부차는 몇십 킬로미터 떨어져 있을 뿐이다. 친구들과 스비틀라나의 아들 둘이 아니었다면 부차의 일이 이곳 키이우에서도 일어날 수 있었다. 그녀의 아들 둘은 모두 최전선에 있다. 미래의 우크라이나 대통령 로만 라투슈니도. 하지만 어떻게 그가 그곳에 있지 않을 수 있었겠는가. 언제가는 그에게 한 표를 던지리라고 말했다. 스물두 살에 절대 악과 타협하지 않는 사람이라면 마흔 즈음에는 꽤 괜찮은 대통령 후보가 될지 모른다.

우리는 더이상 그런 이야기를 나누지 않는다. 나는 스비틀라나와 남편 흐마라에게 다시 감사의 뜻을 전한다. 그녀의 남편은 스비틀라나를 프로타시우 야르 공원의 언덕에 있는 건물 10층으로 데려간다. 지금은 우크라이나 건설 회사들이 아니라 러시아의 침략자들로부터 로만과 예우헤니아가 지키고 있는 그 공원으로.

두 여자와 개 한 마리,
그리고 셀 수 없는 성폭력 피해자들

"너무 조용해." 그녀는 때때로 이 말을 반복한다.

이미 부차, 키이우, 크라마토르스크, 하르키우를 탈출한 친구들로부터 이 말을 들은 적이 있다. 끝없이 이어지는 포격 속에서 살아남은 사람들 모두가 같은 말을 내뱉는다. 터무니없이 조용하다고. 정적은 그들을 겁에 질리게 한다.

"괜찮아. 이 또한 지나가겠지. 모두가 그렇게 이야기해."라고 내가 그녀에게 말한다.

"정말? 모두가?"

"모두가."

라리사와 나는 키이우 북쪽 오볼론의 텅 빈 광장에서 만난다. 2월 말에 사람들은 그곳에서 러시아 탱크를 멈춰 세웠다. 시간이 지나면서 그것은 탱크라기보다 군용차처럼 보였고, 사실 러시아의 탱크라는 확신도 서지 않았다. 하지만 오볼론 시민들의 영웅적인 행위에는 의심의 여지가 없다. 그들은 러시아 탱크를 멈춰 세울 준비가 돼 있었으니까. 우크라이나군이 멀리서 러시아의 진군을 막았다.

여전히 오볼론은 2월 말이든 3월이든 머무르기에 좋은 장소는 아니었다. 키이우에서 포격음은 특히 크게 들렸다. 근처에 도사리는 위험을 망각할 수는 없었다. 그리고 라리사는 러시아군이 도시로 진군해 왔을 때 벌어질 일에 대한 생각을 떨쳐낼 수 없었다. 그녀는 변호사이자 여성운동가로, 우크라이나 여성 변호사들이 만든 비영리단체 유르펨에서 활발히 활동하고 있다. 러시아 침략자들이 우크라이나 여성을 강간한 첫 번째 사건이 3월에 그녀에게 의뢰되었다. 마리우폴에 도움을 요하는 여성이 있다고 친구가 연락했다. 라리사는 키이우에서 벌어진 일 때문에 겁에 질렸고, 큰 충격에 휩싸여 분노했으며, 그 여성을 도울 준비가 돼 있었다. 어떻게 그녀가 다른 답을 줄 수 있었겠는가.

그녀는 키이우 오볼론의 동쪽으로 수십 킬로미터밖에 떨어져 있지 않은 부차, 모티진, 안드리우카를 비롯한 다른 마을에서 벌어지는 일에 대해서도 의구심을 갖지 않았다. 그녀는 연이어 의뢰가 들어오는 사건들을 도울 준비가 돼 있었다.

"이 여성을 도울 수 있겠습니까?"

"네. 가능합니다."

이렇게 라리사가 화장기 없는 얼굴에 수수한 회색 옷을 걸치고 상실감에 젖은 표정을 짓는 모습을 보는 것은 처음이다. 그녀는 늘 가장 생기발랄했고, 흑갈색 머리와 아름다운 눈을 가졌고, 꽃무늬 정장을 입었으며, 형형색색의 보석으로 치장한 데다가 법과 여성의 인권에 대해서는 비할 데 없는 전문성을 가졌다. 전면전 이후 한 달이 지난 지금, 그녀는 전문성만 남은 것 같다. 라리사는 그녀의 그림자처럼 보인다. 나는 알록달록한 사탕을 선물로 가져왔다. 그녀는 눈물에 씻겨 나가서 빛깔을 잃고 보잘것없이 변해버린 것처럼 못미더운 눈빛으로 사탕을 바라본다.

그녀는 말하고, 나는 듣는다. 그녀는 법조인으로 살면서 여성들의 이야기를 들어왔고, 지금은 내가 그녀의 이야기를 들을 차례다. 갑자기 그녀가 말을 멈추고 나를 보며 묻는다.

"미래가 보여요? 오늘은 보이는데, 몇 년 후 우리의 삶은 아무리 애써도 보이지 않아요. 반년, 아니, 한 달도 힘들어요. 그냥 미래가 보이지 않아요."

"나는 보여요." 내가 말한다.

그녀는 내가 더 자세히 설명하기를 기다린다.

"나는 미래가 보여요. 바로 이 순간 이스칸데르 미사일에 맞을 수도 있겠지요. 그래도 나는 전쟁 이후의 우크라이나가 보여요. 그 미래에 우리가 있을지는 모르지만 전쟁 후의 우크라이나

는 있어요." 나는 말하면서 고개를 돌린다.[22]

라리사가 고개를 끄덕이고 말한다. 어차피 연로한 그녀의 부모님은 못 가겠지만 어떻게 방공호가 없는지 모르겠다고. 그래서 그녀는 '두 개의 벽 뒤에' 있는 복도에서 숨어 지내고 있었다. 갑자기 그녀의 어머니에게 전화가 걸려온다.

"괜찮니? 언제 집에 올 거야?" 어머니가 묻는다. 그녀는 혼자 있는 것과 딸을 잃는 것이 두렵다.

라리사는 어머니를 진정시키고 우리는 계속 걷는다. 우리는 말할 수 없는 것에 대해서, 그리고 '루시퍼'라는 대담한 이름으로 불리는 귀여운 불도그에 대해서 이야기한다. 반년이 되기도 전인 9월에 나는 해방된 이쥼의 파괴된 아파트 건물 앞에서 불을 피우고 음식을 만드는 여성과 그녀의 옆에 앉아 있는 불도그를 보게 될 것이다. 나는 라리사에게 그 사진을 보낼 것이다. 그즈음 라리사는 화려한 정장을 입고 밝은 색 귀걸이를 한 모습으로 돌아와 있을 것이다. 하지만 지금 당장은 그런 게 불가능해 보인다.

"저 잡지사에서 나를 인터뷰했고, 내 사진을 새로 찍고 싶어해요. 옛날 사진을 가져다 쓰라고 했는데 계속 새로 찍자고 하네요. 어떤 모습으로 찍어야 할까요? 옷장을 열어도 무엇을 보고 있는지 이해할 수가 없어요. 화장품도 마찬가지예요. 이제는 그런 것들을 사용하는 방법조차 모르겠어요."

---

22 이 대화를 바탕으로 빅토리아 아멜리나는 「[미래] 사전 속의 단어」라는 시를 썼다.

굶주림으로 사망한 예술가:
부차 출신 류보우 판첸코

"4월 2일, 키이우의 병원으로 류보우 미하일리우나 [판첸코]가 이송되어 왔어요. 우리는 그것도 모르고 그녀를 찾아 헤매고 있었지요. 우리는 완전히 다른 주소지를 받았고, 다양한 소문을 들었어요." 올레나 로진스카가 진술을 시작했다. "다섯 번째 병원에서 그녀를 다른 과로 옮겼을 때 마침내 누가 수색 요청에 관심을 가진 거예요." (처음 그녀는 물리치료실에 입원했지만 움직이지 못해서 욕창이 생기는 바람에 수술실로 옮겨졌다.)

러시아의 점령 내내 여든넷 류보우 판첸코는 자택에서 굶주림으로 죽어가고 있었다. 그녀의 집이 폭격당한 후에야 누가 그녀를 떠올렸고, 이웃이 와서 그녀가 정신을 차리도록 도왔다. 류보우 판첸코는 구출되었다. 그녀는 우크라이나 디자이너이자 부차의 명예시민이고, 바실 스투스상의 수상자이면서 우크라이나 여성조합의 일원이기도 하다. 그녀는 또한 흐루시초프 해빙기 동안 우크라이나 문화를 부흥시킨, 그 유명한 60년대 저항 예술가 집단의 일원이었다.

그녀는 부차에 있는 집으로 돌아갈 수 없었다. 전쟁 중에 문과 창문이 헛간을 폭격한 미사일로 산산조각 났기 때문이다. 집이 멀쩡한 상태였다고 해도 와병 중이었던 그녀는 혼자 지낼 수 없었다. 그녀는 식사 도움과 기저귀 가는 것을 포함한 풀타임 케어가 필요했다.

그녀의 집에 보관되어 있던 예술 작품들을 전쟁이 발발하기 전에 60년대 저항 예술가 박물관에 맡겨 둔 게 그나마 다행이었다. (그러지 않았다면 점령 이후 모든 것을 약탈당하고 말았을 것이다.)

전쟁 전날(2022년 2월 2일), 류보우 판첸코는 여든넷의 나이로 국경을 넘었다. 박물관 직원들과 그녀의 독특한 예술을 좋아했던 지지자들이 그녀를 환영했다. 당시 그녀는 옷을 차려 입고, 스스로 걸었으며, 농담을 했고, 손님들이 와준 것에 진심으로 행복해 했다.

하지만 지금 그녀는 장기화된 러시아의 점령으로 인한 굶주림에 완전히 지쳐버렸다. 그녀는 침대에 누워 지내고, 극도로 쇠약해져서 그녀를 바라보는 것조차 힘들다.

키이우에서 류보우 판첸코의 작품들을 보관하고 있는 60년

대 저항 예술가 박물관의 대표 올레나 로진스카가 자세한 내용을 알려주었다.[23]

---

23 2022년 4월 30일, 류보우 판첸코는 탈진으로 병원에서 사망했다.

[미사일에 '아이들을 위해서'라고 쓰는 사람들]

《피테르 포메란체우[24]임을 증명하는 법》

러시아 선전원들이 멈춘다 해도 그들의 말은 계속 우크라이나인들을 죽일 것이다.

2022년 4월 8일 금요일, 러시아는 크라마토르스크 기차역을 미사일로 공격해서 어린이 다섯을 포함한 쉰두 명의 민간인을 죽였다. 역을 강타했던 가장 치명적인 미사일의 옆면에는 '아이들을 위해서'라는 문구가 페인트로 적혀 있었다. 러시아의 프로파간다를 잘 모르는 사람들은 이 문구의 의미에 고개를 갸우뚱할지도 모른다. 치명적인 미사일에 '아이들을 위해서'라는 문구를 넣는

---

[24] 이 문장은 미완으로 남아 있다. 피테르 포메란체우는 『이것은 프로파간다가 아니다』(2019)의 저자이며, 이 책은 허위 정보와 프로파간다를 다루고 있다.

이유가 무엇이란 말인가.

　나는 지난 8년간 러시아 언론이 생산한, 인간성을 말살시키는 가짜 컨텐츠를 추적해왔다. '아이들을 죽이는 우크라이나인들'에 관한 프로파간다는 2014년에 처음 유포되었다. 러시아에게 점령된 도네츠크와 루한스크에서 십자가에 못 박힌 소년의 이야기와 함께. 그 후로 끔찍한 십자가형에 관한 이야기 등등의 가짜 이야기들이 러시아 언론에 떠돌았다. 러시아 점령지에서 아이들을 죽이는 우크라이나인들에 관한 믿음은 유대인들이 기독교인 아이들을 죽인다고 하는 것만큼이나 근거 없는 헛소리일 뿐이었다. 이웃나라에 대한 끔찍한 거짓말과 혐오 발언은 터무니없었지만, 거짓 기소된 사람들의 미래 범죄를 정당화하는 데는 늘 효과가 있었다.

　4월 8일, 우크라이나 가족들이 피난 기차를 기다리던 곳에 러시아 미사일이 떨어졌다. 크라마토르스크에 있는 그 기차역에 여러 번 가본 적이 있다. 2014년부터 전쟁의 상흔을 입은 도네츠크 어린이들에게 작가로서 이야기를 들려주고 글을 읽어주기 위해서였다. 지난 가을 문학 축제에서 우리는 '전쟁을 멈출 전등 기계'를 만들기도 했다. 동료 우크라이나 작가 안드리 레시우와 로마나 로마니신의 책에 등장하는 아이디어에서 착안한 것이었다. 우리는 줄로 이어진 전등을 가져와서 아이들에게 전구를 색칠하게 했다. 전등이 방을 환하게 밝히자 모두가 손뼉을 쳤다. 우리가 기쁨을 느꼈던 그 장소에 지금은 러시아 폭탄들이 떨어지고 있다.

기차역에서 러시아의 공격을 받고 사망한 사람들 사이에 전구를 색칠했던 아이들이 있는지 몹시 궁금하다.

우크라이나 책에 나오는 '전등 기계'는 아무도 구하지 못했다. 러시아의 언론과 서적에서 영감을 받은, '아이들을 위해서'라는 문구가 적힌 그 미사일은 참혹한 임무를 성공적으로 수행했다. 나는 의문을 갖지 않을 수 없다. 러시아 방송국에서 일하는 직원들, 소위 말하는 '언론인들', 프로듀서들, 기자들, 매니저들, 그리고 심지어 그들의 보조원들은 늘 진실을 알고 있었을까. 그들은 몇 년간 그 프로파간다 머신을 위해 일하고, 돈을 벌었으며, 어쩌면 이탈리아나 플로리다의 어디 즈음 당신과 내 옆에서 휴가를 보냈을지 모른다.

지금 일부 선전원들이 러시아를 떠나면서 반전주의자였다고 주장한다. 하지만 '아이들을 위해서'라고 적힌 미사일이 여전히 피난 가족들을 공격할 수 있다면 그게 다 무슨 소용인가. 프로파간다 머신을 위해 일했던 자들은 우크라이나인의 인간성을 말살시키는 거짓 선동이 돌이킬 수 없는 결과를 불러오리라는 사실을 모르고 있었을까. 자신들의 언어가 전쟁범죄에 해당될 수 있음을 그들은 생각이나 해봤을까.

언론만이 아니었다. 러시아인들은 우크라이나인과 우크라이나 언어, 우크라이나 전통을 조롱하고 악마로 묘사하는 책을 출간하고 영화를 찍었다. 러시아의 판타지 소설들은 러시아 뉴스처럼 우크라이나인을 괴물로 둔갑시켰다. 우크라이나에 관한 러시아의 논픽션 '역사책'들도 거의 사실을 다루지 않았다. 일부 제목들은 다음과 같다. 세르게이 글라지예프의 『우크라이나의 재앙: 미국의 침략부터 세계대전까지?』(모스크바, 책 세상, 2015), 로스티슬라프 이쉬첸코의 『우크라이나의 붕괴: 하위 국가 해체하기』(모스크바, 야우자, 2015), 알렉산더 코체트코프가 쓰고 안티마이단 도서관 시리즈에서 펴낸 『반데라 훈타의 피비린내 나는 범죄들』(모스크바, 책 세상, 2015), 아나톨리 테레쉔코의 『우크라이나: 우크라이나는 존재했는가?』(모스크바, 한 주의 쟁점들, 2017). 지금 이 책들을 쓴 저자들이 느끼는 감정이 궁금하다. 그들도 반전주의자인가.

2022년 3월, 선전원 마리나 오브시안니코바가 '전쟁 반대'라고 적힌 포스터를 들고 러시아 텔레비전에 출연했다. 이전에도 그녀는 러시아 시청자들에게 이 문제를 알리려고 노력한 적이 있었던가. 왜 그 문구의 반은 영어로 적혀 있었을까. 지금 러시아인들은 서구 사회에 경멸을 느끼고 있다. 그걸 감안한다면 영어로 쓰는 것은 그다지 실용적인 생각 같지 않다. 그리고 반전 슬로건은 전쟁의 근본 원인—우크라이나와 관련된 모든 것에 대한 증오와 경멸—을 뿌리까지 제거하지 않는다. 더구나 포스터에는 우크라이나 지지에 관한 언급은 없었다. 유리 드미트리예프, 안나 폴리트코프스카야처럼 투옥되거나 살해된 진짜 러시아의 반체제 인사들과 다르게 당연히 마리나 오브시안니코바는 감옥에 갇히지 않았다. 그 대신 그녀는 독일 언론사 『디 벨트』에 고용되었다. 그녀의 연기가 우크라이나인을 위해 변화시킨 것은 없었다. 여전히 거리 인터뷰에서 평범한 다수 러시아인들은 우크라이나인들이 이런 일을 당해도 마땅하다는 이유로 전쟁 지지 의사를 밝힌다. 일부는 다음으로 폴란드인, 리투아니아인 또는 에스토니아인들도 이런 일을 당해야 한다고 말한다.

치명적인 미사일에 적힌 '아이들을 위해서'라는 문구는 러시아 언론과 예술계 역시 전쟁범죄에 책임이 있음을 드러낸다. 이 전쟁은 단지 푸틴이 일으킨 것이 아니라, 증오를 조장하는 기계를 작동시키고 모두가 그 증오에 굴복했기 때문에 발발한 것이다.

'전쟁을 멈추게 하는 전등 기계'는 아이들의 눈높이에서 사랑스러운 발상이다. 하지만 어른들은 제대로 알아야 한다. 반전 구호를 외쳐 부른다고 해서 전쟁은 멈추지 않는다. 수많은 러시아 선전원들의 거짓말에 대한 책임을 묻지 않고 전쟁을 멈추는 것은 불가능하다.

미사일에 '아이들을 위해서'라는 문구를 쓰도록 영감을 불어넣은 이들은 버튼을 눌러 공격을 감행하는 사람들만큼 책임이 있다. 차이가 있다면 후자는 살생을 멈출 수 있다는 것이다. 하지만 선전원들의 말로 시작된 증오는 더 많은 죽음과 우크라이나 시민들을 향한 잔혹 행위로 이어질 따름이다.

언론과 책에 등장하는 증오 연설은 끊임없이 사람을 죽이는 방사능과 비슷하다. 우리는 유럽을 다시 안전한 장소로 만드는 법을 아직 파악하지 못했다.

그들이 목소리를 가질 때까지

이리나 도우한Ⅱ

2014년 이전에 이리나 도우한은 도네츠크에서 뷰티 살롱을 운영하고 있었다. 미용 전문가인 그녀는 얼굴을 식별 불가능하게 만드는 법을 안다. 과할 만큼 거친 필링으로 피부를 고의로 태우는 것과 같은 방법 말이다. 어쩌면 그녀는 얼굴에 흉측한 상처를 내고 스카프를 쓸 수 있을지 모른다. 얼굴을 알아볼 수 없게 만드는 것만이 점령지에서 살아남는 유일한 길이었고, 이리나 도우한은 키이우에 있는 그녀의 새 집에서 그 작업을 준비하고 있다.

그녀는 며칠간 숲에서 전투 구급대원으로 일했지만 쓰러지고 말았다. 방탄복을 입고 뛰는 것은 예순 노인에게 쉬운 일이 아니었다. 인대 파열로 무릎을 거의 움직일 수 없었음에도 불구하고 그녀는 일주일 동안 지휘관에게 그 사실을 알리고 싶지 않았다. 전투 구급대원인 이리나 자신이 간병을 요한다는 사실이 명확해진 순간 그녀는 집으로 돌려보내졌다. 그녀는 집에서 약품을 분류하며 키이우 전투의 결과를 기다릴 수밖에 없었다.

마리아 리보바벨로바를 따라서

카테리나 라셰우스카 I

카테리나 라셰우스카

[편집자 주: 편집되지 않은 원고 '마리아 리보바벨로바를 따라서'는 부록 A에 수록되어 있다. 아랫글은 글의 논리에 따라 중복을 피해 편집자들이 실은 것이다.]

카테리나 라셰우스카는 폴타바 시골 출신의 젊은 변호사이다. 1399년 이 근처에서 리투아니아 왕자 비타우타스로 대표되는 서구 문명이 타타르 부족으로 대표되는 동구 문명과의 전투에서 패했다.

카테리나는 금발이고, 정장을 입으며, 심각한 인권 침해를 변호한다. 우크라이나 아이들을 러시아로 강제이송시키는 사건도 그중 하나이다. 카테리나는 특히 이 문제에 열정적으로 임한다. 그녀는 아이들을 사랑하고, 변호사로서도 홀로코스트의 역사와 로마규정 제6조에 큰 관심을 두고 있기 때문이다. 제6조는 물론 제노사이드에 관한 것이다.

전면전 발발 전 며칠 동안 카테리나는 나치의 유대인 정책에 관한 또 다른 다큐멘터리를 시청한다.

마리아 리보바벨로바는 러시아 도시 펜자에서 태어났다. 금발인 그녀는 사랑스러운 긴 드레스를 입고 푸틴이 우크라이나 아이들을 러시아로 강제이송하도록 돕는다. 침략 4개월 전, 푸틴은 그녀를 대통령 산하 아동권리위원으로 임명해서 전쟁범죄의 파트너로 삼았다. 로마규정 제6조 (e)항에 따르면 '한 집단에 속한 아동들을 다른 집단으로 강제이송하는 행위'라고 그 범죄가 정의되어 있다.

어린 시절 그녀는 성가대에서 노래했고, 사제와의 결혼과 다산을 꿈꿨다. 그녀의 꿈은 대부분 실현되었다. 그녀는 러시아 정교회의 사제와 결혼했다. 그녀는 아이 다섯을 낳았고, 열여덟을 입양했으며, 한 명을 훔쳤다. 훔친 아이는 마리우폴 출신 청소년 필리프이다. 나는 그 아이의 용기를 높이 산다. 리보바벨로바의 말에 따르면 필리프는 좋게 말해서 '고분고분한' 아이는 아니다.

카테리나 라셰우스카 역시 아이를 갖고 싶어 하지만, 러시아-우크라이나 전쟁 때문에 지난 8년간 너무 바빴다. 그녀는 강제병합된 크림반도 출신 실향민들이 설립한 비정부기구인 지역인권센터에서 일한다. 2022년 이전에 그녀는 사무실에서 러시아 침공에 아무런 영향도 받지 않은 유일한 직원이었다. 지역인권센터는 2014년에 처음으로 강제이송된 우크라이나 아동들의 사건을 접했다. 강제병합된 크림반도 출신 아동들은 러시아 가족들에게 입양되었다. 카테리나의 첫 임무는 이 사건에 관한 정보를 모으는 것이었다.

카테리나와 마리아는 다른 점이 많다. 하지만 로마규정 제6조가 둘 사이의 연결점이 된다.

마리아는 그 연결점을 모르고 있어도 카테리나는 2022년 3월부터 마리아를 생각해왔다. 2022년 4월, 그녀는 우크라이나에서 강제이송된 첫 번째 아이들이 러시아 가족들에게 넘겨진 사실을 알게 된다. 이 아이들 중에서 그녀는 할머니가 있는 소년 두 명을 보았다. 카테리나는 소셜 미디어에 강제이송되어 입양된 아동들에 관한 글을 썼지만, 그녀의 메시지는 큰 관심을 끌지 못했다. 그러기에는 3월과 4월에 너무 많은 일이 일어났다.

2022년 3월 이후 소셜 미디어부터 러시아 공영 채널들에 이르기까지 카테리나가 추적하고 저장한 마리아 리보바벨로바의 행적은 지역인권센터가 2022년 10월 25일 국제형사재판소에 제출하는 자료에 반영될 것이다.

뉴욕 탈출

    키이우의 내 아파트에는 오래된 물건이 별로 없다. 브레즈네프 시대에 만들어진 커다란 벽시계, 수탉 도자기, 80년대 도네츠크에서 찍은 남편의 어린 시절 사진들, 아들의 증조부와 증조모의 얼굴 정도. 2021년 가을, 전면전이 일어나기 6개월 전 접촉선 부근 작은 마을의 집 벽에 있었던 그 물건들을 모두 가져왔다. 무엇이 나를 사로잡았는지 몰라도 불현듯 이런 것들이 사라질까 두려워졌다. 이런 물건은 손상되지 않게 떼어서 대피시킬 필요가 있다. 물론 사람도 대피해야 한다. 물건은 대피에 동의가 필요가 없지만, 많은 사람들이 여전히 집을 떠나는 데 동의하지 않았다.

    시계와 수탉, 그리고 사진을 가져왔던 도네츠크의 작은 마을 뉴욕에 있는 사람들에게 계속 전화를 건다. 2021년 10월, 나는 그곳 고등학생들의 에세이 경연대회를 주관했다. 나는 수상자들과 가까워졌다. 그들이 포상으로 키이우와 르비우로 여행을 왔기 때문이다. 지금 나는 이 소녀들을 대피시키고 싶다. 심각한 공격을 받고 있는 데다가 언제 점령될지도 모르는 그 지역에서. 하지만 나는 친구 안나와 그녀의 딸 야샤조차 설득하지 못한다. 야샤는 낭포성 섬유증을 앓고 있는 데다가 한 달 넘게 지하실에서 지냈기 때문에 치료가 시급하다. 야샤는 그녀의 아버지와 약혼자가 집 근처의 최전선에서 싸운 것처럼 그곳에 머무르고 싶어 한다.

자원봉사자로 호스토멜과 이르핀, 부차를 방문한 뒤 나는 다시 메시지를 보내고 전화를 건다. 방금 전에 내가 본 것을 이야기할 수는 없다. 어머니 중 한 명에게 내가 말한다.

"르비우나 해외에 거처를 마련하도록 돕겠습니다. 그러니 제발 피난 버스나 기차에 오르세요. 딸이 둘이나 있지 않습니까. 꼭 피난 가셔야 합니다."

곧 점령될지 모르는 마을에서 어린 소녀들을 탈출시켜야 한다는 말은 지구상의 어떤 여성에게라도 아주 명확하게 의미가 전달될 것 같다.

"어쩌다 보면 전쟁이 없어질 수도 있잖아요……." 어머니가 러시아어로 답한다.

전화를 끊고 나는 2022년에 키이우와 르비우를 관광시켜 주었던 소녀 미라와 그녀의 언니를 생각하면서 울음을 터뜨린다.

하지만 내 전화가 헛된 것만은 아니다. 며칠이 지나서 나는 메시지를 받는다.

"지금 우리는 크리비 리흐에 있어요."

내가 유럽에서 낭포성 섬유증을 치료할 기회가 있을 거라고 언급하자 안나의 딸 야샤가 도네츠크를 떠나는 데 동의한 것이다. 우크라이나에서 낭포성 섬유증을 앓는 환자들은 기대 수명이 짧다. 대부분 성인이 될 때까지 생존하지 못한다. 안나의 아들은 이미 사망했다. 안나와 그녀의 남편 비탈리는 두 자녀의 죽음을 지켜봐야 할지 모른다는 사실을 이미 알고 있었다. 하지만 지금은 기회가 있다. 유럽 병원들이 낭포성 섬유증을 앓는 우크라이나 난민들에게 생명 연장을 위한 약을 주기 시작했다.

"알았어요. 그 약을 얻을 가능성이 있다면 피난 갈게요." 야샤가 나에게 문자를 보낸다.

그녀의 아버지는 입대해서 집 근처의 도네츠크 전투에 참전 중이다. 이제 모든 것이 변해버렸다. 그가 죽고, 야샤가 더 오래 살 수 있을지 모른다.

나는 생각한다. 어쩌면 그는 딸의 죽음을 보고 싶어 하지 않을지 모르겠다고. 나는 이것이 좋은 소식인지 자문한다. 지금 당장은 무엇이 좋은 소식인지 판별하기 힘들다. 혈중 산소포화도가 90퍼센트를 밑돌아 무척 쇠약한 상태지만 야샤는 토레츠크에서 홀로 피난 버스에 몸을 싣는다. 나는 르비우에 있는 의사들에게 연락한다.

"그녀의 몸 상태가 안 좋아지면 더 멀리 가기 전에 르비우에서 응급치료를 부탁할 수 있겠습니까?"

"그녀는 그 여행을 이겨낼 수 없을지도 모릅니다!" 의사가 나에게 고함친다. "르비우까지 가면 안 된다구요. 자포리자 부근에서 멈춰야 합니다!"

"아뇨. 도움 받을 수 있는 곳까지 갈 거예요."라고 내가 말한다. "그녀는 살고 싶어 하고, 그게 그녀가 뉴욕의 지하실을 떠난 이유입니다."

야샤는 그 여행을 이겨낼 것이다.

4월 22일, 나는 도네츠크 출신의 낭포성 섬유증 환자로 영어를 한마디도 못하는 야샤를 더블린으로 데려갈 것이다. 아일랜드에서는 '카프트리오'라는 약을 처방받을 수 있다고 들었다. 그녀는 마흔까지 생존할 기회를 얻을 것이다.

야샤의 아버지는 2022년 8월 바흐무트 부근에서 사망할 것이고, 그의 시체는 수습되지 못할 것이다. 그는 딸의 죽음을 볼 수 없게 되었다. 야샤는 아직 카프트리오를 처방받지 못했다. 하지만 뉴욕은 저항한다. 많은 집과 학교 세 곳과 유치원 한 곳, 도서관 한 곳이 파괴되었지만 그래도 뉴욕은 저항한다. 이곳의 최전선은 1인치도 움직이지 않았다.

파괴된 스코보로다 문학관

테타나 필립추크 Ⅱ

2022년 5월 7일 아침은 테타나 필립추크에게 여느 아침과 다를 바가 없다. 슬로보하우스에서 천천히 커피 우리는 편안한 소리와 함께 멀리 북동부에서 나는 폭발음을 들으며 그녀는 뉴스를 스크롤해서 읽는다. '미사일'과 '박물관'이라는 단어가 갑자기 화면에 떠오르자 그녀의 심장 박동이 빨라진다. 그녀는 테이블에 앉아서 뉴스를 한 번 더 정독한다. 그런 다음 하르키우에서 몇 킬로미터 떨어지지 않은 스코보로디니우카로 운전해줄 동료 자원봉사자들에게 전화하기 시작한다. 스코보로디니우카에서 밤 11시쯤 18세기에 지어진 철학자 흐리호리 스코보로다 문학관이 불탔다.[25] '조용한 방'이라 불렸고, 흐리호리 스코보로다가 거주하다가 생을 마감했던 추모실이 사라져버렸다. 테탸나가 이미 알고 있었던 것처럼 전시는 전쟁을 피해서 다른 곳으로 옮겨진 상태였다.[26] 하지만 어쩌면 그 건물 자체가 제일 중요한 것이었는지 모른다. 2022년 2월 24일에 내가 느꼈던 이상한 안도감을 느끼면서 그녀는 처음으로 울음을 터뜨린다. 오랫동안 두려워했던 일이 이미 벌어지고 있다. 모든 것이 명료해졌다. 러시아는 우리의 문학관과 도서관, 대학들을 파괴할 것이다. 우리는 무엇을 할 수 있는가.

누가 테탸나에게 말한다. 파괴된 것을 기록하고 증거를 확보하고 계속 뒤쫓아서 이번에는 가해자들이 처벌을 피하지 못하게 해야 한다고.

그날 그녀는 전화를 건다.

[편집자 주: 저자는 이 챕터를 완성하지 못했다. 다음에 이어지는 내용에는 우크라이나어로 적힌 글을 발췌해서 영어로 옮긴 내용과 편집되지 않은 노트가 섞여 있다.]

---

25 흐리호리 스코보로다(1722-1794)는 우크라이나의 상징적인 철학자이자 신학자, 시인이었다. 그는 마음과 도덕, 창조적인(친화적인) 노동이 이상적인 사회의 기초이며, 이 안에 인간 존재의 의미가 있다는 사상을 개진했다. 그의 글들은 오늘날까지 몇 세대에 걸쳐서 우크라이나 사상가들에게 영향을 주었다.

26 테탸나 필립추크에 의하면 컬렉션에서 가장 귀중한 물품들만 다른 곳으로 옮겨졌고, 전시 자체는 불탔다.

아나스타샤 체레드리첸코

바실 로주코—포시바일로—르비우 지부

포시바일로는 국제문화유산보존복구연구센터ICCROM의 형식들을 작성했고 이 협력을 시작했다

이 형식들은 비효과적이다

스코보로디니우카

우리는 준다

우크라이나 방위부 대표가 우리와 함께 있고 그는 형사 소송을 추진하기 위해 이것을 기록했다

건축가가 그곳에 있어서 좋았다. 건축가 없이 작성하는 것은 불가능했을 것이다

그리고 그들은 지역 당국과 교신을 시작했다

건축물에 관한 이해를 증진시킬 필요가 있다. 정확하게 어디가 얼마나 파손되었고, 어떻게 할 수 있는지

문화적인 복원과 재건축에 관한 것도

국제문화유산보존복구연구센터 그 건축가

우크라이나 방위부가 이 자료들을 요청했다

무엇이 파괴되었—

아나스타샤가 전화했다
내가 그녀에게 전화를 걸었다
무슨 일인지 나는 안다
나는 유네스코와 연락하고 있었다―뉴스를 본 그들이 연락해왔다
주말이었고 그들은 이곳에서 벌어지는 일에 관해서 묻는 이메일을 보냈다

그녀는 피난 본부에서 마리아 자도로즈나와 함께 있었다
그녀들은 이전에도 함께 비슷한 여행을 한 적이 있었다

여성 사진작가
그리고 피난 본부에서 보낸 폴타바 출신 드론 조종사

사실 이 여행은 바실 로즈코와 마리아 자도로즈나가 기획했다
우리 셋, 나와 포시바일로, 마리아는 줌^{Zoom}으로 대화를 나눴다

줌 회의는 우리가 날짜를 이미 알고 있을 때 열렸다

5월 12-13일
그가 박물관 건너편에 서 있었다

관장과 직원들
그녀는 헷갈려했다

부러진 다리
그 공원은 사랑스럽고 아름다웠다

2022년 2월 24일, 새로운 프로젝트가 스코보로다 문학관에서 시작될 예정이다
소련 기념일을 피해서 세심하게 기획된 전시
축하
전시에 대한 재구상
내용과 형식
타냐 필립추크가 맨 앞에 있었다
그들은 하르티야의 설립자와 이야기했다. 그가 그곳에 있어야 했으므로
지역 당국은 기념일 축하연에 관해 생각했다
일어났어야 하는 일인 것처럼 그녀는 스코보로디니우카와 함께했다

우리는 안으로 들어갔다
바로 건너가지 않았기 때문에 형식부터 논의하지는 않았다

쾌청한 날씨

건물 옆에는 단정한 화단이 있는데 수선화와 튤립이 피어 있었다

기록

우리는 마셨다

문학관 직원들과 차를 마셨고 타냐는 문학관의 바로 맞은편에 있었다

스코보로다는 우리 왼편에 있었다

밖에서 차를 마시고 샌드위치와 케이크를 먹었다

폭발이 일어났지만 새들은 노래했다

우리가 돌아왔을 때 러시아군이 주둔했던 들판에서 검은 연기가 피어올랐다

24일 이후 키이우에서 떠난 나의 첫 여행

바하노바: 그녀가 도움이 되었을까? 그녀는 일하러 가서 조금 늦었다

그리고 우리가 통과했을 때

그것이 하에서 일어날 일이었다

하르키우를 창조한 이야기가 있었다

 2007년 키이우에 거주할 때 그녀는 우크라이나 반체제 인사 예우헨 스베르스튜크를 찾아가기 시작했다. 예우헨 스베르스튜크는 부활절 저녁 식사에 드니프로 강둑 원편에 있는 그의 집으로 사람들을 초대하는 습관이 있었다. 라스코바 거리였다. 그가 죽은 후 그곳은 예우헨 스베르스튜크 거리가 되었다.
 예우헨 스베르스튜크는 마지막 일기를 하르키우문학관에 남겼다.
 루키야넨코가 스베르스튜크의 장례식에 왔다.[27]

 [편집자 주: 아랫글은 한나 쇼켄이 쓴 신문 기사에서 발췌한 내용을 포함하고 있다. 「첫 전시는 고문당한 시인에게 헌정되었다: 하르키우문학관이 집으로 돌아왔다」, 2023년 3월 23일자 『우크라인스카 프라우다』에 실린 기사.]

 작가이자 번역가였고 1923년 이후 하르키우에서 살았던 이반 드니프로우스키의 아카이브는 그 컬렉션의 중심이 되었다.

 "이반 드니프로우스키는 1934년 질병으로 사망했기 때문에

---

27 레우코 루키야넨코(1928-2018)는 우크라이나 정치인이자 반체제 인사로, 우크라이나 독립선언서를 작성했다.

탄압의 대상이 되지 않았고, 아무도 그를 조사하지 않았으며, 그에 관한 기록도 삭제하지 않았습니다. 다른 작가들로부터 받은 서신과 드니프로우스키 자신의 원고, 그리고 사진들이 남아 있지요. 다른 예술가들의 경우 이런 자료는 모두 삭제되었습니다. 1920년대에 관한 컬렉션의 기초로서 이 아카이브가 가진 중요성은 매우 큽니다. 그리고 오늘 우리 이야기의 토대를 이루는 주제이기도 합니다."라고 테탸나 이호시나[하르키우문학관 컬렉션의 관리자]가 말했다.

최근에 그 문학관은 원본을 전시할 수 없으며, 문학관 창고에 보관되어 있고 국립박물관기금에 속한 물품들을 전시할 수 없다.

"작년 2월 24일 전면전이 시작되기 전에 우리는 전시를 중단했습니다. 가능성을 생각해서 미리 대비했습니다. 2월 16일에 컬렉션에서 가장 중요한 것들이 이미 포장되어 밖으로 나갔습니다. 전면전이 시작되고 나서 그것들을 최우선 순위로 대피시켰습니다. 그 다음은 두 번째로 중요한 품목들의 차례였지요. 무엇보다 원고처럼 가장 귀중하고 대체 불가능한 문학관의 물품들은 우크라이나 내부의 더 안전한 도시들로 이송되었습니다."라고 부관장이 말했다.

2014년에 당국은 문학관 직원들에게 '정치에 관여하지 말 것'을 지속적으로 언급했다. 그들은 정치에 관여하지 않았다. 그저 우크라이나 시인들에 관한 전시들을 열었을 뿐이다.

2014년 1월에 그들은 행사를 개최했고, 행사가 끝난 뒤 관객이 물었다. "그러니까 이 모든 게 지금 막 시작된 게 아니었습니까?"

'재판 중인 책'
2월 16일 이전에 그 지하실은 준비되었다

올해, 베레질극장은 백 주년을 맞이합니다.
그리고 레스 쿠르바스는 백 서른다섯 살이 될 것입니다.
이런 날을 기념하지 않을 수 없습니다. 그래서 2월 27일 당신을 레스 쿠르바스의 생일 축하 파티에 초대합니다.
프로그램:
– 실험실의 형식을 차용한 2022년 레지던시 콘셉트 발표
– 레스 쿠르바스와 베레질극장에 관한 연극 전문가 야나 파르톨라의 강의
– 1920년대와 1930년대 스타일의 카나페—백 년 전 우크라이나인들이 먹었던 것을 찾는다
– 1910년부터 1940년까지 그 시대에 사용되었던 식기로 식사할 것이다. 그 식기는 하르키우 외곽의 부디 파양스 도자기 공장에서 제작되었고, 하르키우 거주민이자 저명한 우크라이나 변호사인 안드리 비슈네우스키가 레지던시에 기증했다.

오늘 우리는 원래 전통적인 '사다리 낭독회'를 위해 문학관 정원에 모였어야 합니다. 날은 추웠겠지만 차를 대접했을 테고, 마지막 구절을 낭독할 때까지 자리를 지켰을 겁니다. 사다리의 맨 위와 맨 아래에서 시를 읽어주는 연기자가 있었을 겁니다.

지금 평행 현실처럼 느껴질지 몰라도 우리는 누가 계획을 망치는 것은 아주 좋아하지 않습니다.

사다리 낭독회는 팬데믹 때문에 중단되지 않았고, 전쟁 때문에 중단되지도 않을 겁니다.

오늘 하루, 우리는 다른 도시로 떠나야만 했던 하르키우 시인들의 시를 업로드할 겁니다.

정원에서 열리는 멋진 행사를 상상하듯이 지금 우리는 시를 통해서 그 거리를 극복할 수 있습니다.

흐빌료비
Youth falls frame

페레야슬라프 조약이 체결된 1654년의 지도 위에서.

그리고 러시아인들은 하르키우가 러시아 도시라는 신화를 퍼뜨리는 데 매우 열중했다. 3백 년 전 1954년의 하르키우―러시아로부터 우크라이나의 분할

우리는 대피하지 않을 것이다

우리는 2순위로 대피했다

우리는 60년대 반체제 인사들을 촬영했다—그리고 배경을 한 번 더

이반, 집에 가 여기에 보드카는 없어—프라하, 1968
유럽이 기억하도록 하기 위해—역사의 반복을 보여주기 위해
그리고 나는 생각했다
어쩌면 우리가 일어났을 때 더이상 국기가 휘날리지 않을지도 모른다
3층에서—국기가 보인다는 사실을 나는 확인했다

문화부장관이 우크라이나 철도청에서 일하는 사람과 '미콜라 흐리호로비치'라는 사람의 연락처를 준다

모든 것이 해체되었을 때 그녀는 이미 결정했다. 이후에 여는 첫 전시는 컬렉션의 강제 해체 과정을 보여주게 될 거라고. 하르키우가 과거에 대한 기억을 어떻게 창조했는지 보여주기 위해서.
하지만 그렇게 보이지는 않을 것이다
나는 타냐와 그녀의 첫 전시를 위해서 첫 전시품을 가져갈 것이다
하지만 그 대규모 전시는 우리가 어떻게

열렬하게 하르키우가 러시아 도시라는 신화를 선동했다.

2. 나의 길을 찾아서

3백 년 하르키우 1954 우크라이나와 러시아의 재통합

60년대 저항 예술가들을 촬영하고 있을 때 그들은 다시 지하로 내려갔다.

이반, 집에 가, 보드카는 없어, 프라하 1968
유럽이 기억하도록—역사의 반복을 보여주기 위해 그리고 나는 생각했다
어쩌면 우리가 일어났을 때 국기가 더는 펄럭이지 않을지 모른다고
4층에서—국기가 보인다는 것을 확인했다
문화부장관이 철도청에 있는 사람의 연락처를 준다
그들이 해체하고 있을 때, 그녀는 이미 첫 전시가 그 컬렉션이 해체 과정에 관한 것이 되리라고 결정했다—어떤 기관의 사례를 따라서 하르키우가 어떻게 과거를 기억했는지 보여주기 위해서
첫 전시를 위해서 첫 전시품을 타냐에게 줄 것이다.
하지만 그 대규모 전시는 우리가 어떻게

담요, 물, 통조림, 단맛이 덜한 술, 양초, 성냥, 손전등, 배터리
선착장의 그 책—2월 24일에 촬영된
첫 번째 폭발들 문화부에서 전화를 걸어 일하러 가도 된다고 말했다

우리는 뛰어서 일하러 갔다
보관용 상자들과 지하실에서
3월 8일 대피

적의 얼굴, 올렉산드르 셸리포우의 살인범

5월에 우크라이나에서 저지른 전쟁범죄로 기소된 첫 번째 러시아 군인이 키이우 법정에서 진술한다. 법정에는 백 명 넘는 언론인들이 있다. 그들은 주로 범죄자에게 흥미를 느낀다. 청중이 듣고 싶어 하는 것은 그의 이야기이다. 모든 헤드라인은 살인범에 대한 것이지 목숨을 잃은 올렉산드르 셸리포우와 남편을 잃은 카테리나에 대한 것이 아니다.[28]

나도 가해자에 대한 기사를 읽었다. 그는 스물한 살이고, 그저 명령을 따랐을 뿐이라고 항변한다. 가장 기괴한 그의 말이 헤

---

28 2022년 3월 18일, 바딤 시시마린은 무장하지 않은 시민 올렉산드르 셸리포우를 향해 발포한 행위에 대한 죄를 인정했다.

드라인을 장식한다. "날 좀 내버려두라고 쐈어요."

카테리나는 사랑하는 남편의 살인범이 아조우스탈[29]의 방어군 한 명과 맞교환되는 것을 개의치 않는다고 하면서 훨씬 더 인간적인 면모를 드러낸다. 그녀의 말은 헤드라인을 장식하지 않는다. 친절함은 적은 클릭 수를 유도하니까. 모두가 악을 이해하게 되면 처단하는 데 도움이라도 되는 듯 살인자에 대해 보고 듣고 이해하고 싶어하지만, 카테리나의 이야기가 더 깊이 있고 흥미롭다. 그에 관해서라면 이해할 것이 아무것도 없다. 그를 파괴적으로 만든 트라우마를 찾을 수는 있을 것이다. 하지만 자전거 탄 노인에게 총을 쏘도록 만든 것은 그의 트라우마가 아니라 홀로 남겨지고 싶은 단순한 욕망이었다.

또 다른 러시아군 이병 이반 말티소프는 '그 당시 그것에 관해서는 생각하고 있지 않았기 때문에' 셸리포우의 살해를 말리지 않았다고 법정에서 증언했다.

그는 시시마린만큼 아둔하다. 한나 아렌트가 쓴 『예루살렘의 아이히만』을 읽는 동안 나는 그녀가 붙인 부제 '악의 평범성에 대한 보고서'가 부정확하다고 생각했다. 부제는 악의 평범함이 아니라 공허함이 되어야만 했다. 아이히만의 재판은 같은 공간에 있었던 한나 아렌트를 제외하고 아무것도 볼 것이 없다.

모두가 가해자의 이름을 알고 있다. 이와 유사하게, 잘루즈

---

[29] 아조우스탈 공장은 2022년 마리우폴이 포위된 동안 가장 상징적인 장소 중 한 곳이 되었다.

니나 젤렌스키에 관한 책 한 권이 나올 때마다 푸틴에 관한 책은 다섯 권씩 나오는 것 같다.

전쟁범죄 조사 101

카사노바 II

2022년 4월 9일, 나는 카사노바에게 메시지를 보냈다.

"지금도 전쟁범죄를 기록해요?"

"물론이죠." 그녀가 답했다.

"자원봉사자가 필요해요?"

"음, 네."

"마무리할 게 있지만 4월 29일부터 합류할 수 있어요."

"고마워요! 그래도 당신이 어떻게 느끼는지 먼저 봅시다. 괜찮죠?" 그녀가 답했다. 물론 우울증을 앓았던 역사가 있는 예술가인 나는 그 일을 하기에 너무 연약하다는 뜻이다. 적어도 나는 그렇게 이해했다. 그래서 나는 여유 있게 대처하리라고 마음먹었다.

"그럼요. 물론 괜찮아요. 그런데 저는 처벌받아야 할 인간들의 이름을 계속 반복해서 읊어대고 있거든요. 차라리 전쟁범죄 조사원이 되면 기분이 나아질 것 같아요."

나는 카사노바의 초청으로 이곳에 왔다.

비정부기구 트루스하운드Truth Hounds의 사무실은 '로워 시티Lower City'라고 알려진 키이우 포딜에 있다. 매력적이고 역사적으로도 중요한 지역이다. 책상과 컴퓨터들, 커피 머신과 안락한 소파, 그리고 고양이 한 마리(로만 아브라멘코의 고양이인 것 같다)가 있는 사무실은 평범해 보인다. 창문으로는 멋진 풍경이 보이고, 직원들은 키이우의 푸른 언덕이 보이는 발코니에서 담배를 피울 수도 있다. 이곳이 지난 8년간 잔혹한 전쟁범죄를 조사하던 단체의 사무실이라는 사실을 드러내는 것이라고는 회의실 칠판에 그려진 그림들뿐인 것 같다. 그림에는 대포 구멍과 아스팔트에 남은 탄흔이 담겨 있다. 물론 나는 폭발로 생긴 구멍의 크기와 모양이 발사체 종류를 파악하기 위한 단서를 제공한다는 사실을 이미 알고 있다. 전쟁범죄 조사원이 되기 위해서 로마규정과 제네바협약 이외에 습득할 것들을 인터넷으로 알아보았다. 그리고 나는 책꽂이에서 포탄 조각을 발견한다.

그림들과 치명적인 포탄 조각은 나를 제외한 다른 누구의 관심도 끌지 않는다. 그저 평범한 다이어그램과 지루한 출장에서 가져온 괜찮은 기념품처럼 보인다. 이 사무실에서 이런 것들은 일상에 불과하다. 사람들은 커피를 내리고, 쿠키를 먹고, 전쟁을 제외한 것들에 대해 담소를 나눈다.

교육은 미사일의 유형이나 아스팔트와 벽에 남은 탄흔에 관한 공부로 시작하지 않는다. 다른 교육에서처럼 자기소개부터 한다. 나처럼 전쟁범죄 조사원이 되겠다고 자원한 사람들이 반원으로 앉아서 자신을 소개한다. 우리는 이름과 자원한 이유를 이야기한다. 사람들의 말에는 감정적인 울림이 별로 없다. 점령된 도시 출신이라고 하는 사람이 있는데, 분노와 전쟁범죄 조사원이 되기로 한 결정 사이의 연관성을 명확히 밝히지 않는다. 아무도 '불의'와 '정의'를 소리 높여 외치지 않는다. 나도 마찬가지다.

참가자 다수는 젊은 여성과 남성이다. 우리는 전쟁범죄 조사원이 되려는 노력을 무심하게 보이려고 한다. 이미 어떤 식으로든 인권 운동에 참여하고 있지만, 지금은 전쟁범죄와 국제인도법에 관해서 더 많이 배워야 한다고 말한다. 하지만 정의를 실현하겠다고 맹세하지는 않는다.

교육은 형언할 수 없는 것들, 삶과 죽음, 죄와 벌에 관한 것치고는 너무 평범하고 정상적이며 일상적이다.

여성들 중 한 명만 다르게 말한다. 약한 설명 뒤에 좋은 의도를 숨기지 않고. 그녀는 벨라루스어로 말한다.

"내 이름은 아니시아예요. 벨라루스인입니다. 조국에게 핍박받던 내가 간절히 피난 갈 곳을 찾고 있을 때 우크라이나가 피난처를 제공해줬어요. 우크라이나가 도움을 원하는 지금 우크라이나를 위해 일하고 싶어요."

나는 그녀와 그녀가 언급한 이유가 마음에 든다. 하지만 그녀는 우크라이나어를 구사하지 못해서 일을 할 수 있을지 의문이 든다. 물론 그녀는 러시아어를 알지만 그걸로는 충분하지 않다(아니시아와 내가 하르키우에서 현장 임무를 수행할 즈음 그녀는 우크라이나어를 유창하게 구사하게 될 것이다).

내 차례가 되고, 나는 글을 쓴다고는 얘기하지 않기로 한다. 그런 말은 조금 가식적으로 들린다.

나는 이렇게 말한다.

"내 이름은 빅토리아입니다. 문화계에서 일합니다. 전쟁 중에 쓸모 있는 사람이 되고 싶어서 왔어요. 지금까지는 창고에서 박스를 옮기고 의료품을 분류했지만 다른 일도 할 수 있지 않을까 싶어서요."

카사노바가 미소 짓는다. 그녀는 지금 정체를 숨기고 있는 사람이 자신만이 아니라는 사실을 좋아하는 것 같다.

카사노바는 오늘 강의하는 두 명의 강사 중 한 명이다. 소개를 마치자 그녀의 동료 강사 로만 아브라멘코가 국제인도법의 기초를 소개하면서 이론에 관한 강의를 시작한다. 우리가 변호사가 되지는 않겠지만, 로만과 카사노바는 잠재적인 위법 행위를 식별하고 추가 질문을 할 수 있으려면 핵심 원칙들을 익혀야 한다고 믿는다.

전쟁범죄 조사원들은 국제인도법 위반 혐의에 대해서 최대한 많은 정보의 획득을 목표로 삼아야 한다. 누가, 무엇을, 어디에서,

언제, 왜, 어떻게, 그리고 그 결과는 무엇이었는지(소위 말하는 다섯 가지의 W + H 질문들과 사건의 결과를 묻는 질문). 위에서 언급한 정보를 얻으려면 인터뷰 대상자로부터 아래와 같은 데이터를 수집해야 한다.

직업, 교육 수준, 거주지(들), 생년월일, 기타 개인 정보와 연락처를 포함한 인터뷰 대상자에 관한 간략한 설명

인터뷰에서 언급된 사건(들)이 발생한 날짜와 시간

목격자가 어떻게 그 사건의 날짜와 시간을 확신하는지를 알려주는 것들. 예컨대 당시 주위에서 일어났다고 기억하는 사건들(국경일, 스포츠 행사, 가족 기념일, 군사 작전의 시작, 관료 혹은 지도자의 성명 발표, 국제 행사, 이미 알려진 사건 등등).

인터뷰 대상자가 어떻게 사건의 시간을 아는가(사건 발생 당시 시계에 보이는 시간, 일상적인 루틴의 일부로 사건 발생 시간을 판단하는 것, 정해진 시간에 정기적으로 방송하는 텔레비전이나 언론 보도, 사건 발생 도중 전송된 문자 메시지 등등).

사건 보고서에서 고려되어야 할 맥락적인 요소들은 사건 발생 당시의 날씨(비, 바람, 눈, 해), 밖이 밝았는지 어두웠는지 여부, 밤이었는지 여부(보름달, 초생달)를 포함한다. 장소를 언급할 때는 주소와 특정 물체의 위치가 서술되어야 한다. 손으로 그린 사건 발생 지역의 지도가 포함되어야 하며, 인터뷰 대상자 또는 그들의 가까운 친척이 찍은 사진이나 영상 증거도 제출되어야 한다.

정확한 정보가 제공되었다는 것을 보장하기 위해서는 사건

발생 당시 인터뷰 대상자의 위치가 파악되어야 한다(현장에 있었는지, 직접 목격했는지 혹은 몸을 숨기고 있다가 이웃으로부터 사건에 대해서 듣기만 했는지). 파괴된 건물의 주소와 폭발이 일어난 위치, 포격 피해 지역의 목록도 포함되어야 한다. 인터뷰 대상자는 그들이 본 것(섬광, 밝은 빛깔의 하늘, 발사체의 궤적), 그들이 들은 것(총성, 폭발, 휘파람 소리, 바스락거리는 소리), 그리고 그들이 느낀 것(떨림, 진동, 충격파)을 묘사해야 한다. 인터뷰 대상자의 위치에서 본 포격의 방향 역시 드러나야 한다(특정 방향 혹은 특정 건물이나 물체로부터, '오른쪽 또는 왼쪽으로' 등등).

포격이나 공격에 사용된 무기의 유형(화기, 박격포, 대포, 총·포의 구경, 등등)과 인터뷰 대상자가 해당 정보를 획득한 방법이 식별되어야 한다. 인터뷰 대상자가 과거나 현재 군과 관련된 경험을 한 적이 있거나 적대적인 환경에서 상당 기간 살았던 경험이 있고, 무기의 유형을 구별할 수 있다면 그들은 프로페셔널한 목격자로 간주될 수 있다. 사건 발생 후 전문가가 인터뷰 대상자와 접촉해서 사용된 무기의 유형을 확인해야 한다. 인터뷰 대상자는 전투 병력과 위치에 관해서 직접 보았거나 친구에게 들었거나 뉴스에서 본 정보를 가지고 있을지 모른다.

침략자들이 눈에 보였는지, 몇 명이었는지, 어떤 외양이었는지, 소속 부대를 식별하게 하는 요소는 무엇이었는지(군복, 배지, 등등)가 기록되어야 한다.

근처에 포격의 합법적인 타깃이 될 만한 물체가 있었는가(군사 기지, 배치 장소, 분쟁 당사자의 발포 위치, 보급창). 직접적인 공격으로부터 보호되어야 하는 물체가 근처에 있었는가(교육기관, 병원, 교회, 구호단체).

포격에 관한 경고가 있었는가. 어떤 방식으로 경고되었는가(음향 신호, 분쟁 당사자 일방으로부터 경고, 언론을 통한 경고, 소문과 소문의 근원).

응답자가 개인적으로 고통을 겪었는가. 어떤 고통을 겪었는가. 공격으로 인한 민간인 사상자에 관한 정보(부상당했는가, 사망했는가).

공격은 어떤 결과를 초래했는가(물체의 파손, 신체와 정신의 트라우마, 경제적 손실). 응답자는 진술의 사실성을 입증하기 위해 어떤 공식 문서를 제공할 수 있는가(부상 관련 의사 진단서, 물체 파손과 피해 관련 정부 당국의 법령). 응답자는 사건 이후 모아둔 신체적 피해에 관한 증거가 있는가. 어떻게 증거를 수집하고 보존했는가.

모든 목격자/피해자 인터뷰의 말미에는 기록된 증언을 검토하고 오류와 부정확한 기록을 바로잡을 기회를 제공한다. 가능한 경우, 인터뷰 최종본을 현장에서 출력해서 응답자의 서명을 받는다. 그리고 트루스하운드의 대표와 응답자는 명시된 목적을 위한 자료의 사용 가능성과 트루스하운드의 비밀유지 의무에 관한 두 페이지 분량의 동의서에 각각 서명한다. 모든 증언은 목격자 개인에게서 개별적이고 독립적으로 수집된다. 목격자의 증언에 대한 다른 목격자 혹은 다른 이의 영향은 허용되지 않는다.

소송하는 것은 소설 쓰는 것처럼 해야 한다. 제대로 하려면 모든 것과 모든 세부 사항을 알아야 한다. 어떻게 일이 벌어졌는지 소설가가 모르면 독자도 모를 것이다. 국제 판사들에게 확신을 주는 것이 이보다 더 쉬울 리가 없다.

전쟁범죄 조사는 광범위한 증거의 수집과 조사를 포괄하지만, 조사의 핵심은 늘 목격자의 진술이다.

증거 수집 외에 전쟁범죄 조사원은 피해자와 그들의 가족이 의료 및 법률 서비스를 비롯한 다른 형태의 지원을 받을 수 있도록 도움을 제공한다. 조사원은 인권 침해와 정의 구현을 위한 인식 제고를 위해서 지역 공동체와 협력할 수 있다.

전쟁범죄 조사의 큰 난관 중 하나는 교전 지역에서 조사원과 목격자의 안전과 안보를 보장하는 것이다.

트루스하운드의 책임자 로만 아브라멘코는 4월에 야히드네를 방문하자마자 아무 이유 없이 처형된 우크라이나 남성들과 악명 높은 학교 지하실에 대해서 듣게 되었다.[30]

즐거운 교육이 끝났지만, 필드 미션에 합류하기 전에 읽어야 할 문서가 몇 가지 있다. 그 문서들 가운데 나는 이런 구절을 발견한다. "2022년 2월 24일 이후에 벌어진 사건들에 관한 모든 현

---

30   편집자 주: 이 문장을 빅토리아 아멜리나는 초록색으로 표시해 두었다. 아이디어는 더이상 발전되지 못했다.

장 자료는 '24-02' 폴더에 업로드해야 한다." 그 폴더에서 나는 우크라이나 지명이 적힌 하위 폴더들을 발견한다. 이미 수백 건이 있지만 앞으로 증언은 수천 건이 될 것이다. 증언 역시 데이터베이스의 항목이 될 것이다. 하지만 나에게는 접근 권한이 없을 것이다. 안보적인 이유로 데이터베이스 관리자들만 접근 권한을 갖는다. 우리가 수집하는 증언은 어쩌면 인공지능의 알고리즘 분석을 통해 모종의 결과를 산출할지 모른다. 모든 사건에서 가해자는 하나의 독립적인 개체이다.

2022년 카사노바의 첫 번째 증인들은 그녀가 발라클리야와 하르키우의 다른 마을에서 대피시킨 사람들이었다.

교육은 계속 이어진다. 이틀 동안은 이론 수업이지만, 일주일간 지속되는 첫 번째 필드 미션 전체가 교육에 집중되어 있다. 나는 현장에서 최고의 전쟁범죄 조사원들과 일하기 시작하고, 그들은 나의 길잡이가 되어준다. 사이렌 소리를 들으면서 제네바협약과 로마규정을 읽는 밤들은 거기에 포함되지 않는다. 이런 공부는 현장에서 전쟁범죄를 기록하는 데는 필요하지 않지만, 조사 대상과 원인을 심도 있게 이해하는 데는 필수적이다.

하르키우에서의 만남, 사슴벌레를 구할 시간

나와 동료 우크라이나 작가 다섯을 포함한 여섯 명이 기차로 하르키우에 도착했다. 밤에 키이우에서 기차에 오를 때 나는 열차가 승객을 몇 명이나 태우는지 보지 못했다. 플랫폼은 어둑어둑했고, 사람들은 반딧불처럼 빛나는 핸드폰을 손에 든 채 한 명씩 열차 안으로 몰래 들어갔다. 하르키우의 아침 햇살에 나는 플랫폼으로 쏟아져 나오는 용감한 승객들이 기념비적인 19세기 기차역으로 서둘러 가는 모습을 행복하게 바라본다.

지난번에 이곳에 왔을 때 나는 하르키우와 이쥼을 거쳐서 도네츠크의 크라마토르스크로 향하는 중이었다. 이쥼은 러시아에 점령당한 상태였고, 우리는 점령군에 납치된 동료 동화작가 볼로디미르 바쿨렌코에 관한 끔찍한 소식을 들었다. 크라마토르스크는 끊임없이 포격당하고 있었다. 하르키우도 마찬가지였다. 우리는 하르키우에 도착하자마자 공습 경보와 폭발음을 듣게 될 것에 대비했다. 하지만 승객들의 발걸음과 말소리만 들릴 뿐 햇살이 쏟아지는 플랫폼은 고요했다. 우리처럼 배낭을 맨 사람들, 방문객들, 그리고 아이, 반려동물과 함께하거나 여행 가방을 든 사람들은 두려워하는 기색이 없었다. 2월 이후 처음 집으로 돌아오는 것이었을 텐데. 나는 전쟁이 일어나지 않은 것처럼 보이는 그 모습에 매료되었다. 그래서 어쩌면 아스팔트 위에 있던 연약한 생명체를 가장 늦게 발견했는지도 모른다. 이미 친구들은 예상과 다르게 붐비는 플랫폼에 낀 사랑스러운 사슴벌레를 둘러싼 채 어떻게 할지를 논의하고 있었다. 한 여성이 멈춰서 사슴벌레에게 도움을 주려고 하다가 우리를 보고 자리를 떠났다. 사슴벌레를 안심하고 맡겨도 될 거라고 믿는 것처럼.

시인 오스타프 슬리빈스키가 사슴벌레를 꺼냈다. 그는 조심스럽지만 자신 있게, 지뢰를 다루듯 벌레를 옮겼다. 사슴벌레는 무사했다.

흩어진 사람들은 하르키우 전철과 택시, 자가용 속으로 사라졌다. 이 시간대에 도시는 비어 있었다.

우리가 걸어서 호텔을 찾고 있을 때 공급 경보가 울렸다. 멋진 아침 대신 러시아인들은 공포에 대한 우리의 기대를 충족시켜 주려는 것 같았다. 숨을 곳이 없어서 구글맵과 흐릿한 기억에 의

존해서 계속 걸었다. 둘 다 효과적이지는 않은 것 같았다. 길을 건너야 할 것 같았지만 횡단보도가 없었으니까. 누가 돌아가자고 제안했다. 하르키우에서는 공급 경보가 울리고 있었고, 서둘러 호텔로 가야 했다. 눈에 보이는 자동차는 없었다. 하지만 우리는 횡단보도로 가서 파란불을 기다렸다.

차에 치이는 것보다 미사일에 공격당할 확률이 더 높았을 것이다. 그리고 우리 모두는 그런 가능성을 알고 있었다. 그래도 우리는 규칙을 지켰다. 이미 나는 이 에피소드에 대한 글을 마음 속으로 구상하고 있었다.

전쟁에서 살아남기 위한 명확한 규칙 같은 것은 없다. 권고 사항을 지켜 제때 방공호에 가고, 구급 상자를 소지하고, 아무리 대피하려고 노력해도 목숨을 잃을 수 있다. 생존을 위한 규칙은 없지만 삶을 위한 규칙은 있다. 우리는 여전히 벌레를 구하고, 파란불에 길을 건너고, 예의를 지키고, 우아함을 잃지 않고, 인간적으로 살기 위해 노력할 수 있다.

전쟁의 현실은 나의 기대치를 충족하지 못했다. 좋아하는 책과 영화를 보고 만든 기대치 말이다. 난민 가족에게 담요를 가져다주고, 사슴벌레를 구하고, 우크라이나 군인들이 몇 번이나 확인 이후에 적을 사살할 수 있도록 드론을 구매하는 매 순간은 의미로 가득 차 있었다. 그리고 의식적이었거나 심지어 결정적이기도 했다.

나중에 9월이 되고 하르키우에서 우크라이나의 반격이 시작된 후 나는 이쥼 근처에서 점령의 생존자와 대화를 나눌 것이다. 가족과 가까운 친구 중 누구도 납치와 고문, 살해를 겪지 않은 사례는 드물 것이다. 그들은 아직 미래를 모르지만 무사할 것이다. 전쟁범죄 조사원인 나는 운 좋은 생존자를 위해 내 시간의 대부분을 낭비하게 될 것이다. 하지만 점령의 기억을 돌아보기 위해서라도 그는 누군가와 대화를 나눌 필요가 있었을 것이다. 그런 이유를 들어서 나는 공습 날짜와 시간에 대해 희미한 기억밖에 없는 그 남자와 그의 뒤뜰에서 두 시간 동안 머물면서 이야기를 들었던 것을 정당화할 것이다. 우리는 포격으로 파괴된 그의 집에서 다과를 놓고 그의 아내와 대화하고, 점령에서 살아남은 그의 마지막 토끼를 볼 것이다. 그리고 마지막에 남자는 점령군이 마을에 들어왔을 당시 자신이 벌레가 된 것처럼 느꼈다고 말할 것이다. 어떤 일이라도 그에게 닥칠 수 있었지만 누구도 그를 신경 쓰지 않았다는 뜻이었다.

나는 하르키우에서 방금 구조한 사슴벌레와, 불쌍한 벌레를 위해서 가던 길을 멈추고 도우려 했던 사람들을 기억할 것이다. 그런 것들 모두가 의미 있는 행위라는 사실을 다시 느끼게 될 것이다. 전쟁은 끝나지 않았다. 하지만 전쟁은 가장 작은 벌레와 서로를 구하는 시간이었다.

카사노바가 있을 때와 없을 때 배운 실용적인 교훈

[편집자 주: 이 책의 구조에 관해서 저자는 여성 영웅들이 아니라 현장에서 일하는 전쟁범죄 조사원들로부터 알게 된 뜻밖의 교훈들에 초점을 맞추려고 한 적이 있었다. 이 챕터는 교훈에 집중했던 이전 원고의 일부를 포함하고 있다. 아랫글은 다듬어지지 않은 초고로, 미완의 문장들과 편집되지 않은 메모들이 섞여 있다.]

마리우폴 지도

우리는 그의 차에 앉아 있고, 그의 차는 그의 유일한 집인 것이 틀림없다. 그는 도네츠크에서 태어나서 2014년에 파괴된 키이우스키 공항 근처에 살았다. 그의 상관은 점령지에 머무르기를 거부하고 직원들을 에네르호다르로 전근시켰다. 하지만 전쟁은 끝나지 않았고, 그들은 강제병합된 도시로 돌아와서 2017년까지 그곳에서 일했다. 그는 영웅도, 완벽한 애국주의자도 아니다. 도네츠크인민공화국이 2017년에 공장을 국유화해서 점령지에서의 근무를 중단했을 뿐이다. 2018년에 그는 마리우폴로 왔다. 그는 여전히 점령지로 가서 가끔 어머니를 만났다.

이쯤에서 기자라면 그의 모친이 현재 잘 지내는지, 그들의 정치적 견해가 같은지, 전화 통화를 하는지 따위를 물어볼 것이다. 카사노바는 그런 질문을 하지 않는다. 나도 그런 질문을 할 엄두를 내지 않는다. 어머니에 대한 질문은 감정적인 고통으로 이어지기만 할 뿐이다. 우리는 마리우폴의 세세한 파괴 정도를 파악하는 데 관심을 둔다. 파괴된 것은 분명하지만 얼마나 파괴되었단 말인가. 특정 거리와 건물은 언제 파괴되었는가. 어떤 무기로, 그리고 누구에 의해서. 결국 우리는 마리우폴에서 전쟁범죄와 반인도범죄에 연루된 공군 조종사들과 부대들, 사령관들의 역할을 알아낼 것이다.

남자는 보이지 않는 도로를 운전하는 듯 앞을 바라보다가 이따금 운전대에 손을 얹으며 계속 이야기했다.[31]

2월 23일 밤, 우리는 회사 행사를 마치고 늦게 헤어졌어요.

---

[31] 2022년 8월 헤르손에서의 임무와 그곳에서의 증언 녹취의 경험을 토대로 빅토리아 아멜리나는 「이토록 기괴한, 들끓는 여름」이라는 시를 썼다.

2022년 2월 24일 아침에 상관이 전화해서 출근하지 말라고 이야기하더군요—전쟁이 터졌다고. 첫 폭격은 2월 23일에서 24일로 넘어가는 밤중에 시작되었습니다. 나는 드라마극장 근처 평화로 4번가 도심에 있어서 포격음은 듣지 못했어요.

그들이 우리에게 집에만 있으라고 해서 집 안에 머물렀습니다. 장비를 회수하러 메틴베스트에 가고 싶었지만 출입을 허가하지 않았어요. 우크라이나 군인들이 공장을 방어하기 위해 그 안으로 진입한 상태였습니다.

도네츠크인민공화국 편에서, 그리고 피쇼비크[마리우폴 근처 작은 마을] 쪽에서 아조우스탈 공장을 방어하기 위해서 2월 24일에 탱크들이 도착했다고 생각합니다.

2월 24일 낮에 폭발음을 들었어요. 그들은 피쇼비크에서 발포하고 있었습니다. 아조우스탈을 향해 쏘기 시작했어요.

펜타곤[지역의 별칭] 지역이 포격당하기 시작했습니다.

2022년 2월 25일에 난방 시스템이 꺼졌습니다.

2월 28일에 전기가 끊겼고, 2022년 3월 1일에 다시 돌아왔어요.

2022년 3월 2일에 전기는 아예 끊겨버렸습니다.

통신은 계속 작동했습니다. 우크라이나 국내 전화는 걸 수 있었는데 마리우폴은 아니었어요. 다른 곳의 기지국 통신이 끊겼을 가능성이 높았어요.

2022년 3월 5일에 통신 신호가 끊겼습니다.

다른 지역에서는 통신이 더 일찍 끊겼어요.

2022년 3월 4일에는 저공비행이 시작되었습니다.

2022년 3월 5일에 비행기들이 거의 매 시간 비행하기 시작했어요. 폭탄을 투하하고 있었던 것 같아요(항구 근처에서 몇 번 미사일을 탑재한 비행기들을 봤을 뿐입니다).

평화로보다 좁고 더 빠르게 숨을 수 있을 것 같아서 이탈리아로를 향해 걸었습니다. 다른 집들은 이미 파괴되었더군요. 사방에 전선들이 널브러져 있었습니다. 어떤 곳에는 건물을 관통하는 구멍들이 나 있기도 했어요. 창문은 모두 부서졌구요. 하지만 아직 전소된 건물은 없었습니다. 가스관이 확실히 없었기 때문에 포격을 당한 것 같았어요.

2022년 3월 8일에 나는 동료와 세계 여성의 날을 기념하러 갔습니다. 돌아오는 길에 지인의 집을 방문했지요. 거기에 가지 않았다면 죽었을 겁니다. 내가 살던 지역에 공습이 있었거든요.

3월 8일에는 공습으로 적십자 건물이 파괴되었습니다. 내 아파트 창문이 깨져서 나히모바로 195번지에 있는 동료의 집에 갔어요(9층짜리 건물인데 호수는 확실하지 않아요—이제 더는 존재하지 않구요. 건물은 불에 타서 철거될 겁니다). 그때 이후로 그와 함께 지냅니다. 우리는 장작을 패서 음식을 만들었어요. 그때는 이미 모든 가게가 약탈당한 후였지요. 우리는 일어나서 씻고 땔감을 구하러 갔고, 그러고 나면 이미 점심 시간이 됐어요.

내 집에 가기도 했습니다.

2. 나의 길을 찾아서

2022년 3월 8일에 동료의 딸이 공부하고 있는 프리아조우스키대학 위로 비행기 한 대가 날고 있었습니다. 아마 같은 공습 도중에 일어난 일일 거예요. 도둑들이 내 아파트에 침입해서 2022년 3월 9일 아파트의 상태를 확인하러 집에 갔고, 약탈된 모습을 영상으로 촬영했어요. 경찰이 그들을 쫓아냈습니다. 일주일이나 그렇게 버텼지만 더는 불가능했지요. 아파트에 있기에는 너무 추웠거든요.

비행기의 굉음과 폭발음을 듣고 우리는 공습을 알았습니다. 비행기는 한 시간마다 비행했어요.

이웃들이 2022년 3월 8일 오후 3시와 4시에 비행기 한 대가 있었다고 말했고, 나는 4시 30분에 집에 왔습니다. 나는 그곳에 없었지만 그들은 한 번에 세 차례에서 네 차례의 포격이 있었다고 말했어요.

2022년 3월 15일에 상태를 확인하러 다시 내 아파트로 돌아갔습니다. 드라마극장을 지나서 평화로를 향해 나히모바로를 따라 걸었어요. 오후 1시에 돌아왔는데 동료는 이미 가족과 함께 떠났더군요. 그들은 그렇게 가버렸습니다.

모두가 버스를 기다리고 있었어요. 모두가 만후시 항구를 통해서 떠났기 때문에 사람들이 차로 몰려들기 시작했습니다. 수송대를 보면 차에 올라타 떠났지요. 3월 15일부터 나는 홀로 그의 아파트에 머물렀습니다.

드라마극장 한편에는 세 개의 야전 주방이 있었어요. 아무도 그 시설이 공격당할 거라고는 생각하지 않았습니다. 극장 근처에는 차도 많았는데, 2022년 3월 14일에서 15일 사이에 그 차들은 흩어졌어요. 5백 대 정도 되는 차량이었지요. 그러지 않았다면 사상자는 훨씬 많았을 겁니다. 야전 주방은 여전히 버텨냈습니다.

2022년 3월 16일에 나는 드라마극장을 떠났고, 소지품을 챙기고 차를 멈춰 세우려고 노력했습니다. 하지만 이미 50명이 기다리고 있었어요. 여자, 노인, 아이들을 모두 차에 태우고 "우리를 좀 태워주세요"라고 말하면서. 나는 거기 서서 침을 뱉고 흐레츠카로에 있는(평화로와 수직으로 교차하고, 드라마 다음 거리에 위치한) 동료의 집으로 갔습니다. 2022년 3월 16일 자정 즈음 나는 돌아갔어요. 그리고 그날 그 집이 또 공격당했지요.

2022년 3월 5일 무렵부터 비행기들이 50분에서 60분 간격으로 비행하기 시작했어요. 그즈음[32]

무력감과 투지: 나의 실패

첫 번째 목격자 중 한 명이 납치되어 고문받았던 이야기를 들려준다. 그는 '피쉬'라고 불리는 노란 미니밴에서 내 옆에 앉아 쳐다보기도 힘든 멍든 몸을 보여준다.

---

[32] 편집자 주: 이 부분은 미완으로 남아 있다.

진실이 필요한 자

나는 진실이 필요했지만, 어쩌면 피해자들의 친척은 아니었을지 모른다. 나는 그 진실을 알고 있었다.

정의의 한 가지 형태로서 죽음 이후의 명예? 전투에서 사망한 죄수들[33]

기숙사를 가득 채운 마을

전쟁범죄 조사 교육 시간에 대도시 기숙사에 마을 전체가 빽빽하게 들어찬 모습을 볼 수 있다고 가르칠 수는 없다.

크리비 리흐의 한 곳에 있는 기숙사가 갑자기 이바니우카 마을로 가득 채워진다. 우리는 한 여성의 사망 사건을 조사하기 위해 그 기숙사에 왔다. 그녀의 남편이 목격자여서 우리는 감정적으로 힘든 미팅이 될 거라고 예상한다. 카사노바는 증언의 녹음이 좋은 생각 같지 않다고 판단한다. 그에게 애도의 시간을 주어야 하는 걸까.

내 손에 있는 칼라슈니코프 총알 두 개, 한 개는 스타니슬라우의 다리와 이바니우카가 만든 베리 파이를 관통했다

우리는 방금 아내를 잃은 남자를 찾고 있다. 그가 시민을 향

---

33 편집자 주: 미완으로 남은 이 부분은 전쟁범죄 조사를 통해서 알게 된 뜻밖의 교훈들을 다루기로 예정되어 있었다. 이전 원고 중 하나는 사랑하는 가족이 작전 중에 사망했다고 친척들이 믿었으나 목격자 증언을 통해서 빅토리아 아멜리나가 그들이 몇 주간의 고문 이후 감금 상태에서 사망했음을 알게 되는 내용을 담고 있다.

해 발포한 사건의 목격자일지 모른다

    체리 파이

    놀고 있는 아이들

    신호음

    총알 두 개

이전에 죄수였던 두 사람과 제2차세계대전의 생존자 한 명
정의 대신 내가 그들에게 주고 싶었던 돈
2022년 8월 11일
더운 여름날 크리비 리흐에서 나는 억류되었다가 도망친 운 좋은 수감자 두 명의 증언을 기록했다.

로만 라투슈니의 죽음과 침략범죄

 [제네바협약]에는 전투원에 대한 정의가 있다. 인도주의법, 특히 1949년 제네바협약 제1추가의정서 43조 2항에 따르면 전투원은 교전 행위의 참여로 인해 충돌당사국의 고의적인 표적이 될 수 있다. 그 조항에는 이렇게 적혀 있다. '……전투원은 원칙적으로 특정한 상황과 무관하게 충돌당사국의 합법적인 표적이 된다. 다시 말해서, 그들은 지위 때문에 특정 상황과 무관하게 공격받을 수 있으며, 그들의 편에서 제공받는 지원을 빼앗기게 된다.'[34]

---

34 제네바협약에서 발췌한 내용은 이 부분에서 다루는 영웅의 죽음과 관련이 있다. 그가 전투원이자 합법적인 표적이었기 때문에 정의를 구현하는 유일한 길은 그를 사망에 이르게 한 자들을 침략범죄로 처벌하는 것이다. 로만 라투슈니(1997년 7월 5일 - 2022년 6월 9일)는 존엄혁명에 참여한 사회운동가이자 언론인이었고, 전면전이 발발하자 자원입대했다('천사의 변호인'과 '키이

《2022년 6월 9일, 키이우는 마침내 작가가 카페에 앉아서 글을 쓸 수 있을 만큼 안전해진 것 같았다.

2월 24일부터 일기를 쓰려고 시도했지만, 전면전 이후의 내 삶처럼 노트들은 혼란스럽게 여기저기에 흩어져 있었다.

카푸치노를 주문하고 노트북 컴퓨터를 여는 순간 핸드폰이 울리기 시작했다. 전화는 계속 울렸다. 동료들이 전화로 같은 질문을 반복했다. "사실이야? 그가 죽었다는 게? 그의 어머니는 알고 계셔?"

그들은 우크라이나 시민운동가에서 군인이 된 스물네 살 청년 로만 라투슈니에 대해서 말하고 있었다. 그는 훌륭한 우크라이나 시인이자 내 친구인 스비틀라나 포발라예바의 아들이기도 했다.

나는 머리를 흔들며 뭔가를 중얼거렸다. 그 소식을 믿고 싶지 않았고, 그의 어머니에게 그 사실을 묻고 싶지도 않았다. 멍하니 앉아 있던 나는 글을 쓸 수도, 생각을 할 수도, 정상적으로 숨을 쉴 수도 없었다. 로만의 죽음은 지난 다섯 달, 혹은 2014년 최초의 침략 이래, 혹은 1708년 표트르 1세의 모스크바 군대가 수십 년간 우크라이나 도시 바투린을 함락시켜 불태운 이래 우크라이나가 겪어야 했던 불의의 궁극적인 발현이었다.[35]

우에 돌아오다' 챕터에서 관련 내용이 다루어졌다). 2022년 6월 9일, 그는 하르키우 전선에서 매복하고 있던 적의 공격을 받고 사망했다. 빅토리아 아멜리나는 그의 죽음에 관해 「나에게 아들이 있고 그녀에게도 아들이 있네」라는 시를 썼다.

[35] 바투린은 우크라이나 영토 좌안에 있었던 코사크 자치주 헤트마나트의 수도였다. 헤트마나트는 1687년에서 1708년 사이 헤트만 이반 마제파의 통치 하에서 번영을 누렸다.

나는 글을 쓸 수 없었다. 바투린에서 부차에 이르는 모든 범죄가 나를 에워싸고 소용돌이쳤다. 오후까지 나는 로만의 어머니에게 '안녕, 나는 키이우에 있으니까 필요하면 연락해.' 같은 의미 없는 문자조차 보낼 엄두를 내지 못했다. 그녀는 7월 11일 토요일에 만나자고 제안했다.

그녀가 사실을 모른다고 결론짓고 나는 와인을 주문했다. 하지만 와인도 소용이 없었다. 와인이 무슨 도움이 되겠는가. 짝사랑의 아픔에는 도움이 될지 몰라도 끝도 없는 국가적인 비극에는 아니다.

우크라이나의 모든 세대가 로만 같은 인물의 탄생을 위해서 씨를 뿌리고, 투쟁하고, 영웅적인 방식이었던 아니었든 목숨을 잃었다. 나는 언젠가 그가 우크라이나의 대통령이 되리라고 생각했었다. 스비틀라나는 그런 내 생각을 듣고 웃음을 터뜨렸다. 그녀는 우크라이나 혁명에 1990년, 2004년, 그리고 2014년에 동참했고, 로만도 마지막 혁명에 참여했다. 그는 2013년 11월 30일 밤 베르쿠트 특수경찰대에게 심하게 구타당했던 학생 가운데 한 명이었다. 잔혹한 구타를 규탄하며 수백만 우크라이나인들이 거리로 쏟아져 나왔다. 로만처럼 타협하지 않는 진실한 청년들을 보호하기 위해 수백만 우크라이나인들이 거리로 향했던 것이다. 2014년 우크라이나 혁명은 그의 세대의 이름으로 이루어진 것이었다. 하지만 2022년에 러시아는 그의 목숨을 앗아갔다.》

보통 사람에 대해 쓰는 법

제니야 포도브나Ⅱ

르비우의 파티에서 제니야 포도브나를 만났다. 그녀를 알게 된 건 그녀가 여성 전투원들에 대한 책을 쓴 작가였기 때문이다.

그녀의 여성 영웅들은 죽음을 맞이하기 시작했다.

야나 체르보나

2019년 4월 2일 루한스크에서 야나 체르보나가 포격으로 사망했다. 그녀는 돈바스-우크라이나대대에서 널리 알려진 자원봉사자이자 군인이었다.

"오후 1시 30분쯤 노보즈바니우카포파스나 마을 근처에서 러시아 테러 부대의 152mm 곡사포 포격으로 돈바스-우크라이나 별도공격대 소속 군인 두 명, 선임병 야나 미하일리우나 체르보나(콜사인 비드마—'마녀'라는 뜻)와 하사 올렉산드르 아나톨리요비치 밀류틴(콜사인 데다—'할아버지'라는 뜻)이 사망했다"라고 대대장 뱌체슬랴우 블라센코(필린—'수리부엉이'라는 뜻)가 페이스북에 글을 올렸다.

야나 체르보나는 기관총 사수였다. 그녀는 제54여단 소속이었고, 나중에는 제46돈바스-우크라이나 특수목적대대 소속이 되었다. 현재 그 대대는 루한스크 전선에 주둔하고 있다.

올하 니키시나

[2020년] 5월 10일, 합동군 작전지역에서 여군 올하 니키시나가 심장병으로 사망했다. 그녀는 헤트만 이반 비홉스키의 이름을 딴 제58별도기계화보병여단 소속이었다. 해당 사실은 페이스북 페이지 '여성 참전용사운동'에 발표되었다.

올하 니키시나는 처음에는 우크라이나 자원봉사 단체 '라이트섹터Right Sector'에서 활동했다. 이후 폴타바 출신인 그녀는 제58여단의 일부인 제16별도기계화보병여단에서 복무했다.

이리나 츠빌라

[2022년] 2월 25일, 그녀는 키이우 방어를 위한 전투에서 사망했다. 우크라이나 활동가이자 참전용사, 전투원인 올레흐 소브첸코는 지역 주민이 비슈호로드의 리우티주와 데미디우 사이 숲

에서 신원을 알 수 없는 군인 두 명[그들 중 한 명이 츠빌라였다]의 무덤을 알려주었다고 언급했다.

올하 시모노바

올하 시모노바는 감정 과잉을 좋아하지 않았다. 그녀는 러시아 첼야빈스크 출신으로 동물을 구조했다.

'심바'라는 콜사인으로 그녀는 다닐로 왕[36]의 이름을 딴 제24별도기계화여단에서 복무했고, [2022년 9월 13일] 작전 중에 사망했다. 그녀는 러시아 시민권을 포기했고, 우크라이나 군인으로 우크라이나를 방어했다. 그 소식은 자원봉사자 디아나 마카로바에 의해 발표되었다.

타이라

타이라는 감옥에 갇혔지만 돌아왔다.[37]

---

36 다닐로(다니엘) 왕(1201-1264)은 갈리치아와 볼리니아 지역의 통치자였고, 중동부 유럽에서 가장 강력한 군주 중 한 명이 되었다. 다닐로 왕의 이름을 딴 제24별도기계화여단은 명성 높은 우크라이나의 기계화여단이다.

37 '타이라'라는 콜사인을 쓰는 율리야 파예우스카는 자원입대한 위생병이다. 그녀는 존엄혁명 당시 의사로 봉사했고, 2014년과 2018년 러시아 침공 당시에는 전선에서 전술의학 트레이너로 복무했으며, '타이라의 천사들'이라는 자원봉사 야전의무대를 창설했다. 2018년과 2020년 사이, 그녀는 마리우폴에 있는 군 병원의 책임자로 일했다. 2020년에 제대한 후에도 그녀는 의사로 계속 자원봉사했다. 러시아가 마리우폴을 포위했던 당시 타이라는 바디캠으로 그녀의 업무를 촬영했다. 그 영상들은 2022년 3월 15일 마지막 외신기자들의 팀에 의해 도시에서 밀반출되었다. 3월 16일에 타이라와 그녀의 앰뷸런스 운전사는 러시아군에게 붙잡혔다. 그녀는 2022년 6월 17일 구금에서 풀려났다.

올하 필리포비치

올하 필리포비치는 실종되었거나 전쟁포로가 되었다.

리샤르트 카푸친스키의 잃어버린 양

비라 쿠리코

그녀의 고향 체르니히우에서 러시아의 전쟁범죄를 기록하는 그녀의 작업에 관해서 글을 쓰고 싶다고 했을 때 비라 쿠리코는 쓰지 않는 방향으로 나를 설득했다. "흥미로운 일이 아녜요"라고 비라가 충고했다. 포위된 마을에서 가축을 몽땅 잃어버린 일흔다섯 노인의 이야기를 기록하는 중이라고 그녀가 설명했다. 러시아인들은 말 마르타와 소 한 마리, 그리고 양떼를 모두 죽였다.

우리는 유럽의 최근 역사에서 가장 피비린내 나는 전쟁의 중심에 있었다. 메신저 앱들은 양을 죽이는 것보다 더 많은 수의 클릭을 유도할 만한 이야기들로 가득 차 있다. 하지만 비라는 가축을 잃은 노인을 그녀의 주제로 택했다. 도대체 그 이유가 뭘까. 나는 체르니히우로 가서 그녀와 그녀가 기록하는 노인을 만나 답을 찾기로 했다.

비라는 문 앞에서 나를 맞이했다. 고양이 두 마리와 안락한 아파트 주위를 자유롭게 뛰어다니는 노란 래브라도가 일으킨 혼란에 대해서 그녀가 사과했다. 러시아 미사일 공격으로 건물은 더 심각한 혼란에 빠질 가능성이 있었다.

포격으로 생긴 큰 구멍이 있다고 하면서 비라가 벽에 간 금을 보여주었다. 금이 얇아서 벽지는 아직 손상되지 않았다. 하지만 건축 전문가들은 그것이 착각에 불과하다고 말한다. 거주민들이 빨리 조치를 취하지 않으면 건물은 2년 정도가 지나서 무너질 거란다. 건물의 붕괴를 앞당길까봐 손가락 하나도 금에 대기가 두렵다.

비라는 아스트리드 린드그렌의 『전쟁일기 1939-1945』가 놓인 테이블에 쿠키 접시를 얹으며 조치를 취할 예정이라고 말한다. 린드그렌은 『말괄량이 삐삐』를 비롯한 동화로 널리 알려져 있다. 하지만 우크라이나에서는 제2차세계대전에 관한 그녀의 이야기가 요즘 그녀의 책 중에 가장 인기가 높다.

흰 고양이가 책과 쿠키 사이를 휙 지나간다. 래브라도 세이건도 내 주의를 끌려고 하지만 나는 책에만 정신이 팔려 있다. 스웨덴 작가가 『전쟁일기』 우크라이나판의 노란 표지에서 나를 보고 미소 짓는다. 스톡홀름처럼 체르니히우도 안전해질 때가 올 것이고, 싸워 살아남아야만 하는 지금의 전쟁에 관해 쓴 일기도 언젠가 다른 곳에서 읽히게 될 날이 올 거라고 우리를 격려하는 듯이. 비라는 2022년 2월 23일 전면전이 발발하기 전날 그 책을 완독했다. 군인이 첫 전투에 임하기 직전에 신병 훈련을 완수하는 것과 비슷했다.

이제 아스트리드 린드그렌처럼 비라가 일기를 쓴다. 그녀는 매일 쓰는데, 나는 2월부터 그런 규율을 지키기 어려웠다. 나는 그녀가 하루나 이틀을 빠뜨린 적이 있는지 묻는다. 왜 그런 적이 없겠는가. 체르니히우에서의 나날은 어떤 변명도 통할 만큼 견디기 힘들었을 게 틀림없다. 하지만 비라는 고개를 젓는다. 그녀는 스스로에게 엄격하다.

비라와 나는 2022년 3월 말 르비우에서 처음 만났다. 당시 문을 연 몇 안 되는 북카페에서 나는 밀린 업무를 처리하고 있었다. 공간은 비좁았다. 카페 안뿐 아니라 난민이 밀려온 도시 전체가 그랬다. 거의 하룻밤 사이 르비우의 인구가 두 배로 늘었다. 나는 큰 테이블을 혼자 차지하는 데 죄책감을 느꼈다. 그래서 빨간 스웨터를 입은 소녀가 카페에 들어왔을 때 내 옆에 앉으라고 제안했다.

그녀가 비라였다. 그녀는 포위된 기간 중 가장 힘들 때 체르니히우에서 탈출했다.

"당신, 빅토리아 맞지요?" 만난 적이 없음에도 불구하고 나를 알아본 그녀가 물었다.

나는 사람들의 얼굴을 알아보는 데 형편없지만 그녀의 빨간 스웨터만큼은 알아봤어야 했다. 비라의 보고서에는 천 년의 역사를 가진 우크라이나 도시 체르니히우가 공격당했던 기간 동안의 생활상이 기록되어 있었고, 그 보고서에서 나는 스웨터에 관해 읽은 적이 있었다.

보고서의 서두에서 22일 연속으로 똑같은 빨간 스웨터를 입는 소녀이자 영웅인 그녀가 독자 앞에 등장한다. 그녀는 포위 상태에서 겪은 모든 공포를 묘사하는데, 독자는 빨간 옷을 입은 소녀의 이야기를 따라갈 수밖에 없다.

상대적으로 안전한 르비우의 카페에서도 그녀는 여전히 빨간 스웨터를 입고 있었다. 그곳이 그녀의 새 집이라도 되는 것처럼. 보고서가 너무 좋았다고 말하자 비라는 기자로서 완전히 실패했다면서 고개를 가로저었다. 그녀는 포위되고 10일만에 체르니히우를 떠난 것을 자책했다.

"평생 나는 리샤르트 카푸친스키처럼 되고 싶었는데, 막상 전쟁이 닥치니까 떠나버렸어요."라고 그녀가 말했다.

"제2의 리샤르트 카푸친스키가 되려면 일단 살아남아야지요."라고 나는 답했다.

우리는 웃음을 터뜨렸다.

사실 그런 쾌활함을 느낄 이유는 없었다. 비라의 남편과 아버지는 전면전이 시작되고부터 전선에서 싸우고 있었다. 그녀가 한 달간 같은 스웨터를 입은 것은 사랑하는 사람들과 그녀 자신을 지키고 일기를 쓰는 것 이외의 시간적인 여유가 없었기 때문이다. 그녀는 전면전이 벌어진 첫날 이바노프란키우스크에서 데려온 개를 그리워했다. 나는 그녀를 '카푸친스키'라고 부르기 시작했고, 르비우 한가운데에서 낄낄거리는 우리를 사람들은 이상하게 쳐다보았다. 2022년 3월에 우크라이나 여자들이 웃는 게 잘못되기라도 했다는 듯이. 전혀 잘못되지 않았지만.

이 끔찍한 전쟁이 벌어지는 와중에도 우리가 얼마나 많이 웃는지 생각하면 놀라울 따름이다. 우크라이나 여성들의 절망이나 영웅적인 면모를 기대하는 외신 기자들 앞에서는 이러지 말아야 할지도 모른다. 가끔 우는 데 지치거나 울지 못하는 데 지칠 때 여기 우크라이나인들이 아직 살아 있다고 증명하는 것처럼 우리는 미친듯이 웃는다.

6월 중순 비라가 그녀에 관한 글을 쓰지 않는 방향으로 설득하려고 할 때 나는 우리의 농담을 떠올렸다. "카푸친스키가 아니라고 했던 당신의 말을 기억하고 있어요. 내가 제목으로 떠올린 건 바로 그거예요."라고 말하며 나는 그녀에게 확신을 심어주려고 했다.

리샤르트 카푸친스키와 비라 같은 용감한 작가들의 차이점은 뚜렷했다. 비라는 글을 쓰기 위해 전쟁터로 가지 않았다. 살인적인 전쟁이 그녀에게로 왔다. 미사일 공격으로 천천히 무너져가는 그녀의 아파트에서 단순한 진실은 더 명백히 드러난다. 우리는 괜찮아 보일 뿐이다. 이 건물처럼 우리는 도움이 필요하다.

카푸친스키의 저서를 포함해서 책이 빼곡히 꽂힌 책장 옆 금이 가지 않은 벽에 비라는 지구 사진을 포스터로 걸어놓았다. 그 위에는 과학자 칼 세이건의 한 말이 있었다. "저 점을 다시 보아라. 바로 이곳이고, 집이다."라고 적혀 있다.

우버 택시를 기다리는 동안 나는 비라의 집에 뚫린 포격 구멍을 관찰할 기회가 생긴다.

우리가 긴 안목으로, 세이건(래브라도 말고 천체 물리학자)이 제안한 관점으로 행성을 바라본다면 어떻게 보일까? 그 어느 때보다 아름다워 보일까, 아니면 돌이킬 수 없을 만큼 부서져 보일까.

선구적인 천문학자 '세이건'을 반려견의 이름으로 지어주는 사람들은 끝까지 행복하게 살 자격이 없는 걸까. 그들의 행복은 내가 전쟁으로 피폐해진 나라를 여행하고, 생존자, 변호사, 종군기자, 인권운동가들과의 대화를 통해서 규정하려는 궁극적인 정의의 일부임이 틀림없다. 비라는 허물어진 자신의 집에 머무르는 대신 러시아 범죄자들에게 가축을 잃은 일흔다섯 노인 미콜라에 관한 보고서 작성을 끝내기 위해 노보셀리우카에 남은 포격의 잔재를 확인하러 갈 것이다. 잃어버린 가축과 함께 그의 삶에도 목적이 사라져버렸다.

제법 가능성이 높은 러시아의 두 번째 공습으로부터 체르니히우를 방어하는 검문소 한 곳에 운전사가 우리를 내려준다. 체르니히우는 러시아와 벨라루스, 두 나라와 국경을 맞대고 있다. 그 나라들은 비라가 꼬마였을 때 주위 목초지를 뛰어다니며 외국에 왔다고 자랑스럽게 이야기할 정도로 가까이에 있었다. 그녀는 벨라루스 텔레비전을 시청했고, 우크라이나 학교 연극에서 제2차 세계대전 시기 모스크바의 수호자를 발랄하게 연기해야 했다. 그 연극은 우크라이나 전역의 어린이들에게 강요된 교육이었고, 러시아 국경과의 거리보다는 러시아 중심의 낡은 교육 시스템과 더 큰 연관이 있었다.

우리는 까맣게 변한 노보셀리우카의 잔재를 통과해서 걷는다. 그곳은 연두색 덤불과 꽃으로 둘러싸여 있다. 비라는 여러 번 이곳에 와봐서 세상의 종말이 벌어지는 와중에도 개를 산책시키듯 차분히 자신 있게 걷는다. 길은 그녀의 부엌에서 커피를 마시고 쿠키를 먹을 때 그녀가 묘사했던 그 들판의 가장자리에서 끝난다. 들판에서 우리가 만나려는 남자는 그의 말, 소, 그리고 양 열여섯 마리를 땅에 묻었다.

비라는 거의 파괴되지 않은 집 한 곳으로 향한다. 그런 집은 거의 없다. "미콜라! 미콜라!" 그녀가 자신의 보고서에 등장하는 인물을 외쳐 부른다. 기다리다가 나는 고개 돌려서 들판을 바라본다. 지뢰가 잔뜩 매설되어 있을 가능성 때문에 우리는 세이건이 그곳으로 가지 못하게 한다.

미콜라는 키가 크고 머리가 희끗하며 허리가 꼿꼿한 사람인 것으로 드러난다. 그는 우리를 기쁘게 맞이하지만, 비라가 그의 사진을 찍도록 허락하겠다는 약속은 잊어버렸다. "사진 찍으려면 면도를 했어야 하는데!" 그가 신문에 실릴 얼굴을 걱정하며 말한다. 아직 외모가 준수하다고 말하자 일흔다섯인 그는 정원 중앙에 놓인 의자에 앉는 데 동의한다. 비라는 미콜라의 사진을, 나는 사진 찍는 비라의 사진을 찍는다. 비라는 유일하게 살아남은 양의 사진도 찍고 싶어 한다.

비라가 사진을 찍으며 마지막으로 남은 양에게 이름이 있는지 묻는다. 양에게는 이름이 없다. 미콜라는 양에게 이름을 붙여주지 않았다. 마당에서 죽은 말은 '마르타'라는 이름이 있었지만 양은 이름이 없었다. 양은 늘 그런 존재인 것 같다고 나는 생각한다. 앙투안 드 생텍쥐페리의 『어린 왕자』에 등장하는 양의 이름이 있었는지 기억하려고 애쓴다. 메리에게는 작은 양이 있었는데, 그 양은 이름이 있었을까. 성경에 나오는 길 잃은 양은 어떤가. 그건 그저 '길 잃은 양'이다. 익명으로 남을 운명의 양이라도 구원받을 자격은 있다.

우리는 장미 덤불 근처에 앉아서 미콜라의 이야기를 검토한다. 나는 그의 말을 듣는 비라와 장미를 먹으려는 세이건을 본다. 그리고 미콜라가 수십 년간 이 집에서 살아온 방식을 상상하려고 한다. 그의 자녀들은 이 정원과 함께 자랐고, 들판을 뛰어다니며 가축 기르는 일을 도왔다. 미콜라는 외양간에서 산 채로 불타지 않도록 가축을 풀어주었다고 이야기한다. 늙은 농부는 성스러운 채식주의자가 아니며 죽어가는 동물을 보는 데 익숙하다. 하지만 그는 동물이 고통받지 않아야 한다고 믿는다. 러시아의 포격이 이미 이웃들의 목숨을 앗아갔기 때문에 그는 잠시 근처 마을에 사는 친척에게 갔다. 포격의 강도가 약해지자 그는 집에 돌아와서 가축을 발견했다. 상처 입고 죽어가는 말과 운 좋게 살아남은 양 한 마리.

"여기, 여기, 그리고 저기에 있었어요." 미콜라가 가축을 발견했던 장소를 보여준다. 그들은 창문이 깨진 집 주위에, 정원에, 그리고 더 멀리 문 뒤편의 들판에 있었다.

미콜라의 딸이 점심을 먹으라고 우리를 안으로 부른다. 그녀는 그가 조금이라도 쉴 수 있도록 우크라이나 서부의 카르파티아 산으로 모셔가기 위해 노보셀리우카에 왔다. 그는 오래전 그곳에서 휴가를 보낸 적이 있었고, 가겠다고 동의했다.

우리는 대화를 나누며 음료를 마시고, 그의 가족 사진이 담긴 앨범을 넘겨 본다. 딸이 영원히 그를 데리고 떠나기 위해 왔다는 사실이 명확해진다. 그의 자녀들은 집에 돌아가도록 허락하지 않을 것이다. 점심 식사 후에 미콜라는 짐을 꾸려야 한다. 그들은 내일 떠날 것이다. 미콜라는 마지막으로 남은 양을 데려갈 수 없고, 그래서 그 양에게 이름을 붙이는 것은 무의미하다.

비라는 여러 번 미콜라의 집을 방문했지만 한 번도 그의 핸드폰 번호를 받아 적지 않았다. 하지만 이번에는 그의 번호를 적는다. 그와 포옹하고 우리는 떠난다. 들판과 폐허를 지나서 걷지만 그런 광경을 제대로 눈에 담지는 않는다.

"영원히 이곳을 떠날 텐데 그는 그 사실을 모르네요."라고 비라가 말한다. 그녀의 목소리가 떨린다.

"알지만 모르는 척하는 것 같아요." 내 말에 비라도 동의하는 듯하다.

비라의 아파트로 돌아와서 우리는 그녀의 가족 사진이 담긴 앨범을 넘겨 본다. 비라는 자신의 책들을 보여준다. 어떤 책을 가지고 가야 할지 몰라서 지난 3월 그녀는 책들을 대피시키지 않았다. 비라는 그녀의 드레스들도 보여준다. 첫 번째 남편과의 이혼 사유였던 꽃무늬 드레스도 있다.

"나야, 아니면 그 드레스야"라고 했던 그의 말을 떠올리면서 그녀가 웃는다. 비라는 드레스와 자유를 택했다. 지난 3월, 그녀는 사랑하는 드레스들도 대피시키지 못했다. 그녀는 살아남기 위해 애쓰며 청바지와 빨간 스웨터를 입는 소녀가 되었다. 그녀는 카푸친스키가 아니었다. 그녀는 떠나야만 했다.

보이지 않게 무너지고 있는 집을 떠나지 않겠다고 지금 비라는 확신하는 것 같다. 수리하면 붕괴되지는 않을 것 같다. 주민들은 정부가 늦지 않게 지원해주기를 기대한다. 비라는 이바노 프란키우스크에서 세이건을 데려왔다. 그녀는 심지어 포위 당시 버려진 고양이 두 마리도 입양했다. 이즙과 욘시가 고양이들의 이름이다.

벨라루스 국경을 통한 공격에 대한 루머들이 인터넷에 파다하게 퍼져 있다. 하지만 비라와 나는 그것을 언급하지 않는다. 우리는 알고 있지만 모르는 척한다.

다시 비라에게 묻는다. 노보셀리우카에서 만난 사람들 중에 미콜라의 이야기를 기록하겠다고 결심한 이유가 무엇인지. 영웅이 아니라 삶이 폐허로 변해버린 평범한 사람이자, 싸울 수 없고 도망쳐야 하는 보통의 우크라이나인을 대표하기 때문이라고 그녀가 설명한다.

"그래도 살아남아 있으면 됐다는 식으로 거짓 긍정을 강요하며 마무리짓는 이야기들을 싫어해요. 아뇨. 남편이 살아남지 못하면 나도 살고 싶지 않을 거예요. 미콜라도 마찬가지예요. 살아남았지만 모든 걸 잃어버렸잖아요." 그녀가 덧붙인다. 그녀는 기사를 써서 번 돈으로 전쟁터에 있는 남편을 위해 무기를 구매한다. 미콜라의 이야기로 번 돈도 그렇게 쓸 것이다.

그리고 비라 쿠리코는 전쟁범죄 조사를 위한 교육을 받고 있다. 그녀는 저명한 우크라이나 언론인 나탈리아 구메니크와 종군기자 자넌 디 지오반니가 주도하는 '심판 프로젝트'에 합류한다. 자넌 디 지오반니는 수많은 전쟁범죄를 목격한 뒤 직접 정의 실현을 위한 임무에 착수했다. 자넌과 나탈리아는 우크라이나와 영국에서 활동하는 작가이자 활동가인 페테르 포메란체우와 함께 우크라이나 언론인들과 국제 변호사들을 결합한 팀을 신속하게 조직했다. 전쟁의 공포에 관한 이야기들이 대중에게, 그리고 결국에는 법정에서 들릴 수 있도록. 비라 쿠리코는 전쟁범죄의 증거 수집을 위한 광범위한 교육을 받고 있는 열두 명의 언론인 중 한 명이다.

내 다음 목적지는 브뤼셀이다. 그곳에서 변호자이자 인권운동가인 올렉산드라 마트비추크와 나는 러시아가 저지른 국제 범죄에 대한 책임과 정의에 대해 발언할 것이다. 하지만 체르니히우를 떠나면서 나는 생각한다. 미콜라나 비라, 혹은 나 같은 우크라이나인을 위해 정의를 구현해주는 법정은 없다고. 그래도 우리는 이야기할 수 있다. 우리 이야기는 동물에 관한 것이 아니다. 인류애와 어떤 우크라이나인의 무너진 집에 관한 이야기이자, 칼 세이건이 관심을 가져달라고 간청했던 집, 바로 별 사이를 떠다니는 옅은 파란색 점에 관한 이야기이다.

브뤼셀과 런던에서 인간이 되는 법

올렉산드라 마트비추크 Ⅱ

우크라이나 영공이 민간 항공에게는 폐쇄되었다는 사실을 나는 2월 24일 사막에 있는 작은 공항 마르사 알람에서 알게 되었다. 브뤼셀로 향하는 여정은 간단하지 않다. 올렉산드라와 나는 키이우에서 폴란드 마을 헤움으로 향하는 기차를 타고, 헤움에서 바르샤바로 가는 또 다른 기차에 올라서 하룻밤을 묵고, 이튿날 아침 일찍 비행기로 브뤼셀에 가려고 한다.

올렉산드라는 헤움으로 가기 위해 열세 시간을 보낼 열차 객실에 마지막으로 탑승한다. 간이침대 네 개가 놓인 좁은 공간에 네 명이 있는데, 올렉산드라가 다른 여자 한 명을 알아본다. 올렉산드라가 키이우에 있는 타라스 셰우첸코 국립대학의 학생회 대표였을 때 객실에 있는 여자가 조직했던 기금 모금에 대한 교육에 참여한 적이 있었다. 올렉산드라는 미래 남편을 그 교육에서 만났다. 짧아도 꽤 인상 깊은 만남이었는지 모른다. 우리 셋은 로맨틱한 주제로 대화를 나누지만 곧 인권 침해와 법적 책임, 그리고 군의 무기 부족으로 화제를 바꾼다. 네 번째 여자는 조용히 앉아서 창밖을 바라보며 이야기에 귀기울이지 않는 척한다. 나는 그녀가 그런 척만 한다는 사실을 알고 이따금 그녀를 힐긋거린다. 사실 그녀는 무척 흥미롭게 우리 이야기를 듣고 있다. 몇 시간이 지나고 그녀가 마침내 입을 연다.

"끼어들어서 미안해요. 나는 알체우스크 출신이에요."[38]

[편집자 주: 아랫글은 편집되지 않은 미완의 원고로, 우크라이나어로 적혀 있었다. 이 부분은 또 다른 인권운동가 막심 붓케비치[39]의 사건을 언급하는 것으로 보인다.]

여름에 몇 달간 그와 연락이 두절되었다. 그는 6월 20일과 30일 사이 포로로 잡혔다. 그 후 러시아 언론은 두 배나 더 많은 프로파간다를 유포했다. 하지만 가을 초 그와 연락이 닿았다. 그

---

38 알체우스크는 2014년 러시아 침공 첫해부터 강제병합된 루한스크의 마을이다.

39 막심 붓케비치(1977년생)는 인권운동가이자 언론인, 그리고 ZMINA인권센터와 프로젝트 '국경 없이Without Borders', 흐로마즈케 라디오의 공동 설립자이다. 전면전이 발발하자 그는 무기를 들었다. 2022년 6월, 그는 러시아 점령군에게 붙잡혔고, 이 글을 편집하는 현재까지 러시아에 구금되어 있다.

리고 막심은 자신의 부모님과도 한 번 대화할 수 있었다.

올레나와 포로수용소

 이해할 수 없지만 도네츠크의 많은 우크라이나인들이 2014년 러시아의 초기 침공이 있기 전에 집을 개조하느라 바빴다고 이리나 도우한이 말한다. 저명한 역사가이자 작가인 내 친구 올레나[스탸주키나]는 전쟁 이전에 새 아파트로 이사한 사람들 중 한 명이다. 그녀가 이미 키이우 시내에 있는 아파트에 새 보금자리를 마련했을 때 나는 그녀를 만났다. 이사는 왔지만, 그녀는 과거를 정리하고 앞으로 나아가는 것처럼 보이지 않았다. 몸은 키이우에 있어도 그녀의 마음은 도네츠크에 있는 듯하다.

 전면전이 바꿔놓았다. 키이우가 공격받고 있었기 때문에 그녀는 지금 여기에 있어야 했다. 한동안 집 한 채를 잃은 상실은 덜 고통스럽게 느껴졌다. 다른 집이 위협받고 있었기 때문에.

올레나 스탸주키나가 무사피르 식당에서 그 뉴스를 알려주었다. 도네츠크인민공화국DPR과 루한스크인민공화국LPR의 사상을 지지하는 우크라이나인들은 분리주의자가 아니라 부역자라는 단순하고 명확한 사실을 2014년에 나는 그녀로부터 들었다.[40] 그들은 침략국 러시아의 사상을 지지했다. 부역자의 소수는 크림반도처럼 러시아에 합병되기를 희망했는데, 러시아의 재원이 어떤 식으로든 자신의 개인적인 번영에 도움을 줄 거라는 환상에 사로잡혀 있었다. 나머지는 그저 흔히 볼 수 있는 현상의 일부였다. 점령지에는 늘 부역자가 있기 마련이니까. 다행히 영웅 정신도 있다. 그리고 국민 대다수는 단지 전쟁에서 살아남기 위해 노력한다.

역사의 한가운데에서 역사가로 사는 것에 대해 그녀에게 묻고 싶었다.

인터뷰 전에 잠을 제대로 자지 못했다. 지금까지는 나에게 충격을 주는 게 가능하다고 생각하지 않았다.

[편집자 주: 이 챕터는 미완으로 남아 있다. 아랫글은 마지막 원고에 있던 메모들이다.]

거세 2022년 7월 28일

---

40   도네츠크인민공화국과 루한스크인민공화국은 2014년 봄에 강제병합된 우크라이나 지역에서 스스로 독립을 공표한 단체들로, 러시아의 통제를 받고 있다.

올레나 스타주키나

7월 28일, 공습 경보에 눈을 떴다. 새벽이었다.

나중에 러시아의 기념식이 이어졌다

밤늦게 나는 트위터에 글을 썼다,

"러시아인들은 전쟁포로로 잡힌 우크라이나 군인을 거세하는 영상을 자랑스럽게 퍼뜨리고 있다.[41]

러시아인들은 1990년대 체첸에서부터 2014년 우크라이나에 이르기까지 잔혹한 범죄를 저질러왔다.

#러시아인은 처벌받지 않는다.

---

41 2022년 7월 28일, 프리빌랴요양원에서 발생한 러시아 군인들의 우크라이나 전쟁포로 고문과 거세, 살해 행위를 보여주는 영상이 러시아 텔레그램에 게시되었다.

유럽은 자신들의 발레와 가스를 좋아한다."

2022년 7월 29일

"그들이 아조우스탈 방위군을 올레니우카에서 처형한 사실을 알고 있습니까?" 나는 몰랐다. 나는 그 뉴스에 어떻게 반응해야 할지도 몰랐다. 혼자 그런 뉴스를 읽을 때가 더 낫다. 반응까지 생각하지 않아도 되니까. 욕하거나, 테이블을 치거나, 울거나, 혹은 반신반의하며 가시적인 반응 없이 그냥 뉴스 피드를 아래로 내릴 수도 있다.

"아뇨. 몰랐어요."라고 답했다. 아침에 뉴스를 확인하지 않고 무사피르 식당에서 열리는 회의에 달려갔다. 나는 핸드폰을 꺼냈다.

"뭐하는 겁니까? 확인하고 싶어요? 그 사람들이 그런 짓을 저질렀다고 내가 말하잖아요."

"알아요. 아는데 그래도 봐야겠어요."라고 나는 답했다. 나는 잠시만이라도 숨을 장소가 필요했고, 숨을 곳은 내 핸드폰이었다. 내 감정을 이해할 시간이 필요했지만 그럴 시간은 없었다. 키이우의 화창한 날씨와 무사피르 식당의 유난히 맛있는 커피, 그리고 정의에 관해서 이야기하고 싶은 여성이 있었다.

나는 그녀에게 프로젝트에 대해 설명했다.

"'여성을 보다, 전쟁을 보다: 전쟁과 정의에 관한 일기'라는 가제로 책을 쓰고 있어요."라고 내가 말했다. "이곳 키이우에서 전쟁범죄를 기록하는 단체와 함께 일해왔어요. 비라 쿠리코와 체르니히우에 갔고, 브뤼셀과 런던에서는 올렉산드라 마트비추크와 함께 인권 변호 활동을 했구요. 하르키우로 돌아와서는 문학관 관장 테탸나 필립추크에 관한 챕터를 끝냈고, 유로마이단의 변호사에서 군인이 된 예우헤니아 자크레우스카와의 대화를 기다리고 있어요. 하지만 나는 역사가도 필요해요." 말을 마치고 내가 그녀를 바라보았다.

"아뇨. 역사가가 필요한 이유가 뭐죠?" 그녀가 방어적으로 물었다.

다른 여성들처럼 그녀는 자신이 책에 등장할 만한 여성 영웅이라고는 생각하지 않았다.

하지만 그날 포로수용소에서 일어났던 일은 전에도 일어났었다. 그것도 여러 번. 물론 올레나는 그것을 너무 잘 알고 있었다. 그녀는 역사가지만 도네츠크 출신 난민이기도 했다.

[편집자 주: 아랫글은 1999년 사라 파머Sarah Farmer가 쓴 책 『순교한 마을: 오라두르 쉬르 글란의 1944년 학살을 추모하며』에서 발췌한 것이다. 제2차세계대전에 관한 유럽의 경험을 언급하며 종전 이후 부역자의 처리를 두고 토론할 때 올레나 스탸주키나는 빅토리아 아멜리나에게 이 책을 추천했다. 빅토리아 아멜리나는 우크라이나에서 러시아군이 저지른 전쟁범죄와 프랑스에서 독일군이 저지른 범죄의 연관성을 생각하고 있었지만 글로 발전시키

지는 못했다.]

제2차세계대전 중 가장 악명 높았던 독일의 범죄 중 하나는 1944년 6월 10일 나치 친위대가 오라두르 쉬르 글란에서 642명의 여자들과 남자들, 그리고 아이들을 학살한 사건이다. 토요일 오후, 연합군의 노르망디 상륙작전으로부터 나흘 뒤, 나치 친위대가 오라두르 마을을 에워쌌다. 남자들은 근처 헛간으로 행진해 간 뒤 사살되었다. 군인들은 여자들과 아이들을 교회에 가두고 사살한 다음 그 건물과 나머지 마을 전체에 불을 질렀다.

1946년 프랑스는 폐허로 변한 오라두르의 토지 소유권을 취득하고 보존에 착수했다. 무너진 집과 농장, 가게들이 있었던 40에이커 땅은 프랑스의 순교자 마을이 되었다.

[편집자 주: 여기서 발췌한 부분이 끝나고, 빅토리아 아멜리나의 해설로 이어진다.]

(순교한 마을), 리무쟁에서 전쟁 중 가장 심한 트라우마를 유발한 사건: 나치 친위대가 1944년 6월 10일에 여자들과 남자들, 아이들을 상대로 자행한 학살.

역사를 법정으로

예우헤니아 자크레우스카Ⅲ

건축가 베케토우 전철역 근처 '창고 #7'이라고 불리는 하르키우의 카페에서 예우헤니아를 기다리고 있다. 늦어서 소중한 시간을 낭비할까봐 일찍 왔다. 예우헤니아의 시간은 더이상 그녀만의 것이 아니다. 어린 시절 유명했던 스테이터스 쿠오Status Quo의 노래처럼 그녀는 지금 군에 입대해 있다.

기다리는 동안 먼저 주위를 둘러보고 폭격당한 맥도날드의 사진을 찍은 다음 나는 카페에 앉아서 글을 쓰기 위해 노력한다. 하지만 집중하기에 나는 너무 불안하다. 게다가 폭발음이 들리기 시작한다. 멀리서 들리지만 도시 안에서 일어나는 폭발일 수도 있다. 카페의 안마당 잔디에서 두 남자가 탁구를 친다. 폭발음이 들릴 때마다 나는 고개를 들어 그들을 본다. 그들은 계속 탁구를 치고, 나도 더는 폭발에 반응하지 않는다. 탁구공을 칠 때 나는 규칙적이고 리드미컬한 소리에 집중하는 편이 훨씬 낫다.

《그녀는 눈을 감지 않고 감히 위를 쳐다보았다. 우리 모두가 우크라이나에 관한 것은 아니기를, 우리의 일이 아니기를 바라면서 지난 1월에 봤던 영화 〈돈 룩 업Don't Look Up〉에 나오는 몇 안 되는 인물들이 그랬던 것처럼. 적어도 그 영화는 예우헤니아 자크레우스카에 대한 것은 아니었다. 그녀는 할 일을 알았고, 훈련받았으며, 준비되어 있었다. 2022년 2월 24일, 군사위원회 앞에 줄을 선 그녀는 자신의 차례가 오기 전에 총이 떨어져서 무기를 갖지 못하게 되는 상황을 걱정했다. 하지만 그런 일은 일어나지 않았다. 전면전 첫날 이미 그녀는 키이우에서 총을 받았고, 그때부터 무기를 갖지 못한 적은 없었다. 나와는 다르게 그녀는 글을 쓸 줄도 안다. 아무에게도 보여주지 못하는 무력한 일기를 쓰는 나와는 다르게 그녀는 우크라이나 언론에 통찰력이 돋보이는 기사들을 싣는다. 예를 들어, 2022년 3월 10일, 그녀는 이미 [온라인 미디어 플랫폼] 『우크라인스카 프라우다』에 러시아인들에게 보내는 논설을 실었다.》

[편집자 주: 아래 세 문장은 러시아어로 적힌 예우헤니아 자크레우스카의 논설에서 인용한 것이다.]

방위군에서 복무했고 이 문구를 쓴 저자는 황제와 그의 새 옷에 관한 이야기에 등장하는 소년처럼 훌륭하고 직설적이다. 알겠는가. 당신의 황제는 벌거숭이다.

그 모든 것에도 불구하고 그녀는 자신의 쓸모가 느껴지지 않는다. 하지만 그녀는 곧 동부 전선으로 가리라는 사실을 알고 있다.

마침내 그녀가 하르키우에 배치되었을 때 그녀의 부대는 살티우카에 있는 다수의 무너진 아파트 지하실에 주둔해야 한다. 16층 건물은 기이한 곳이다. 버티고는 있지만 더이상 거주할 수 없는 그곳은 주인이 죽거나 피난을 떠나서 버려진 개와 고양이, 몽우리를 터뜨리는 꽃, 까맣게 불탄 창문으로 가득하다. 지하실은 어둡고 축축하다. 예우헤니아는 아무것도 두렵지 않지만 신선한 공기가 그립다. 이맘때 그녀는 보통 많이 걷고 산을 오른다. 그녀는 산과 광활한 녹지를 사랑한다. 하지만 지금 그녀는 자신이 조종하는 드론을 통해서만 넓은 세상을 볼 수 있다. 살티우카에서 그녀는 비행하는 법과 비행에 능숙해지는 법을 배우고 있다.

부대가 동부로 진군해 나갈 때 그녀는 마침내 항공 정찰 임무의 중요성을 완전히 이해한다. 우크라이나는 수적으로 열세인데다가 화력도 밀리고 있어서 모든 발사체가 중요하다. 반면 러시아는 정확도를 신경 쓰지 않고 발포할 수 있다. 게다가 우크라이나군은 민간인을 타격하지 않으려고 주의를 기울인다. 예우헤니아는 특히 주의를 기울인다. 그녀는 정직하고 친절한 사람일 뿐만 아니라 국제법에 능통한 변호사이기도 하다. 군용 물체, 군용 차량과 군대를 타깃으로 조준하는 저명한 변호사가 군에 있다는 사실이 모순적이지 않은가.

그녀의 임무는 좌표, 군사장비의 수량과 유형을 찾아서 M777[곡사포]에 정보를 제공하는 것이다.

해외 언론인들은 러시아-우크라이나 전쟁을 드론전이라고 부른다. 확실히 드론 조종사들은 역사를 써나가는 데 중요한 역할을 수행하고 있다. 예우헤니아는 늘 역사가 쓰이는 곳에 있다.

예우헤니아 자크레우스카는 베르쿠트 특수경찰대가 학생들을 폭행하기 전에 마이단에 도착했다. 그리고 그녀는 러시아가 강제병합하기 전에 크림반도에 도착했다. 그녀는 내가 때아닌 휴가에서 2월 26일에 귀국하기 전에 우크라이나군에 입대했다.

역사가 쓰이는 곳에 있고 싶다면 예우헤니아 자크레우스카를 따르면 된다. 그녀가 떠나고, 나는 하르키우의 초록 나무들 뒤로 그녀가 사라질 때까지 군복 입은 우아한 그녀의 모습을 계속 바라본다.

남자들은 계속 탁구를 친다.

무너진 문학관의 관리자들

《우리는 무너진 스코보로다 문학관에 도착한다. 관장 나탈리아 미차이는 우리를 만날 수 없다고 전한다. 직원 한나가 문학관에 남은 것과 주변의 공원을 보여주려고 채비한다. 나탈리아가 나와의 만남을 원하지 않는 이유를 안다. 그녀는 기자들을 너무 많이 만나서 지쳐버린 것이다. 하지만 바로 그런 이유로 그녀를 인터뷰하고 싶었다. 나는 전쟁 저널리즘의 이면을 보고 싶었다. 자신이 이룩한 성취가 아니라 무너져버린 직장 때문에 갑자기 모두가 취재를 원하는 사람이 된다는 것은 어떤 느낌일까.

조금만 시간을 주면 나탈리아에게 내가 그녀와 이야기하고 싶은 이유를 알려주겠다고 내가 말한다. 한나는 그녀의 상관을 부르고, 나탈리아가 나를 만나러 온다.

당신의 일에 대해 알고 싶다
우리는 문학관 직원, 그리고 그녀의 친구이다
스코보로디니우카 사건은

나탈리아에게 묻는 첫 질문은 비극 또는 폐허로 변한 문학관이 아니라 그녀의 배경에 관한 것이다. 그녀는 우크라이나어와 문학을 전공했다고 말하면서 마침내 미소 짓기 시작한다.》

돈 말고 정의: 졸로타르 고문 사건 I

티무스 보리슈테니쿠스와 함께 졸로타르 사건을 맡았다. 기소 측면에서는 완전히 절망적이지만, 그래도 이 사건에 대한 설명은 매우 중요하다. 물론 보리슈테니쿠스는 실명이 아니고, '카사노바'나 '마루샤[42]'처럼 트루스하운드 안에서 알려진 콜사인도 아니다. 보리슈테니쿠스는 내 책에서 그렇게 자신을 불러달라고 그가 쓸쓸하게 부탁했던 이름이며, 그가 태어난 마을 근처에서 자라는 풀 이름이기도 하다. 그 마을은 여전히 러시아군에 점령된 상태이다. 그리고 떠날 수 없는 티무스의 가족은 여전히 그곳에 있다.

---

[42] 마루샤는 트루스하운드에서 빅토리아 아멜리나의 콜사인이다.

사랑하는 이들을 향하는 공포는 티무스 한 개인에 대해 쓰는 것을 불가능하게 만든다. 그가 정말 멋진 사람이라는 것을 감안하면 안타까운 일이 아닐 수 없다. 하지만 그는 이야기 속에서 한 포기 풀로 남을 것이다. 자포리자에서부터 드니프로강이 흑해로 흘러가는 곳까지 우크라이나의 남쪽 들판에서 자생하는 이 땅의 풀.

대신 나는 우리가 함께 조사하는 졸로타르 가족의 이야기를 하려고 한다.

나는 헤르손의 사도베 마을에서 태어났습니다. 전면전이 일어났을 때 나는 남편 얀 졸로타르와 네 살, 한 살 반이었던 두 아이들과 함께 말라 올렉산드리우카 마을의 미루가 65번지에서 살고 있었어요[라고 빅토리아 졸로타르가 말한다].[43]

헤르손의 말라 올렉산드리우카 점령은 2022년 3월 9일에 시작되었습니다. 가게 약탈과 검문, 그리고 구금이 시작되었지요.

마을에서는 3월 13일과 14일에 두 번의 시위가 있었습니다. 비카가 스마트폰으로 시위를 촬영했습니다. 3월 13일에 70명에서 80명 정도가 문화의 집 근처에서 우크라이나 국기를 들고 벨리카 올렉산드리우카에 모였어요. 시위는 한 시간 반 정도 계속됐습니다. 점령군은 처음에 10미터쯤 떨어진 곳에서 경고

---

43 이 시점부터 작가는 얀 졸로타르의 아내 빅토리아(비카) 졸로타르의 증언을 포함시킨다.

사격을 했어요. 그들은 우리에게 발포하겠다고 위협했습니다.

둘째 날이었던 3월 14일에 사람들이 다시 시위하려고 모였어요. 점령군이 말했습니다. "문화의 집 계단에서 내려오지 않으면 발포하겠다." 몇몇 사람들은 이미 겁에 질렸고, 그래서 3월 13일보다 더 적은 시위자가 참여했어요. 그들은 우리의 여권을 빼앗고 경찰서로 가자고 했습니다. 하지만 점령군 한 명이 여권을 사람들에게 돌려주라고 말했지요.

주민들은 휴대용 스피커를 들고 나와서 국가를 틀어 놓고 거리에서 따라 부르기도 했습니다. 3월 14일 이후에는 모두가 시위하러 모이는 것에 이미 두려움을 느꼈어요.

"자동차가 있었어요. 하얀 지붕이 있는 보라색 지굴리[44]였지요."[라고 빅토리아 졸로타르가 언급한다]. "음식을 구하려고 차를 몰고 나왔을 때 처음에는 우리 군이 도로에 있지 않았어요. 하지만 베레즈네후바테에 우크라이나 공군이 나타났고, 나는 그들에게 러시아군의 위치에 대한 정보를 주었어요. 말라 올렉산드리우카와 크라마렌코 조야 파우리우나 마을 대표는 여전히 점령지에 남아 있습니다."[45]

졸로타르 가족은 3월에 처음 집 수색을 당했는데, 나는 정확

---

[44] 지굴리는 러시아와 소련에서 1970년부터 2012까지 생산된 이탈리아의 피아트124를 기반으로 했다. 수출 시장에서 지굴리는 '라다'라는 브랜드로 판매되었다.

[45] 피난 가지 못하는 노모 때문에 마을 대표는 점령지에 남게 되었다.

한 날짜를 떠올릴 수 없다. 방한모를 쓴 러시아 군인들이 집에 왔다. 나는 그들이 사투리를 썼는지 물었다. 그들은 러시아 표준어로 말했다. 아이들을 놀라게 하지 말라고 비카가 부탁했지만 그들은 집 안으로 들어왔다. 그들은 무기를 찾고 있었는데, 졸로타르 가족은 무기를 소지한 적이 없었다. 그들은 남편의 행방을 물었다. 다른 군인 6명이 길 밖에서 기다리고 있었다.

> "2022년 3월 27일 오전 11시 이후 남편과 나는 점령된 벨리카 올렉산드리우카 마을에서 아이들을 데리고 떠날 준비를 하고 있었어요. 그런데 남편 얀이 친구를 데리러 갔다가 실종되고 말았어요. 그렇게 된 겁니다."

비카 [졸로타르]는 이미 아이들의 짐을 싸둔 상태였다. 남편은 친구를 데리고 15분 안에 온다고 했다. 하지만 30분이 지나도 돌아오지 않아서 비카는 그에게 전화를 걸기 시작했다. 누가 비카의 전화를 차단하고 있었다. 마침내 남편이 응답했다. 그녀는 "어디예요?"라고 물었다. 그는 "비밀 파일을 여는 내 비밀번호가 뭐요?"라고 되물었다. 비카는 비밀 파일에 대해서 모르기 때문에 비밀번호도 모른다고 답했다. 사실 그런 비밀 파일은 없었다. 그녀는 무엇을 해야 할지 남편에게 물었다. 남편은 "다 괜찮으니까 나중에 이야기합시다"라고 답했는데, 그들의 평소 대화와는 달랐다. 남편이 데리고 오기로 한 친구도 계속 그녀에게 전화를 걸었다. 그녀는 남편이 붙잡혀 감금된 것 같다고 말했다. 계속 남편에게 전화를 걸었지만 전화는 차단되었다. 그녀는 "어디예요? 당신과 아이들이 걱정돼요"라는 문자를 보냈지만 답을 받지 못했다.

"점점 시간이 흐르고 있었어요. 오후 5시 30분쯤 남편의 형 올레흐에게 전화했습니다."[라고 빅토리아 졸로타르가 계속 말한다]. "남편이 잡혀간 것 같다고 말했어요. 몇 분 후 친구가 스쿠터를 타고 와서 알려줬습니다. 우리 자동차인 흰 지붕이 있는 보라색 라다가 벨리카 올렉산드리우카 지역병원 옆 러시아 검문소 근처 교차로에 아직 세워져 있는 걸 보았다구요. 그는 오늘 러시아 군인들이 남편에게 말하고 있는 광경도 보았다고 했습니다."

나는 다시 올레흐에게 전화했고, 결혼증명서와 아이들의 출생증명서를 들고 검문소로 차를 몰았습니다. 우리가 가까워지자 러시아 군인들이 와서 속도를 줄이라고 손을 흔들었어요. 병원 근처 검문소를 보수하는 동안 그들은 이미 도로에 자갈을 깔아서 차의 방향을 돌리게 했습니다.

나는 빅토리아 졸로타르고 남편 얀을 찾으러 왔다고 말했어요. 그들에게 서류를 보여주었습니다. 검문소에 있던 러시아 군인들은 남편이 붙잡혀서 경찰서로 끌려갔다고 확인해주었습니다.

처음에는 우리가 경찰서에 가는 것을 허락하지 않았지만 가게 해달라고 설득했어요. 올레흐는 경찰서 부근에 점령군이 주차를 금지한 곳에 차를 세웠어요. 이것 때문에 그들은 우리에게 총을 겨눴지요. 남편이 실종돼서 찾으러 왔고, 집에서 어린 아이들이 기다리고 있다고 말했어요. 러시아 군인들이 러시아어로 말했습니다. "아, 카드 게임에서 데려온 놈이군. 그 거친 놈 말이야."

점령군 한 명이 말 그대로 이렇게 말했어요. "여기 다시 오면 머리를 쏴버릴 거야. 정말이야. 우리는 실수하지 않거든." 그들은 남편이 이미 노바 카호우카로 끌려갔고, 잘못한 게 없으면 돌려보낼 거라고 했습니다. 우리는 경찰서를 떠나야 했어요.

우리는 병원 근처 검문소로 돌아갔습니다. 타냐나 가게 근처에 서 있는 점령군에게 남편에 대해 물었어요. 그가 답했어요. "나는 그를 데려가지 않았어." 우리는 다른 방향에서 지역병원 근처 검문소로 차를 몰아 돌아갔어요. 이미 BMP[보병전투차량]가 땅속에 묻혀 있었습니다. 러시아 군인 한 명(키가 크고 마르고 금발에 20대)은 그들이 곧 떠날 예정이니까 나도 집으로 돌아가야 한다고 했어요.

경찰서에 있던 점령군이 남편을 풀어주겠다고 했기 때문에 비카 [졸로타르]는 그가 오는지 주시하면서 계속 기다렸다. 비카에게는 믿음이 있었다. 하지만 나는 그런 믿음이 아니라 사실만을 기술한다. 그들이 그렇게 말했고, 그녀는 기다렸다고. 그동안 마을을 향한 포격이 심해진다. 마당에서 비카는 빌라 크리니챠 철도역을 볼 수 있었다. 그녀는 오를로뇨크 [아동] 캠프가 있는 곳에서 보았는데, 러시아인들이 빌라 크리니차를 향해서 로켓 미사일을 발사하고 있었다. 러시아의 미사일 발사체는 민간인 거주 지역에서 1킬로미터 남짓 떨어져 있었다. 이후 우크라이나 공군이 이 발사체를 폭격했다. 2022년 3월 28일, 비카는 '실종자 찾기 우크라이나 핫라인'에 연락하기 시작했다. 하지만 어떻게 해도 남편을 찾을 수는 없었다. 나흘 후 비카는 점령지에서 자신을 데리고 나가줄 사람을 물색했다. 그녀에게는 아이가 둘이나 있었다. 그녀와 얀의 아이들. 비카는 미리 짐을 싸두고 차창에 붙일 메모에 '아이들이 타고 있음'이라고 썼다. 밤 11시쯤 마을 대표 조야가 전화해서 말했다. "가지 마세요. 말라 올레니우카 입구의 댐을 가로질러서 러시아군이 참호를 파기 시작했어요. 민간인이 나가는 걸 막을 겁니다." 하지만 비카는 그래도 자신을 데리고 나가달라고 올레흐를 설득했다. 그들은 큰 폭격음을 들었다. 올레흐는 댐 근처에 살았고, 도로가 보이는 댐 위에 있는 러시아인들을 보았다. 그는 민간인의 통행을 허락하는지 아니면 총으로 쏘는지 보고 싶었다. 2022년 4월 2일 아침, 올레흐가 전화해서 멈추지도 총에 맞지도 않고 통과하는 민간인 차량을 봤으니 인훌레츠[강]를 가로질러 차로 댐을 지나갈 수 있을 거라고 말했다.

우리가 탄 차는 '아이들이 타고 있음'이라는 메모를 붙이고 있었습니다. 우리는 인훌레츠강을 따라서 운전해 갔지요. 다른 차가 우리를 따라왔습니다. 댐을 건널 때 총에 맞을까봐 너무 겁이 났어요. 비카는 위에서 우리를 조준하고 있는 러시아 자동 소총들을 봤습니다. 보병전투차량의 포신도 댐을 겨누고 있었습니다. 나를 노바 파우리우카에 데려다주고, 그는 아내 인나와 아이들에게 돌아가려고 떠났습니다. 2022년 4월 2일 1시간 30분 만에 댐이 부분적으로 파괴되었습니다[라고 빅토리아 졸로타르가 이야기한다].

2022년 4월 3일 밤 11시 30분쯤, 노바 카호우카에 있는 여자에게 전화가 왔습니다. 우리 광고를 본 여자는 우크라이나어와 러시아어를 섞어서 말했어요. 우리는 1시간 30분 정도 대화를 나눴는데, 나는 그녀에게 우리가 키로보흐라드에 간다는 메시지를 전달해달라고 부탁했습니다. 그녀는 내 남편이 풀려날 수 있도록 돕겠다고 했어요.

이전에 감옥에 간 적이 있는 비탈리도 연락해 왔습니다. 그는 자신과 아내가 반테러작전구역ATO[46]에 있으며, 점령군이 얀과 함께 자신들을 구금했다고 말했어요. 그리고 내 남편이 여전히 노바 카호우카에 갇혀 있다고도 했지요.

노바 카호우카 감옥에서 남편과 함께 있었던 두 명도 나에게 연락했습니다. 그들은 각각 1만 흐리브냐를 내고 풀려났어요.

2022년 4월 9일 오후 12시 30분쯤, 점심을 먹기 전에 모르

---

[46] 반테러작전구역은 러시아 점령 하의 루한스크와 도네츠크 일부를 지칭할 때 사용되는 용어이다. 이 용어는 2022년 2월 러시아의 전면전이 시작되기 이전에 사용되었다.

는 MTS[47] 번호로 걸려온 전화를 받았고, 남편의 목소리를 들었습니다. 그는 풀려나서 베레슬라우스키의 우로자이네 인근에 있다고 했어요. 그는 집으로 데려다줄 사람을 불러달라고 부탁했습니다. 하지만 아무도 데리러 갈 수가 없었지요. 자동차가 있는 친구들은 이미 점령된 마을을 떠났거든요.

나는 마을 대표 조야에게 연락했습니다. 조야가 여전히 점령지에 있다는 사실을 덧붙여야겠네요. 조야는 남편의 석방 소식을 듣고 무척 기뻐했고, 그를 위해 요리하면서 기쁨의 눈물을 흘리기도 했어요.

그런 다음 비카는 남편의 예전 번호로 다시 전화를 걸었다. 다른 누군가가 전화를 받고 특이한 억양의 러시아어로 말했다. "우리가 이미 그의 머리를 잘랐는데."

그동안 얀에게는 무슨 일이 벌어졌던 걸까.

2022년 3월 27일 점령군이 나를 잡아 가뒀어요(아내가 오전 11시에 전화했지만 통화는 거부되었다). 그날 나는 아내, 아이 둘—네 살인 딸과 두 살 반인 아들—과 아이들의 대모를 점령지에서 데리고 나가고 싶었습니다. 정오쯤 가족이 이미 모였고, 나는 벨

---

47 MTS는 이동전화 통신사였으며, 2015년에 보다폰Vodafone으로 브랜드가 변경되었지만 여전히 예전 이름으로 불리고 있다.

리카 올렉산드리우카에 사는 대모를 데리러 갔어요.[48]

벨리카 올렉산드리우카 지역병원 근처 교차로에서 '카디리우치'가 나를 멈춰 세웠습니다.[49] 그들 중 한 명은 슬라브족 같았는데 얼굴을 가리고 있었어요. 10명 정도가 있었고, 장갑차와 우랄도 있었어요.[50] 그들은 내 차를 세우고, 착색 필름을 제거한 다음 내 팔걸이에서 핸드폰을 발견했어요. 그들은 핸드폰을 검사하기 시작했습니다.

내 고용주인 농부가 초원길을 통해 크리비 리흐로 가는 지도를 보냈어요. 점령군 한 명이 이 지도를 보고 우연히 '바이락타르' 노래가 담긴 영상을 열었지요.[51] 점령군은 사람들을 크리비 리흐로 떠나게 내가 도왔다는 사실을 알고 분노했습니다. 사람들은 나에게 전화를 걸어 우리가 크리비 리흐로 가는지 물었고, 그 때문에 점령군은 또 화를 냈어요.

고용주 농부가 전화를 걸어 물었어요. "얀, 떠날 거야?" 나는 아니라고 했고, 그는 뭔가 잘못됐다고 직감했는지 전화를

---

48 이 부분부터 작가는 얀 졸로타르의 증언도 포함시키고 있다.
49 '카디리우치'는 카디로프연대를 일컫는 단어이다. 카디로프연대는 러시아 연방에 소속된 체첸공화국의 준군사조직으로, 체첸공화국의 수장을 보호하기 위해 복무한다. 이 용어는 더 넓은 범주에서 체첸공화국의 수장 람잔 카디로프의 통제 하에 있는 무장한 체첸인을 일컫기도 한다. 카디로프연대는 시리아 내전과 러시아의 우크라이나 침공에도 관여해왔다.
50 '우랄'은 러시아의 우랄자동차 공장에서 생산된 트럭이다.
51 '바이락타르'는 우크라이나 군인 타라스 보로보크가 만든 애국적인 노래로, 2022년 3월 1일 러시아의 침공 이후 널리 퍼졌다. 이 노래는 우크라이나군이 러시아군과 장비를 상대로 성공적인 대응을 했던 바이카르 바이락타르 TB2 전투 드론에 헌정되었다.

끊었습니다.

그 후 점령군은 내 차를 도로에서 벗어나 장갑차 쪽으로 세우게 한 뒤 수상쩍은 사람을 신고하기 위해서 누군가에게 연락했습니다. 수상쩍은 사람은 바로 나였어요. 슬라브족처럼 생긴 군인 세 명이 '타이거'를 타고 도착했고, 나를 벨리카 올렉산드리우카에 있는 경찰서로 데려갔어요.[52]

벨리카 올렉산드리우카의 경찰서는 검찰청 근처에 있고, 검찰청 건너편에는 약국이 있어요. 그들은 경찰서 1층에 있는 작은 방으로 나를 데리고 갔습니다. 점령군은 젊고 슬라브족 같은 외양을 지녔어요. 그들은 그 영상('바이락타르'가 담긴)에 대해서 나를 취조하기 시작했어요.

머리카락이 적갈색이고 젊은, 대략 스물다섯으로 보이는 점령군이 두꺼운 책(암호의 일종 같은)으로 내 머리를 가격하기 시작했어요. 그는 대여섯 번 정도 가격했습니다. 머리색이 더 어두운 다른 병사는 나를 때리지는 않았지만 계속 나갔다 들어오기를 반복했어요.

그들은 지하실에 1시간 30분 동안 나를 던져 두었어요. 그들은 내 눈을 가리고 머리에 모자를 씌운 뒤 모자를 테이프로 고정한 채 나를 지하실로 끌고 갔습니다.

나는 손을 등 뒤로 포박당한 채(내 손에는 수갑이 채워져 있었다)

---

52 '타이거'는 러시아의 장갑차이다.

앞을 보지 못하는 상태로(모자와 테이프 때문에) 경찰서에서 나왔습니다. 그리고 내 머리 위에는 가방이 있었던 것 같아요.

그들은 나를 차에 태웠는데, 서너 명의 호송인이 있었습니다. 그들은 나를 때리지 않았지만 머리를 아래로 숙이게 하고 들지 못하게 했어요. 명령을 따르지 않으면 나를 쏘겠다고 했지요.

차로 그 지역을 지나는 동안 나는 도로에 움푹 패인 구멍을 모두 기억하려고 하다가 놓쳐버렸어요. 그들은 1시간이나 그 이상을 운전했어요. 그들은 내게 겁을 줬고 총으로 쏘겠다고 협박하더군요. 점령군은 특이한 억양이 없는 러시아어로 말했습니다.

우리는 폭발음이 들리는 어딘가에 도착했어요. 그들이 나를 차에서 끌어내리자 포격이 다시 시작되었어요. 그들은 나에게 삽을 주고 말했어요. "땅을 파. 안 그러면 너희쪽 사람들이 너를 죽일 거야." 손에 수갑이 채워져 있었기 때문에 나는 발로 삽을 차버렸습니다.

그들은 나에게 누워서 일어나지 말라고 했어요. 나는 근처에서 들리는 점령군의 소리는 들었지만 아무것도 볼 수가 없었어요. 첫날에는 땅바닥에 누워 있었지요. 밤에는 무척 추웠어요.

밤이 지나자 등 뒤로 올려서 수갑이 채워진 손에 감각이 더 이상 느껴지지 않았습니다.

이튿날 그들은 나를 건물 1층으로 데리고 갔어요(메아리로 짐작컨대 그곳은 단층 건물이 아니었고, 버려진 건물 같았다). 나무 바닥은

썩어가고 있었습니다.

그들은 나를 의자에 앉혔어요. 건물에 들어온 첫 번째 러시아 군인은(그들은 셋이었다) 바닥에 나를 던지고 10분간 잔인하게 구타했어요. 그들은 내가 그곳에 온 이유를 캐물었습니다. 내가 말했지요. "그 영상 때문인 것 같긴 한데 몰라요." 그들은 특이한 억양이 없는 러시아어로 말했어요.

한 시간마다 러시아 군인은 바뀌었고 새로운 그룹이 들어왔습니다.

나는 창문에 등을 대고 앉은 느낌이었고, 총성을 들었어요. 나는 그들이 우발적으로 나를 쏠 수 있음을 알았어요.

두 번째로 들어온 그룹은 나를 구타하지 않았습니다. 그들은 그저 내가 끌려온 이유를 물었어요. 나는 모른다고 답했어요. 그들은 나에게 담배를 주었고(가방을 들어올리고 내 입에 담배를 물려주었다) 창문에서 멀리 떨어져서 벽에 기대어 앉도록 허락했습니다. 그들은 우크라이나 군인들이 러시아 군인들을 거세한다고 하면서 우크라이나 정부에 관한 질문을 던졌어요. 나는 그가 직접 그런 행위를 봤는지 물었지만 점령군은 아무 대답도 하지 않더군요.

나는 그곳에서 별명이 있었어요—바이락타르.

그들은 음식과 물을 주지 않았습니다.

둘째 날, 그들은 나를 조롱하고 더 세게 구타하기 시작했습니다.

셋째 날이 시작되는 아침에 나는 차에 태워졌고—소리로 짐작건대 우랄 같았어요—벨리카 올렉산드리우카로 돌아갔어요. 도로에서 어느 순간 나는 그 사실을 깨달았는데, 내가 도로를 훤히 알고 있을 뿐더러 움푹 패인 곳들을 느낄 수 있기 때문이었어요. 여전히 추운 아침이었어요. 우리는 1시간 가량 차로 달렸습니다.

그들이 나를 우랄에서 꺼냈을 때 나는 경찰서 근처에 있다는 것을 알았습니다. 내 눈은 여전히 가려져 있었어요.

점령군 한 명이 물었어요. "어디로 데리고 갑니까?"

다른 점령군이 말했어요. "아니야. 거기로 데려가."

정확히 어디를 일컫는지는 불분명했습니다.

우리는 다시 우랄에 올라 2시간을 더 갔어요. 나는 중장비 호송대가 지나가도록 두세 번 차를 멈추는 소리를 들었어요. 그들은 나를 노바 카호우카에 내리도록 했습니다. 그때는 노바 카호우카의 지명을 몰랐어요.

나중에 밝혀진 사실인데, 그들은 나를 경찰서로 데리고 갔더군요. 그들은 내 가슴을 세게 세 번 구타했습니다. 그들은 내 수갑을 풀고 1층에 있는 감옥으로 나를 던져 넣었어요. 그들에게는 특이한 억양이 없어서 나는 그들을 러시아인으로 추측했어요. 감옥에는 한 명이 더 있었습니다.

그는 문을 두드리며 그가 내 결박을 풀 수 있는지 물었어요. 동료 수감자가 내 머리에 있던 테이프를 제거했습니다.

감옥에는 창문이 있었지만 창살이 있는 데다가 너무 높았어요.

동료 수감자는 뚱뚱했고, 키가 178센티미터였어요. 그는 노바 카호우카 출신이며, 붙잡히기 전에 개를 산책시키고 있었다고 했어요. 우리 둘은 두 시간을 함께 보냈어요.

그 후 그들은 다른 사람들을 주기적으로 우리 감옥에 던져 넣기 시작했습니다. 마약 중독자들은 하루도 지나기 전에 풀어주었어요.

60살 정도에 흰 머리가 군데군데 벗겨진 남자도 있었어요. 그는 드니프로 강둑 왼편에 있는 헤르손의 어느 마을에서 온 노인이라고 했는데, 마을의 이름은 기억나지 않아요. 그들은 나에게 그랬던 것처럼 붙잡힌 당일에 그를 풀어주겠다고 약속했습니다. 내가 아는 한 그들은 4월 9일에 우리를 크림반도로 보낼 예정이었어요.

오데사 출신 위생병도 있었어요. 그는 서른에서 서른다섯 정도 된 젊은이로, 마르고 키가 컸어요. 그는 이미 크림반도에서 돌아왔더군요. 그는 부상병들을 대피시키다가 붙잡혔습니다.

위생병과 함께 앉아 있는 스물다섯 청년은 미콜라이우 출신 경찰관이었어요. 그들은 나와 감옥에 갇히기 전에 크림반도로 끌려갔어요.

2014년 반테러작전에 참여했던 사람도 있었습니다. 그는 카호우카 근처 비탈리 쿠즈네초우 출신이었어요. 기지에 도착했을 때 헌병대는 그들을 내보내지 않고 사령관실로 데리고 갔어요.

그곳에서 그들은 몇몇 문서에 서명한 다음 버스에 태워져서 다른 장소로 이동했고, 그곳에서 다시 국경으로 보내졌지요. 그들은 국경을 건너 크림반도까지 가게 되었습니다.

우리는 제대로 먹지 못했어요. 군인 한 명이 모두에게 나눠 줄 비스킷을 나에게 주면서 다른 죄수들에게는 말하지 말라고 하더군요. 우리는 감옥 바닥에서 잤는데, 17명에서 18명 정도가 누울 만한 공간은 없었어요. 감옥의 크기는 가로 3미터, 세로 4미터 정도였습니다.

우리는 경찰이 가구 옮기는 것을 도왔어요. 이 일을 시키려고 그들은 나와 노인, 그리고 내가 처음 노바 카호우카에 왔을 때 감옥에 있었던 사람을 차출했습니다. 그때 나는 니나를 만났고, 그녀에게 밖으로 데려가달라고 사정하기 시작했어요. 감옥은 너무 답답했어요.

2022년 4월 9일 이른 아침, 우리가 거리로 끌려나갔을 때 니나는 내 아내가 사방에서 나를 찾고 있다고 알려주었습니다. 나는 아내에게 전화하게 해달라고 니나에게 부탁했어요. 그녀는 인터넷으로 아내와 접촉해서 나의 생존을 알리겠다고 답했지요. 나의 석방을 위해 사령관실에서 증명서를 받을 수 있게 애써보겠다고도 했습니다. 하지만 나에게는 더이상 증명서가 없었어요. 나는 그것을 우크라이나 검문소 한 곳에 있는 군인에게 줘버렸습니다.

분명히 어떤 여자가 노바 카호우카 출신 전직 우크라이나 경찰관 세르히 톰코와 함께 일했고, 그와 관련이 있었어요. 세르히 톰코는 이후 노바 카호우카에서 일어난 폭발로 사망했어요. 그 여자가 말하더군요. "그들이 당신을 수력발전소로 데려갈 거예요."[53]

노바 카호우카 출신 여자가 러시아 사령관 집무실에서 증명서를 발급받도록 도와주었어요.

50살 정도로 보이는 다른 시민 두 명이 나와 함께 끌려나갔어요. 군인들은 운전하고 있었구요. 나는 최소한 베리슬라우까지 데려가달라고 부탁했고, 그들은 그렇게 했습니다.

어떤 여자가 베리슬라우에서 우로자이네까지 운전해줬어요. 이 여자는 내 아내에게 연락할 수 있게 핸드폰도 줬습니다.[54]

우로자이네에서 브루스킨스케에 도착하는 동안 모든 검문소에서 그들은 내 신원을 확인하고, 옷을 벗기고, 문신을 찾는 등의 검문을 했어요. 브루스킨스케에는 이미 검문소처럼 보이는 도네츠크인민공화국 전투원들이 있었습니다. 그들은 통금시간보다 빨리 도착하지는 못하기 때문에 그곳에서 묵으라고 제안했어요.

하룻밤 묵을 곳을 찾아서 그들이 어떤 주민인 여자에게 나

---

53 그 수력발전소는 2023년 6월 6일, 러시아 점령군에 의해 파괴되었다.
54 편집자 주: 얀의 아내는 이때 남편의 옛 전화번호로 연락하고 있었다. 핸드폰은 얀을 억류한 군인들의 수중에 있었다. 그들은 그녀에게 이미 남편의 머리를 잘랐다고 거짓을 말하는 식으로 광범위한 공포 전술을 펼쳤다.

를 데려갔지만 여자는 나에게 방을 내어주기를 두려워하더군요. 그래서 도네츠크인민공화국 전투원들은 나를 다비디우연대로 데려갔어요. 도네츠크인민공화국 전투원들(한 명은 대머리였고, 콧수염 없이 수염을 기르고 있었다)은 이미 키로보흐라드에 있는 내 아내에게 전화하도록 허락해주었습니다. 도움을 준 도네츠크인민공화국 전투원들의 사진은 페이스북 페이지 '비카 졸로타르'에서 확인할 수 있어요.

도네츠크인민공화국 전투원들은 마을에서 러시아군이 저지른 행동과 범죄에 분노했어요(인용하자면 "그 개자식들이 마을에서 그런 짓을 해요"). 그들은 키 크고 흰 머리를 짧게 자른 그들의 지휘관을 불러서 러시아군이 나를 학대하고 있으며 나를 집으로 데려가야 한다고 말했습니다. 그가 나를 도울 방법을 모색할 때 마침 휘발유를 구하고 있었어요. 그래서 화물을 싣는 밴으로 나를 집까지 데려다주었어요. 도네츠크인민공화국 전투원들은 러시아군의 주둔지로 가기를 두려워했습니다.

나는 벨리카 올렉산드리우카에 있는 집에서 이틀을 머물렀어요. 그런 다음 다른 사람의 핸드폰을 빌려서 내 고용주인 농부 에두아르드 코발레비치에게 연락했어요.

에두아르드 볼로디미로비치 코발레비치는 농부이자 자원봉사자이다. 그는 얀 졸로타르과 함께 노바 카호우카에 붙잡혀 있던 젊은 경찰관의 연락처를 알고 있을지도 모른다. 그리고 메모를 찍은 사진에 관해서도.

얀 졸로타르가 노바 카호우카에서 풀려날 때, 그 경찰관은 자신의 행방을 알리기 위해 친척의 연락처가 적힌 메모를 얀에게 건넸다. 이후 에두아르드가 그 메모를 전달했다.

에두아르드는 내가 몰래 빠져나갈 수 있도록 준비했어요. 나에게는 신분 증명을 위해 러시아군 사령관에게 받은 서류와 아내가 숨겨둔 우크라이나 여권이 있었습니다. 에딕은 풀려난 후에도 점령지에서는 누구에게도 여권을 보여주지 말라고 조언했어요. 내 우크라이나 여권을 보여주고 카잔카를 통과해서 통제받는 영토로 차를 몰았습니다. 크리비 리흐에서 내 고용주였던 에두아르드 볼로디미로비치 코발레비치를 만났고, 2022년 4월 13일 키로보흐라드에서 크리비 리흐로 내 가족을 데리고 왔습니다.

크리비 리흐에 도착하고 한 달 후, 사법기관 대표들이 콜라체우스키 거리로 왔어요. 그들은 내가 노바 카호우카 경찰서에서 부역자들을 식별할 수 있는지 알고 싶어 했습니다. 그들은 다시 연락하지 않았어요. 내가 붙잡혔던 이야기는 관심을 끌지 못했습니다.

고문하는 사람이 되지 말 것

《한나를 만나기 전에 나는 라디오에서 그녀의 인터뷰를 듣는다. 그녀는 우리를 고문하고 살해하는 사람들을 더이상 인간으로 간주하지 않는다고 발언한다. 이것이 2월 24일 이후 그녀에게 생긴 변화이다. 이전에는 그들의 행위를 이해하려고 노력했지만 이제 그녀는 그런 시도를 그만두었다.》

그녀의 귀걸이가 흔들리고 그녀[의 머리카락]가 바람에 휘날린다. 나는 그녀가 인어처럼 보인다고 말한다.
"마우카"라고 카사노바가 내 말을 정정한다.
"맞아요."라고 나는 동의한다. 무엇보다 아냐는 우크라이나

캐릭터이기 때문이다.

마우카는 레샤 우크라인카의 연극 〈숲의 노래〉에 등장하는 캐릭터이다. 아냐는 승리를 쟁취한 뒤 자연에 귀의하는 꿈에 대해서 계속 말한다. 어쩌면 그녀는 나무 위에 집을 짓고 살거나 그냥 텐트에서 몇 주간 머무를지 모른다. 그녀는 자다가 깨서 커피를 마시고 다시 잠들 것이다. 그녀의 남자친구 세르히가 커피를 내리는 쪽일 것 같다. 9월에 결혼할 예정이라고 그녀가 말한 뒤 머뭇거리다가 다시 이야기한다. "진짜 결혼하는 건 아니고, 전쟁이 터지기 전에 혼인 신고부터 하려구요."

나는 차이점을 묻고, 예상한 대로 우리는 이 주제로 대화를 시작한다.

"공습 기록이 고문 기록보다 더 끔찍해요."라고 아냐가 말한다. 비카와 내가 그녀를 바라본다.

"정말이에요."라고 그녀가 강조한다. "고문의 경우는 고문하는 사람이 있기 마련이죠. 증오와 처벌의 대상이 있는 거예요. 하지만 공습은 달라요. 모든 게 엉망이고 고통스럽고, 죽음으로 가득하죠. 하지만 그건 누구의 잘못일까요? 누구를 증오해야 할까요? 대포를 쏜 사람은 이 모든 고통을 보지 않아요. 어쩌면 그는 그저 명령을 따르고 있는지도 모르죠. 명령을 내린 사람도 이 고통을 보지 않아요. 그도 명령을 따르는 쪽인지 모르니까."

2022년 5월부터 나는 집에 돌아와서 라디오 프로그램을 계속 듣는다.

"루한스크를 위해서 어떻게 우크라이나의 루한스크가 싸우는지 말해주세요"[라고 기자가 말한다].

희망 때문에 그녀는 노력할 수밖에 없다고 말한다. 마침내 루한스크가 자유를 얻기를 그녀는 희망한다.

"루한스크 출신으로 감옥에 갇혔던 남자가 말했듯이 감옥에 갇혀 죄수가 되고 피해자가 되는 것이 지긋지긋합니다. 결국 나는 모든 것의 정상화를 위해 싸울 수 있어요." 그녀는 루한스크에 있는 집으로 돌아갈 것이며, 작별을 고하고 키이우로 돌아와서 살겠다고 말한다. 그녀는 키이우에 남을 것이다. 난민으로서가 아니라 선택에 의해서.

[편집자 주: 빅토리아 아멜리나는 이 챕터를 완성하지 못했다. 아랫글은 편집을 거치지 않은 그녀의 메모들이다.]

트라우마를 유발하는 기억에 관한 교육
트라우마가 있는 사람과의 인터뷰에 관한 교육
그녀는 물, 커피, 쿠키를 회의실에 제공하면서 심리에 관한 교육을 시작한다. 그리고
목격자들도 트라우마를 경험할 수 있다
내 몸으로 보고, 듣고, 느끼는
트라우마를 유발하는 사건이 일어날 때 사람들은 종종

그가 일어난 일을 말하고 나면 우리가 보고, 듣고, 느낀 것을 확인한다

어떤 시점에서 우리는 묻는다

관여

사람들은 관여를 원한다. 목격자가 아니어도 목격자라고 말할지 모른다. 중요하다

거짓이 아니다. 이것이 트라우마를 경험한 자들의 기억이 작동하는 방식이다.

그래서 항상 개방형 질문을 던져야 한다

한나가 카테고리를 묻는다
- 감옥에 갇힌 자들의 가족
- 실종자들의 가족
-성폭력 피해자들과 목격자들

카사노바가 분리된 카테고리를 추가한다. 살해된 아이들의 부모들.

우리는 열여섯 살보다 어린 아이들은 인터뷰하지 않는다.

감옥에 갇힌 자들의 가족
한 명이 목격자에게 이야기하고, 나머지 한 명이 기록한다.

중요하다

점령지에서 친척들은 실종된 친척들을 찾지 못했지만, 그들이 긴 시간을 놓쳤다는 사실을 이해한다

그들의 세상은 부서졌다

처음 그들은 점령군 행정부에 가서 익숙하지 않은 무언가와 맞닥뜨린다

인터넷 연결이 되면 그들은 구글에서 검색한다

인터넷 연결이 안 되면 그들은 소문을 듣는다. 감옥에 갇힌 자들이 고문당한다는 소문

증인과 대화를 나누기 전에 그들을 안정시켜라. 어떻게?

먼저 그 사람이 모든 절차를 밟았는지 확인하고 싶다고 말한다

셈을 시작한다

1. 국가정보부 1648
2. 경찰

우리는 사람의 감정이 아니라 행동에 관해 언급한다. 그들에게 그것을 적도록 요청한다. 자신이 한 일과 할 일과 할 수 있었던 일을 그 사람이 아는지 확인한다.

인터뷰 이전에 물을 요청하되 마시지는 않는다. 사실 물은 그것을 가져오는 그녀를 위한 것이다. 그녀가 물이 필요할 것이다. 아

직 그녀는 모르고 있지만.

인터뷰는 그 사람이 가능한 장소에서 진행되어야 한다

먼저 그녀, 그녀의 배경, 그녀가 자란 곳에 대해 이야기한다

주의를 기울이고, 그 사람에게 중요한 것을 알아차려라. 그녀의 일인가? 정원, 아니면 손주들? 그런 것들이 그녀에게 힘을 준다는 사실을 기억하라. 필요할 때 활용하게 될 것이다.

증인들은 숨을 쉬어야 한다. 이상하게 들릴 수 있지만, 그들이 숨을 쉬는지, 쉰다면 어떻게 쉬는지를 확인하는 것이 중요하다. 이것이 알아차리는 데 도움을 줄 것이다

힘을 주는 것이 없다면 무엇을 해야 하는가. 아니면 아직 찾지 못한 것인지도 모른다.

공황 상태에 빠져 있거나, 신경이 예민해져 있거나, 울고 있는 목격자를 그대로 두고 떠나지 않는다. 이야기하기로 약속했으면 이야기하라. 이야기가 조사에는 유용하지 않을지 모르지만 그래도 계속 이야기해야 한다.

인류애와 조사 사이에서 우리는 인류애를 택한다.

그녀가 어떻게 숨쉬는지 볼 수 없으면 이미 그녀의 트라우마와 너무 가까워진 것이다. 그녀는 때때로 얼어붙기도 한다

나 자신의 몸을 느끼는지 확인하라. 내가 딛고 선 땅을 느낄 수 없다면 목격자도 도울 수 없을 것이다. 물을 요청하라. 한 잔이 더 있다면 한 모금씩 물을 마셔라.

나에게 일어나는 게 아니다, 현실감 상실
내 몸의 감각이 느껴지지 않는다

동료에게 인터뷰를 끝마쳐달라고 요청할 수 있다
그녀는 말한다

나는 그녀에게 인터뷰를 요청하고 싶고, 그녀를 진정으로 안아주고 싶다. 하지만 나는 그녀가 루한스크 고문실에 갇혀 있었던 사람 중 한 명이라는 사실을 안다. 그녀가 방금 나에게 일깨워주었다. 내가 또 다시 그녀를 고문하면 안 된다고. 그래서 나는 한나를 안아주지 않는다. 책을 쓰기 위한 인터뷰도 요청하지 않는다. 그녀는 나를 제대로 일깨워주었다. 그리고 그녀는 새내기 전쟁범죄 조사원들을 위한 그녀의 교육에 관한 이 챕터를 출간하도록 허락한다.

인생이 레몬 말고 수류탄을 준다면

현장 임무를 마치고 돌아온 우리는 길가에 수박을 사려고 멈춘다. 카사노바가 우리를 차에 남겨두고 수박 파는 여자에게 달려간다. 헤르손이 여전히 점령된 상태이며 내 여동생이 그곳에 인간 방패처럼 남아 있는 와중에 수박을 먹고 싶은지 모르겠다.

우리는 비탈릭의 죽음을 알게 된다[55]
전쟁범죄 조사원들의 포옹, 전쟁범죄 조사원들의 유머

---

[55] '뉴욕 탈출' 챕터에 자세한 내용이 언급되어 있다.

현장 임무를 마치고 돌아오는 길에 드니프로 근처에서 내 핸드폰이 울린다. 화면에 뜬 이름을 보고 나는 얼어붙는다. 내 올케 이리나가 점령된 헤르손에서 전화를 걸고 있다. 우리는 종종 대화를 나누지만, 그녀는 메시지를 먼저 보내지 않고 전화를 거는 법이 없다. 게다가 나는 구금과 고문에 대해 계속 진술을 기록하던 중이었고[56]

---

[56] 이 문장은 미완으로 남아 있다.

전쟁 지역의 프로듀서일 뿐

8월 28일, 나는 부차에서 시체 확인 작업을 하는 소규모 팀에 합류한다. 에브헨 스피린이 나를 불러들였다. 그는 유명한 우크라이나 언론인이다. 하지만 언론사를 창설하기 전에 그는 시체안치소에서 일했던 경험이 있어서 집단 무덤에서 나오는 전례 없이 많은 시체를 처리할 손이 모자라는 이 때 부차의 시체안치소에서 자원봉사를 할 수 있었다. 스피린은 동료 작가이기도 하다. 그는 루한스크 시체안치소에서의 작업을 소설로 집필했다. 이제 그는 할 이야기가 너무 많아서 소설 열두 권을 써도 될 것이다. 하지만 지금 그도 나처럼 소설을 쓸 수 없는 것 같다.

우리는 부차 시의회에서 만난다. 주말이어서 건물은 비어 있지만 경비원은 우리를 들여보내준다. 부시장이 그녀의 어린 아들과 함께 온다. 아이는 시체 처리를 논의하는 그 방에서 놀고, 이름과 사진이 담긴 거대한 문서 더미를 바라본다. 사진은 흑백으로 찍혀 있고, 크기가 작으며, 조악하게 인쇄되어 있다. 하지만 나는 여전히 소년이 엄마를 향해 달려갈 때마다 걱정스러워진다. 다른 참석자[57]

부차 그 자체처럼 건물은 아무 일도 벌어지지 않은 듯 거의 정상으로 보인다. 하지만 일은 벌어졌다.

---

57 이 문장은 미완으로 남아 있다.

일로바이스크의 기억

외신 기자들이 도네츠크에서 러시아군에게 붙잡혀 있던 이리나 도우한의 석방을 위해 도움을 주었을 때 그녀는 그들에게 한 가지 질문을 던졌다. "우크라이나가 여전히 존재합니까?" 2014년 그녀가 러시아군에게 붙잡혀 있었던 닷새 동안의 지옥은 우크라이나 군인과 그들의 가족에게도 지옥이었다. 일로바이스크의 비극은 8월 말에 일어났다.

스비틀라나 [포발라예바]와 나는 8월 29일, 우크라이나 방어 기념일 11시에 만나기로 했다. 2014년 8월 29일은 일로바이스크 전투 중 우크라이나가 가장 치명적인 소실을 야기한 날이기 때문에 그날로 정했다. 아마 이제는 더이상 그렇게 표현할 수 없을 것이다. 우리는 그날 목숨을 잃은 이들을 추모하는 데 익숙하다. 스비틀라나는 인터뷰를 하려던 게 아니라 그저 친구를 만난 것이었다. 하지만 그녀가 허락해줘서 글로 남긴다.

스비틀라나 아들의 시체 수습에 관해 올린 글을 찾으려고 그녀의 페이스북 페이지를 훑어보다가 우크라이나 대법원 판사였다가 군인이 된 사람의 인터뷰를 우연히 발견한다. 내 전쟁일기에 나올 만한 흥미로운 인물 같아서 그 인터뷰를 읽기 시작한다. 그들은 영국 사람처럼 그를 '전장의 판사 드레드'라고 부른다. 이게 그의 콜사인이다. 로만 라투슈니가 아이디어를 냈다. 판사에서 군인이 된 드레드는 로만의 지휘관이었다. 나는 기사를 닫는다. 시체에 관한 실용적인 정보를 찾는 게 이 기사를 읽고 스비틀라나의 아들이 얼마나 아름다운 사람이었는지 다시 깨닫는 것보다 쉽다.

세인트 마이클 성당에 도착하는 순간 스비틀라나가 보이지 않아서 조금 무서워진다. 죽은 아들과 남편을 추모하기 위해 온 것이 뻔한 검은 옷을 입은 여자들 사이에서 나는 위화감을 느낀다. 내 가족이 살아 있기 때문에 느끼는 수치심을 표현하는 단어는 없다. 그런 단어가 있어서는 안 된다. 하지만 나는 이름 붙일 수 없는 이 감정에 강렬하게 휩싸인다.

"어디예요?" 스비틀라나에게 전화로 묻는다.

그녀는 성당과 '추모의 벽' 맞은편에 있는 카페에서 이미 나

를 기다리고 있었다.[58]

"있잖아요, 로만이 여기 있어요. 그 애와 함께 앉아 있다고 볼 수 있죠." 그녀가 말하고 나서 벽을 향해 고개를 끄덕인다.

나는 고개를 돌려서 새로 붙힌 사진들의 가운데에 있는 그녀 아들의 아름다운 미소를 본다. 무슨 말을 해야 할지 몰라서 그저 벽을 바라보고 있을 따름이다. 스비틀라나가 미소 짓는다.

"그 애가 여기 있을 줄 알았어요. 이 벽의 책임자를 아는데, 그 사람이 어떤 사진을 사용하면 좋겠느냐고 물었거든요. 죽은 이들 모두를 위한 공간은 없을 거예요. 그런 상황이 상상이 돼요?"

"아마 그렇겠죠. 그래도 로만 옆에 앉을 수 있어서 다행이에요."

"네. 우리는 로만과 함께 커피를 마시고 있는 겁니다."

그녀는 자신과의 만남을 두려워하지 않은 것에 대해 고마움을 표한다. 그녀는 자식을 잃은 엄마와 대화하는 법을 모르겠다고 하는 사람들에 대한 이야기를 많이 듣는다고 한다.

"왜 두려워하죠?" 나는 그들을 이해하지만 이해하지 못하는 척한다. 그녀의 고통은 매우 크다. 단지 그녀가 그 고통보다 큰 것뿐이다. 고통에도 불구하고 그녀는 그저 삶을 이어가는 것이 아니라 타인을 사랑하고, 또 사랑을 줄 수 있다. 하지만 그녀 가까이에 있는 사람들 모두가 그렇게 강인하지는 않다.

---

[58] 우크라이나 전사자를 추모하는 벽은 미할리우스키 황금돔사원의 벽으로, 우크라이나를 방어하던 중 사망한 남성과 여성 군인들의 사진으로 덮여 있다.

그녀가 카페 안으로 사라지더니 우리가 마실 커피를 산다. 나는 벽에 있는 로만과 함께 그곳에 앉아 있다. 여자들이 오간다. 카페에는 긴 줄이 있음이 틀림없다.

나는 스비틀라나에게 부탁을 해도 되는지 궁금하다. 안나는 매장할 남편의 시체가 없다.[59] 그래도 벽에 붙인 남편의 사진을 보면 그녀가 기뻐할지 모른다. 하지만 벽에는 죽은 이들 모두를 위한 공간이 없을 것이다. 그렇지 않은가. 그런 공간은 없을 것이다. 내가 누구라고 이 벽의 사진에 영향력을 행사한단 말인가. 어쩌면 안나는 그런 게 필요 없을지도 모른다. 그녀에게 필요한 것은 뭘까. 시체일까? 장례식? 아니면 찾아갈 무덤?

스비틀라나는 커피 두 잔을 들고 돌아온다. 우리는 불교와 전쟁에 관해 이야기를 나눈다. 그녀는 조용한 휴가에 대한 이야기를 들려주고, 나는 유로마이단 혁명이 시작된 날 티벳에 있다가 히말라야의 절에서 소원을 빌었던 이야기를 한다.

"어떤 소원을 빌었는데요?"라고 그녀가 묻는다.

2013년에 나는 어떤 소원을 빌어야 할지 몰랐다. 나는 모든 것을 가진 것 같았다. 책을 쓰고 싶었는데, 부처에게 그런 소원을 비는 것은 어리석어 보였다. 쓰는 것은 노력하기 나름이었다. 그래서 스트루가츠키 형제가 쓴 『길가의 소풍』의 내용을 인용했다. "모두를 위한 행복과 자유, 그리고 누구도 불만족스럽게 떠나지

---

[59] 안나는 '뉴욕 탈출' 챕터에 등장한 적이 있다. 그녀는 빅토리아 아멜리나가 아일랜드로 피난시키려고 했던 야샤의 엄마이며, 이전 챕터에 나왔던 비탈리의 아내이다.

않기를."

소련 작가를 인용하는 나에 대해 스비틀라나가 느끼고 있을 감정이 궁금하다. 하지만 그녀는 완벽한 방식이라고 말했다. 나는 소설의 끝을 그녀가 아는지 묻지 않는다. 소원을 이루기 위한 희생물로 한 소년이 죽어야만 한다.

우리는 언젠가 함께 티벳에 가자고 이야기한다. 그러고 나서 모니카가 합류한다. 폴란드 출신인 그녀는 나와 같은 전쟁범죄 조사원이 되기 전까지 기자로 일했다. 그녀는 오로지 폴란드 검찰청에서 일한다. 그녀는 막 도네츠크의 전선에서 돌아왔다. 빠른 속도로 그녀가 말한다. 지난 3월 다리 밑에서 추위에 시달리고 위험에 처한 사람들을 인터뷰만 하는 대신 이르핀에서 대피시키기로 결정했다고. 나는 내 책에 등장시키기 위해 그녀를 인터뷰해야 한다고 생각한다. 이 사건은 그녀에게 전환점이 되었다. 그녀는 기록이 아니라 개입을 하기로 마음먹었다. 그리고 이제 그녀는 다른 수많은 사람들처럼 우크라이나에서 정의를 실현하고 있다.

둘 다 바쁜 관계로 인터뷰 날짜를 정하지는 않는다. 그리고 나는 안나의 남편을 '추모의 벽'에 추가하도록 스비틀라나에게 부탁하지 않는다. 커피를 홀짝이기만 할 뿐 감히 부탁할 엄두를 내지 못한다. 그날 나의 여름은 끝났다. 2014년 8월 29일에 많은 우크라이나인들의 여름이 끝났던 것처럼.

3

전쟁을 살아가다

셰우첸코 해방되다

 9월 10일, 발라클리야에서 우크라이나군이 촬영한 짧은 영상을 보고 나서야 정말 이런 일이 일어나고 있다는 것에 확신을 갖게 된다. 그들은 러시아와 우크라이나 연합에 관한 내용이 적힌 광고판에서 러시아의 프로파간다를 찢는 과정을 촬영하고 싶어 한다. 하지만 군인들이 러시아에 관한 내용을 한 겹 벗겨내도 광고판은 비어 있지 않다. 그 밑에 있는 것은 그냥 아무런 광고가 아니다. 그 아래에는 위대한 우크라이나 시인 타라스 셰우첸코의 초상화와 그의 시가 적혀 있다.[60] 그야말로 대단한 시다. 존 위어

---

60 타라스 셰우첸코(1814-1864)는 우크라이나 고전문학에서 가장 뛰어난 시인이자 예술가이고, 우크라이나의 국가적인 부활을 상징하는 중요 인물이기도 하다. 농노로 태어난 그는 20대 초

John Weir의 번역을 인용해서 싣는다.

영원한 얼음 속에 갇힌
푸른 산들이여, 그대에게 영광을!
그리고 영광이여, 자유의 기사들이여,
신이 그대들을 버리지 않으리.
계속 싸우라—그대는 반드시 승리할 것이다!
신이 그대의 싸움을 도우리!
명예와 자유를 위해 행진하라.
정의는 그대의 편이다!

에 돈을 내고 풀려났지만, 십 년밖에 자유를 만끽하지 못했다. 1847년에 그는 감옥에 갇혔고, 러시아 제국을 비판하는 선동적인 시로 인해서 추방형과 강제 군 복무형을 선고받았다.

파괴된 다리와 그리스 치즈

[편집자 주: 편집부는 원고의 이전 버전에서 사건들에 대한 더 상세한 서술을 발견했다. 그것을 바탕으로 보완된 원고를 아래 내용에 포함시켰다. 마지막 원고에 있었던 축약된 부분들은 부록 B에서 확인 가능하다.]

《우크라이나군이 [2022년 9월 10일에] 이쥼을 해방시켰다. 같은 날, 카사노바는 업무용 채팅에 이렇게 썼다. "해방된 이쥼에서의 필드 미션에 합류할 사람?" 젠장, 나는 동료 우크라이나 작가 옥사나 자부주코, 나탈카 스니아단코, 그리고 정치범이었던 동시에 작가이기도 한 스타니슬라우 아세예우와 함께 스웨덴 예테보리의 도서박람회에서 패널로 참여할 예정이었다. 그래도 나는 해방된 이쥼으로 향하는 트루스하운드의 첫 미션에 동참하고 싶다. 도서박람회 참가 일정을 취소하면 어떨까. 박람회의 주최 측과 동료들이 이해해줄까. 나는 공동주최자인 소피아 셸리악에게 연락한다. 그리고 열어보기 꺼려지는 영상 메시지를 그녀에게 받는다. 그녀는 나에게 소리치고 있는 것처럼 보인다. 하지만 소피아는 소리치고 있지 않다. 열정적으로 외치고 있을 뿐이다. "당연히 이쥼에 가야겠죠. 당신에게는 이게 가장 중요한 일이니까요!"

나는 웃는다. 이해를 받으니 정말 기분이 좋다. 스웨덴 예테보리로 가려던 여행을 취소하고 우크라이나 이쥼으로 가는 여행 계획을 세운다.

우아한 여행 가방과 드레스는 나중을 위해 기다려야 한다. 하이킹 가려고 샀다가 2014년 이후 분쟁 지역으로 가는 여행을 위해 썼던 배낭에 짐을 꾸린다. 처음에는 작가로, 지금은 전쟁범죄 조사원으로 나는 분쟁 지역으로 향한다. 이쥼에는 전기와 수도, 난방이 모두 끊겼다는 사실을 안다. 그래서 간식거리와 아이들에게 줄 사탕, 방한복, 침낭, 보조 배터리 세 개를 챙긴다. 앞으로 보게 될 것들에 대한 공포와 분쟁 지역에서 예상되는 불편함 둘 다 맞닥뜨릴 준비가 되어 있다. 우리는 '오이'라고 불리는 초록색 폭스바겐 트랜스포터와 이상하게 별명이 없는 트루스하운드의 스바루 승용차 트렁크에 헬멧과 방탄복을 넣고 출발한다. 하르키우로 향하는 도중 나는 카사노바 옆 조수석에 앉아서 그녀와 대화를 나누거나 그녀의 이야기를 듣고 싶어 한다.

하지만 그녀는 말이 별로 없다.

"이전에 이쥼에 가본 적이 있어요?"라고 내가 묻는다.

그렇다. 그녀는 이쥼에 간 적이 많다. 거기에 가족이 있고, 어린 시절에도 여름이면 그들의 집을 방문했다.

"근황을 알아요? 가족 말이에요……"

아니, 그녀는 모른다. 나는 그녀가 살았던 거리를 적어둔다.

오후에 우리는 검사들을 만나려고 하르키우에 멈춘다. 그들은 우리의 도움을 받게 되어서 기뻐한다. 전쟁범죄는 너무 많다. 건물의 복도는 텅 비어 있다. 모든 검사들이 이쥼의 현장에 나가 있다. 아직 통신 연결이 안 되기 때문에 우리와 그들 사이의 협력이 이루어지지 않는다. 그는 우리에게 행운을 빌어준다. 우리는 마찬가지로 텅 빈 하르키우의 거리들을 통과해서 동쪽으로 더 멀리 차를 몰아 간다.

바쁘게 운전한 이후[61]

차의 헤드라이트를 끄자마자 주위는 완전한 어둠에 잠식된다. 내가 본 것 중에 가장 완벽한 어둠이다. 아무도 그 속에 있는 나를 볼 수 없는 동안 나는 위를 바라본다. 그리고 깨닫는다. 모든 것이 시작되었던 2월 24일에 보았던 별을 여전히 보고 있지만, 나는 하르키우 동쪽에 있고, 우크라이나군이 반격을 하고 있다는 사실을.

---

[61] 이 문장은 미완으로 남아 있다.

"당신의 레스토랑에서 저녁을 먹을 수 있을까요?"

내가 묻는다. 그 질문이 이상하게 들릴 뿐더러 장소에도 맞지 않을 수 있다고 느끼면서.

"네. 부엌에 뭐가 있는지 확인해야겠지만 물론 식사는 가능합니다."라고 남자가 답한다. 마치 전쟁 때문에 피난 온 굶주린 난민들 말고 이제는 손님이 있음을 깨닫는 것처럼.

우리는 레스토랑 안으로 들어간다. 그곳은 세련된 취향의 행복한 가족이 소유한 개인 저택에 있는 다이닝 룸 같은 분위기를 자아낸다. 벽에 걸린 흑백 그림들과 선반에 놓인 책들까지, 모든 게 제자리에 있는 듯하다.

주인이 부엌으로 사라지더니 메뉴를 들고 오는 대신 소식을 전한다.

"그리스식 샐러드를 제공할 수 있지만 안타깝게도 4인분밖에 안 됩니다." 여섯 명인 우리는 서로를 바라본 다음 고개를 끄덕인다. 샐러드 4인분이라도 아무것도 없는 것보다는 낫다. 주인은 계속 샐러드에 대해 말한다. 페타 치즈와 올리브는 전면전 이전에 특별히 그리스에서 직수입했다고 한다. 이것은 그의 마지막 페타 치즈이고 마지막 올리브다. 물론 올리브 오일도 그리스에서 가져왔다. 와인도 마찬가지다. 와인이 조금 남아 있는데, 거의 마지막에 가깝다. 그에게는 레드 와인만 있다. 하지만 내일 그는 생선을 구워줄 수 있다. 그는 낚시를 할 것이고, 디네츠강에서 잡은 대표적인 송어 요리가 내일 저녁에는 준비될 것이다.

불탄 집과 파괴된 다리, 군인으로 가득한 어두운 숲에서 겨우 발견한 이곳에서 미식에 관한 대화는 매우 비현실적으로 들린다. 하지만 그리스식 샐러드 4인분이 나오고, 주인이 와인을 부어준 뒤 우리 테이블에 합류한다. 그제서야 나는 이 대화의 주제를 알게 된다. '흰 집'이라고 불리던 빌라 하타는 평범하지만 삶의 모든 부분을 가장 아름답게, 인간적인 방식으로 향유하던 곳이었다. 우크라이나의 석양을 바라보고, 디네츠강에서 잡은 송어와 그리스 페타 치즈, 이탈리아 와인을 맛보고, 새들이 지저귀는 소리를 듣고, 친구들과 예술을 토론하는 곳. 그러는 사이에 전면전이 벌어졌다.

허기를 느끼며 테이블에서 일어나지만 내 인생 최고의 그리스식 샐러드를 먹었다는 것을 확신한다. 전쟁이 끝나고 그리스에서 하르키우로 수입이 재개되면 혼자만의 샐러드를 주문하기 위해 다시 올 것이다. 마당을 통과해서 내 방으로 가는 도중 잠시 멈춰서 손전등을 끄고 별을 올려다본다. 아테네에서 온 올리브와 아르고너트, 이탈리아에서 온 와인과 이집트의 룩소르 어딘가에서 온 바위게로 세상은 연결된 채 영원하다. 그리고 느리지만 필연적으로 내 아들의 소원을 이루어준다. 다시 손전등을 켠다. 멀리서 개들이 짖는다. 불현듯 나는 어둠 속에서 불안을 느낀다. 이 어둠 속에 길 잃은 러시아 군인들도 있을까. 그럴지도 모른다. 체르니히우가 해방되고 몇 달 후에도 사람들은 지저분하고 방향 감각을 상실했지만 여전히 공격적인 군인들과 계속 마주쳤다.

무작위 선택에 의해서 나는 따로 떨어진 방을 배정받았다. 놀랍게도 복층 스위트룸이다. 방에는 커다란 침대가 있고 조그만 개인 수영장이 내다보인다. 밖은 완전히 어둡지만 작은 헤드램프 불빛으로 수영장을 본다.

"저는 괜찮아요. 수영장이 딸린 고급 호텔에 머물고 있어요." 늘 나를 걱정하는 엄마에게 메시지를 보내고 잠이 든다. 무언가를 읽거나 일기를 쓰기에는 너무 지쳤다.

밖에서 나는 새소리에 잠에서 깬다. 아래층으로 내려간 뒤 커튼을 젖히고 햇살이 비치는 경치를 감상한다. 테라스는 더럽고, 데크 의자들에 덮인 흰 천은 잿빛이 되었으며, 수영장에는 죽은 개구리가 있다.》

우리는 서둘러 미션을 계획한다. 나는 여기에 미션의 일부를 기록할 것이다.

예비 미션 계획: 이쥼, 발라클리야, 스뱌토히르스크
2022년 9월 20-27일

팀	카사노바 로만 아브라멘코(피셔) 빅토리아 아멜리나(마루샤) 아나스타샤 크리슈타노비치(불카) 올렉산드르 볼찬스키(콰이어트) 올렉시 스타리네츠(올스타)

미션 핸드폰	▬ ▬ ▬ ▬ ▬ ▬ ▬ ▬
위치	하르키우: 이쥼, 발라클리야, 베르비우카, 카피톨리우카
목표	잠재적인 전쟁범죄 관련 초기 조사: a) 초법적 처형, 강제실종, 민간인 체포/납치, 고문, 성폭력과 젠더 폭력 b) 포격 관련: 포격 도중 민간인 사망과 부상, 민간 기반시설과 특별보호물의 파괴, 인간방패 사용 등등. c) 문화유산의 파괴 잠재적 희생자와 생존자에 대한 정보 입수, 증인과의 접촉 등등. 잠재적 가해자의 신원 확인에 초점을 둔 국제 인도주의법 위반의 기록: 점령지를 통제했던 부대, 리더, 개인, 군 부대와 장비의 위치, 구금과 집단 무덤 등등의 위치를 트루스하운드의 방법에 따라 파악 하르키우 사법당국과 수사기관 대표들과 회의 미션 자료를 바탕으로 서술형 보고서 준비
우선순위 사건	**이쥼** 러시아 점령군이 이지움의 크레메네츠 언덕을 포격했고, 9-13세기까지 거슬러 올라가는 기념비적인 돌 조각들과 스톤 바바stone baba 들을 파괴함.[62]
배경	2022년 2월 26일, 볼로히우 야르에서 민간 버스를 대상으로 총격이 발생함. 8명이 사망하고 14명이 생존함. 운전사는 러시아군에 사망함. **이쥼** 2022년 2월 27일 - 포격 2022년 2월 28일 - 주거 건물에 공습

배경	2022년 3월 3일 – 이쥼 주정부 대표 스테판 마셸스키가 말함. "이쥼의 도시들과 마을들에 끊임없이 로켓탄 포격과 공습이 계속되고 있습니다! 발라클리야, 쿠예, 베셀레, 볼로히우 야르를 지나서 밤새, 그리고 지금은 낮 동안 이쥼에 공습을 하고 있고, 호로호밧카의 학교가 폭격을 당했습니다. 간밤에 어린이 2명을 포함해서 9명의 사상자가 있었습니다." 2022년 3월 29일 – 다층 건물의 잔해 아래 30명이 넘는 사람들이 갇힘. 사진에는 학교 운동장에 생긴 큰 구멍과 학교 맞은편에 있는 무너진 병원이 담겨 있음. 2022년 4월 3일 – 발라클리야에서 병원 직원들과 환자들을 대피시키려던 버스의 운전사가 포격으로 사망함. 예비 조사에 의하면 아직 병원에 도착하지 않아서 버스에는 환자나 직원이 타고 있지 않았음. 2022년 3월 26일 – 발라클리야에서 러시아인들이 부시장 세르히 폴토라크와 시민보호 및 사법당국과의 협력을 담당하는 부서의 대표 올레흐 블루도우를 구금함. **카피톨리우카** 2022년 9월 18일 이리나 노비츠카의 증언: "전남편 볼로디미르 바쿨렌코는 두 번 체포되었습니다. 이후에 벨고로드로 끌려갔다고 알려졌고(그의 큰아들이 4월 12일을 언급했던), 그 이후로는 확실하게 알려진 바가 없어요. 사령관실에서 그의 부모는 '땅속에서 그를 찾아보라'는 말을 들었습니다. 볼로디미르의 큰아들은 벨고로드 감옥에서 아버지를 찾으려고 했지만 쫓겨났고, 그들은 큰아들도 체포하겠다고 협박했습니다."

발라클리야

2월 26일과 27일 공습은 발라클리야 도시병원을 타깃으로 삼음.

---

62 '쿠르간 석비'라고 불리는 스톤 바바stone baba는 유라시아의 초원 벨트에서 발견되는 석상으로 인간의 형상을 닮아 있다. 우크라이나의 스톤 바바는 기원전 7세기에서 4세기 사이 스키타이족과 사르마티아족에 의해서, 그리고 기원후 6세기와 13세기 사이에는 투르크족에 의해서 세워졌다.

고문실들.

베르비우카

발라클리야 시의회의 베르비우카학교, 첸트랄나 68번가에 위치.
9월 14일, 수스필네[63] 하르키우의 웹사이트에 정보가 뜸. 러시아군이 발라클리야를 떠나자마자 (2022년 9월 7일-9일쯤) 베르비우카의 이웃 마을에 있는 학교를 파괴함.

카피톨리우카

볼로디미르 바쿨렌코의 납치.

이쥼에서 우리의 계획은 너무 원대하다.

2022년 3월 15일 이후 '폴로베츠키 바바' 폭격[64]
2022년 3월 1일부터 알 수 없는 날짜까지 제2차세계대전 추모비 포격
오벨리스크 포격
예배당 포격

63　역자 주: 수스필네는 우크라이나 공영 방송이다.
64　이 부분은 2022년 봄 러시아군에 의해 포격당한 이쥼 근처 크레메네츠산에 있는 스톤 바바 stone baba들을 언급하고 있다. 석상 여덟 개 중 한 개가 완전히 파괴되었고 나머지도 피해를 입었다. 폴로우츠키는 9세기와 14세기 사이 유라시아 초원 지대에 살았던 투르크 유목민 쿠만족의 우크라이나어 이름이다.

앰뷸런스의 선임 구급대원과의 인터뷰

원격운용지뢰, 포격, 집속탄

파괴된 중앙 광장 주위 촬영

마지막으로, 바쿨렌코의 실종

이즙에서 피셔와 불카는 지역 앰뷸런스 의사와 이야기한다. 우리는 [리조트] 주인과의 대화가 점점 줄어든다.[65] 우리의 기분이 바뀐다.

2022년 3월에 구급대원들은 어려운 환경에 처했다. 잔해로 가득한 도로에서 차량을 운전할 수 없었기 때문에 들것에 부상자를 실어 옮기기로 했다. 시간이 흐르고 난 뒤 그들은 차량을 수리해서 활동을 재개했다. 도로는 파편으로 가득해서 운전이 거의 불가능했다. 난관에도 불구하고 그들은 자신들이 도운 부상자들과 환자들의 정보를 기록하기 위해 노력했다. 대원들은 쉬지 않고 일했다. 그 팀은 외상전문가 1명, 간호사 3명에서 4명, 구급대원과 보조원 여러 명, 이렇게 10명 남짓한 인원으로 구성되어 있었다.[66]

2022년 3월 15일, 지뢰 폭발로 심각한 개방성 두부 손상을

---

[65] 다음주(2022년 9월 20-27일)에, 트루스하운드 팀은 하르키우에서 전쟁범죄를 기록한 다음 리조트를 베이스캠프 삼아서 밤이 되면 리조트로 복귀했다.

[66] 작가는 아랫글에 이즙 의료 전문가의 증언을 포함시켰다.

입은 환자와 함께 병원에 도착했습니다. 떠나려고 할 때 병원 상공을 비행하는 드론 한 대를 봤습니다. 갑자기 내가 서 있는 곳에서 폭발이 일어났고, 떠날 때 또 한 차례의 폭발이 일어났습니다. 집에 도착하고 나서 차량의 타이어 4개가 전부 바람이 빠진 것을 발견했습니다.

외상전문가 유리 예우헤노비치 쿠즈네초우는 쉼 없이 지치지 않고 일하며 영웅적인 면모를 보여주었습니다. 나는 그곳에 남았습니다. 이유는 첫째, 자원봉사 하는 버스들이 여성들과 아이들만 싣고 갔기 때문에 탈출할 곳이 없었습니다. 그리고 당시 우리는 셋뿐이어서 다른 이들의 도움을 받는 처지였기 때문입니다.

2022년 4월 말에서 5월 초로 넘어가는 시점에 우리는 부상자들의 위치를 찾으려고 크레메네츠 언덕에 올라갔습니다. 러시아의 집속탄이 앰뷸런스를 포격하는 일들이 일어났습니다. 디네츠강을 가로지르는 다리는 2022년 5월에 세워졌지만 구급차량의 통과를 허가 받는 데는 시간이 걸렸습니다. 그동안 우리는 수송 수단으로 자전거에 의존할 수밖에 없었습니다. 민간인들은 한 달 가량 지정된 다리로 도강하는 것을 허가 받지 못했습니다.

외상성 절단 환자가 너무 많아서 환자의 수를 세는 것을 그만두었습니다. 일할 사람이 부족했고, 나도 갈 곳이 없었습니다. 러시아에는 가고 싶지 않아서 도시 이쪽에서 사람들을 계속 도왔습니다. 도시가 점령된 동안 식량과 물 부족으로 24킬로그램이나 살이 빠졌습니다.

발라클리야의 고문실

카사노바 Ⅲ

이 미션에 합류하기 위해서 나는 예테보리 도서박람회 참여를 취소했다.

올렉산드르 하를라츠는 키가 작고, 살집이 있으며, 한쪽 다리가 불편했다. 그는 지팡이를 짚고 다녔다. 머리카락이 짧은 그는 마흔다섯에서 마흔일곱 정도로 보였다. 그는 이미 며칠간 감옥에 갇힌 적이 있었다. 체포 이유는 아들의 입대였다.

체포되기 전 그는 술을 많이 마셨다. 수감된 후에야 그의 손은 떨림을 멈췄다.

감옥에는 시계가 있었습니다[라고 올렉산드르가 말한다]. 우리가 들어오기 전에 그곳에 있었던 누군가가 놔두고 간 것이었습니다. 전자 시계였어요. 우리는 거울처럼 스크린을 통해서 복도를 볼 수 있었습니다. 세 번째 감방에도 시계들이 있었습니다. 그 시계들에 관해서는 아무도 몰랐어요. 담배꽁초 두 개가 있었습니다. 우리는 라이터 몇 개와 성냥 한 갑을 가지고 있었습니다. 깡통 뚜껑도 쓸모가 있었어요.

누구보다 오래 감금되어 있었던 사빈치 출신 남자가 나와서 "우리는 당신을 부적으로 남겨둘 거요"라고 말하는 것을 그는 들었다. 올렉산드르에 따르면 이전 '부적'은 경찰서에서 90일을 보냈다.

내 왼편에 경찰봉으로 나를 구타한 사람이 있었습니다. 그들은 내 손에 전선을 감고 말했어요. "떨어뜨리면 때릴 거야." 또 한 번 전기 충격이 느껴졌습니다. 전선이 떨어졌고, 아무 말도 없이 나는 막대기로 가슴을 가격당했습니다. 그들은 전선을 떨어뜨리지 않도록 내 손에 감았어요. 10초에서 15초 가량 전기 충격을 가했습니다. 그들은 질문을 시작했는데, 자동차 근처에서 나를 체포해서 경찰서로 끌고 왔을 때와 비슷했습니다.

부대의 전체적인 분위기가 어떤가?

로보다가 누구야?

군 아니면 국토방위군과 어떤 관계지?

누구에게 연락했어?

그들은 우리가 러시아의 인도주의 지원을 거부한 이유와 거부 명령을 내린 자를 알고 싶어 했습니다.

올레흐 비랴는 발라클리야 110번 지구 출신이다. 그는 독서를 좋아했다. 그의 감방에는 그가 사흘 만에 완독한 레프 톨스토이의 책이 있었다. 그는 인터넷 신호를 '잡아서' 전자책을 다운로드하려고 철로에 갔고, 그곳에서 체포되었다. 군이 그를 발견했다. 그들은 그의 핸드폰을 검사하다가 러시아 칼럼이 포함된 동영상을 찾았다. 그게 그가 체포된 이유였다. 처음에 그는 좌표 49.4522256, 36.8427841의 하르키우 발라클리야에 있는 조우트네바 거리 14번지 발드룩 인쇄소에 위치한 사령관실에 억류되어 있었다. 사령관실에는 남자들과 여자들이 함께 붙잡혀 있었다. 모두가 양동이를 변기로 썼다. 이후 올레흐는 경찰서의 유치장으로 이송되었다. 올레흐를 사령관실에서 끄집어낸 그들은 그의 머리에 복면을 씌우고 밴에 태워서 시내를 운전했다. 그는 처형하기 위해 자신을 데려가고 있다고 생각해서 발드룩 맞은편 거리에 있는 경찰서 유치장에 도착했을 때 매우 놀랐다.

[편집자 주: 이어지는 내용은 서술형 미션 보고서에서 빅토리아 아멜리나가 붙여넣은 부분이다.]

2022년 9월 20-26일, 트루스하운드는 하르키우를 방문했다.

수집 사항: 서명된 증언 29개

미션 수행 거리(km): 2700

기록일: 6

기록인(별명): 피셔, 마루샤, 카사노바, 콰이어트, 불카, 올스타

차량: 도우호노시크[바구미], 오이

미션을 수행하는 동안 현장의 팀은 정착지에서 발생한 다음의 전쟁범죄 혐의를 기록했다. 이줌, 카피톨리우카, 발라클리야, 베르비우카, 이바니우카, 비슈네바, 브리하디리우카, 사빈치.

무차별 공격:

이줌, 2022년 3월 2-10일. 고강도의 지속적인 러시아군의 포격과 도시 우측 강둑 공습. 수십 명이 사망했고 다수 건물이 파괴됨. 시 병원의 수술 2건이 심각한 피해를 입었고, 외래환자 진료실이 불에 탐. 도시 중심부도 심각한 피해를 입음.

이줌, 2022년 4월 4일. 클러스터 공격.

이줌, 2022년 7월 28일. 클러스터 공격. 7명 부상.

이줌, 원거리 대인지뢰 설치.

문화유산 공격:

이줌, 2022년 3월 – 제2차세계대전 추모비 포격.

이줌, 2022년 7월 – 크레메네츠산에 있는 폴로베츠키 석상

들 포격.[67]

강제실종:

2022년 3월-4월, 발라클리야. 목격자 4명의 진술에 따르면 그들의 친척들이 러시아군에게 체포된 후 실종됨.

불법 구금:

2022년 3월-8월, 발라클리야. 목격자 13명은 점령 기간 중 발라클리야 영토공동체연합에서 체포된 후 구금되었거나 체포된 후 실종된 최소 76명에 대해 증언했다. 목격자 2명은 '아우토파크'(발라클리야의 운송 회사로 좌표가 49.457086,36.903966)의 지하실에 갇혀서 고문당했으며, 목격자 4명은 이전에 발라클리야 지방경찰서(발라클리야, 조우트네바 거리 33번지)가 있었던 건물에 갇혔으며, 또 다른 구금 장소 한 곳에 대해 증언했다. 발드룩에 있는 지역 인쇄소 지하실(발라클리야, 조우트네바 거리 14번지).

베르비우카, 2022년 3월-8월. 목격자 3명의 진술에 따르면 러시아군은 베르비우카 강당(베르비우카, 첸트랄나 거리 68번지)의 어린이 휴대품 보관소를 최소 5명의 체포 및 구금 장소로 사용했다.

카피톨리우카, 2022년 3월 24일. 우크라이나 작가 볼로디미

---

[67] 64번 각주 참조.

르 바쿨렌코가 러시아군에게 체포되어 실종되었고, 사망했을 것으로 추정된다.

이줌, 2022년 9월 1일. 이전 경찰서 건물에 1명이 다른 2명과 함께 러시아군에게 체포되어 구금되어 있었다.

고의 살인:

이줌, 2022년 5월 7일. 카디로프[68]의 조카 아흐마트라고 자신의 신원을 밝힌 러시아 전투병에게 병리학자 한 명이 영안실 근처에서 총에 맞았다.

발라클리야, 2022년 4월 3일. 발라클리야 중앙병원의 탈출에 참여하려고 했던 운전사가 검문소 근처에서 루한스크인민공화국을 대표하는 러시아 전투병들에게 총을 맞았다.

고문 및 비인도적 처우:

발라클리야: 발라클리야 지방경찰서(조우트네바 거리 33번지)와 발드룩에 있는 인쇄소(조우트네바 거리 14번지)에 구금되었던 사람들이 고문을 받았고(야구 방망이로 구타당하고, 전기 고문을 당하고, 피부에 상처를 내는 등등) 비인도적인 처우를 받았다고 4명이 증언했다.

'아우토파크'(발라클리야의 운송 회사 49.457086, 36.903966)의 지

---

[68] 람잔 카디로프(1976년생)는 체첸공화국의 수반이다.

하실에 구금된 사람들이 고문을 당했고(구타당함), 굶주림과 탈수, 저체온증, 장시간 사지 결박에 따른 고통에 시달렸다고 2명이 증언했다.

[편집자 주: 아래 두 문단은 발췌된 목격자 인터뷰의 영어 번역을 원고에 붙여 넣은 것이다.]

조판을 의논하기 위해서 러시아 군인들이 사흘 후 내 집으로 왔어요. 그들은 물을 마시러 들어왔고, 나는 지문 감식을 위해 나중에 그 유리잔을 지역 당국에 주었습니다.

러시아군은 한 달에 6만 부를 인쇄할 계획이었습니다. 그들은 내가 조판 작업을 돕기를 원했어요. 그들은 이미 종이 두루마리들이 있던 곳에 막사를 설치했습니다.

그들은 리소그래프 인쇄기를 고쳐서 인쇄하기를 원했어요. 내가 기계를 고치긴 했지만 잉크와 프린트 드럼이 필요했습니다. 전쟁 초기에 나는 이미 그것들을 집에 숨겼어요. 그러고 나서 그들에게 누가 드럼과 잉크를 훔쳤는지 알아내면 일을 시작할 수 있다고 말했지요. 모든 게 뒤죽박죽이었고, 그들은 자신들 중 한 명이 훔쳤다고 믿었습니다. 그들은 내게 무엇이 필요한지 물은 다음 그것을 찾겠다고 말했습니다. 나는 점령의 마지막까지 발라클리야에 있었고, 그 후에는 러시아 군인들과 접촉이 없었어요.

이줍에 묻히(지 않다)

[편집자 주: 이 부분은 이줍의 장의사 부대표의 증언을 토대로 하고 있으며, 원고의 이전 버전에 있던 것을 편집부가 발견했다. 증언 원본의 일부는 부록 C에 있다.]

《그래서 나는 녹음기를 관 위에 올려두었다.

"19명을 묻었던 날들이 있었어요.
7명 혹은 3명만 묻었던 날들이 있었구요.
아무도 죽지 않는 날들도 있었어요."

이쥼은 2022년 4월 1일에서 9월 10일까지 163일간 점령당했다.

타마라는 1982년부터 이쥼에 살았다. 침략 초기부터 그녀는 장례 업체의 책임 대행으로 일했다. 그녀와 그녀의 팀은 매일 정오에 셰익스피어 묘지에 있어야 했다. 그리고 사망자가 더 많은 경우 행정관 근처에서 오전 9시에 회의를 시작했다. 그것은 그들의 의무였다.

그 업체 외에도 점령군이 조직한 자원봉사 팀이 있었다. 이들은 '200s'[69]라 불렸고, 마을 근처의 시체들을 수거했다. 주민들이 친척과 이웃을 마당에 묻으면 200s가 그들을 다시 묻었다. 타마라의 팀과 200s만 디네츠강 반대편을 드나들 수 있었다. 다리가 파괴된 상태에서 그들은 먼저 시체들을 운반해야 했다. 점령군이 도강을 위해 건널목을 설치해서 작업은 더 수월해졌다. 타마라의 팀과 200s 두 팀 모두 사망자에 대한 메모를 수집했다. 그들은 시체에 번호를 매겼고, 번호와 사망자의 이름을 일지에 기입했다. 그들은 제대로 업무를 수행하려고 노력했다. 무보수였지만 그것은 중요하지 않았다. 지금 조사관들에게 그녀의 노트북과 일지가 있다.

---

69 카고Cargo 200(우크라이나어로 드보흐소티 200)은 군 관련 사상자의 운송을 위해 쓰이는 소련의 암호이다. 구소련연방에 속했던 국가에서 '200s'는 '전투 중 사망'을 완곡하게 나타내는 표현이 되었다.

머리에 총상을 입은 시체 세 구가 카피톨리우카에서 6월에 발견되었다. 가해자들은 시체를 태워서 은폐하려고 했다. 타마라의 팀은 그 시체들을 셰익스피어 묘지에 재매장했다.

술에 취한 체첸인이 타마라의 친구 법의학전문가를 살해했다. 그녀는 그를 묻지 못했고, 시체는 러시아 벨고로드로 보내졌다. 이후로 아무도 시체를 본 적이 없다. 그녀는 그 사건의 발생 당시 영안실 근처에 살았던 발랴가 알지도 모른다고 말한다. 우리는 발랴를 찾겠지만 그녀는 아무것도 모를 것이다. 우리는 아들을 잃은 그녀를 안아줄 것이다. 그리고 발랴는 호두 봉지를 나에게 건넬 것이다.

러시아인들은 그녀의 친구 테탸나를 포함한 시민들이 타고 있던 차량을 총으로 쐈다. 테탸나의 가족 전원이 사망했고, 테탸나는 러시아에 있다.

그녀의 조카는 체포되어 구금되었고, 구타당했다.

러시아 군인들이 소녀 한 명을 총으로 쐈다. 그녀의 성이 일지에 적혀 있지만, 일지는 조사관들에게 있어서 알 수 없다.

그녀는 이쥼에 있는 모든 러시아군 기지들의 이름을 읊는다. 학교, 유치원, 시 행정부.

"나는 러시아인입니다."라고 그녀가 말한다. 마치 우리에게 도발하듯이.

"아뇨. 당신의 말은 우크라이나인이 되기로 선택한 사람처럼 들려요. 우리는 정치적인 국가이고, 그건 당신의 선택이지요."

그녀는 기지들의 목록을 읊는 것처럼 세세하게 해방 전 8주 동안 그녀가 샀던 모든 음식의 이름을 말한다. 쌀 1킬로그램, 설탕 1.5킬로그램, 스튜 두 캔, 생선 통조림 한 개.

그녀는 사법 당국으로부터 질문을 받았지만 집단 무덤에 대해서였을 뿐 다른 것에 대해서는 아니었다. 물론 그녀는 그것을 '집단 무덤'이라고 부르지 않는다.》

[편집자 주: 아랫글은 이전 원고에서 발견된 것이다. 이쥼 영안실에서 일했던 발렌티나의 증언이 이어진다.]

지난 41년간 이쥼의 유일한 영안실에서 일했던 여자를 발견한다면 어떤 전쟁범죄에 대해서 묻겠는가. 발렌티나는 점령 기간 동안 이쥼에 머물렀다. 당시에 그녀는 늘 일하지는 않았고, 많은 주민들처럼 아파트 근처에 불을 피워 요리하면서 생존하기 위해 애썼다. 하지만 4월 20일부터 그녀는 평상시처럼 근무했다고 말했다. 너무 많은 사람이 죽고 있어서 점령군은 일손이 필요했다. 그들은 그녀에게 보수를 지급하지 않고 가끔 음식만 주려고 했다. 그녀는 협상할 처지가 아니었다. 간만에 일하려고 걸으면서 그녀는 거리에 흩어진 시체들을 보았다. 포격으로 사망했다고 그녀는 생각했다. 의사가 아니라 실험실 조수에 불과하지만, 발렌티나는 죽음에 관한 경험이 많았다.

4월에 그녀가 일 때문에 불려가기 전에는 키이우스카 거리에 있는 장례 업체만 사람들을 매장했다.

"전문 지식도 별로 없이"라고 발렌티나는 안타까움을 표출한다.

점령 기간 동안 매장되었던 시체들이 해방 이후 발굴되어야만 하는 이유는 그녀에게 아주 명확하다. 평화로운 삶을 이루는 토대 중 하나는 모든 죽음의 이유를 아는 것이다. 우리는 출생과 사망을 제대로 신고하면서 삶과 죽음을 통제하고 있다는 감각을 얻는다. 폭력 사건의 경우에도, 우리는 제대로 대처할 기회가 있다.

[편집자 주: 다음에 이어지는 내용은 발렌티나의 증언을 영어로 번역한 것이다.]

1951년생 페디르 하우리로비치 즈데브스키는 근무 중이 아니었어요. 디네츠강을 가로지르는 다리가 파괴된 이후 운행하는 여객선이 없었기 때문에 그는 집에 있었습니다.

5월 5일, 페디르 하우리로비치 즈데브스키가 왔을 때 우리는 1959년생 63세 병리학자 셰리 발렌티노비치 마추킨과 일하고 있었어요. 러시아 군인들이 우크라이나 군인들의 시체들을 가지고 왔고, 이미 시체 특유의 냄새가 나고 있었습니다.

5월 5일 오전 10시 혹은 11시에 다리가 세워지자마자 즈데브스키가 왔습니다. 그는 우크라이나 군인들의 증명서를 발급받고 싶어 했어요. 시체 여섯 구에는 아무 서류도 없었어요. 모두

17명의 군인들이 있었지요. 폭발로 인한 부상이었습니다.

그는 우크라이나 군인들의 서류와 영안실 기록을 가져갔어요. 그는 검시 보고서에 모든 정보를 적을 예정이었다고 말했습니다. 성을 밝히지 않았던 러시아 영안실 대표가 "이바노프"라고 말했어요. 증명서들이 준비되면 우리는 집단 무덤에 매장하고 증명서들을 우크라이나인들에게 주려고 했어요.

5월 7일 정오에 잘리카르냐나 거리 2번지에 있는 영안실에서 즈데브스키와 일을 준비했습니다.

즈데브스키는 정오에 검은색과 회색이 섞인 폭스바겐(검은색이 더 많았고 번쩍거렸다)을 타고 도착했어요. 그는 평소처럼 운전해서 주차장에서 멈췄습니다. 그는 주차를 하고 병리학 건물 입구로 걸어 들어왔어요. 나는 그에게 의자를 빼주었고, 우리 세 명은 그곳에 앉았습니다. 나, 페디르 하우리로비치 즈데브스키, 셰리 발렌티노비치 마주킨.

이바노프가 와서 증명서들을 가지고 떠났습니다. 그가 떠나자마자 체첸 출신 러시아인이 뛰어 들어왔어요.

그는 러시아어로 자신을 소개했어요. "내 이름은 아크메트이고 체첸에서 왔소. 나는 카디로프를 알고 있지. 이 폭스바겐은 누구 차지? 나는 스물여섯이고, 평생 전쟁터에 있었소. 네 번이나 죽을 뻔했지만 항상 운이 좋았지. 차를 나한테 넘기시오."

즈데브스키는 자신에게 장애가 있기 때문에(그는 왼쪽 다리에 의족을 끼우고 있었다) 차를 넘기지 않을 거라고 말했어요. 다리로

페달을 밟을 수 없기 때문에 그의 차에는 특별히 수동 제어 기능이 있었거든요.

나는 즈데브스키가 기록을 거의 마쳐간다고 설명했습니다. 즈데브스키는 아크메트가 그의 차를 가져가지 않도록 일을 마치고 그를 태워주겠다고 제안했어요.

아크메트는 우리를 해방시키기 위해서 왔다고 이야기하기 시작했습니다.

이전에 우리는 행복한 삶을 살고 있었다고 내가 말했어요. 하지만 지금은 두 달 동안 지하대피소에 숨어 지내면서 불을 때서 요리하고, 집에 있는 라디에이터가 꽁꽁 얼어버렸다고 말했지요. 내 손자가 16살이라고도 했어요.

아크메트는 우리 때문에 질척거리는 땅에서 잠을 잤다고 불평하고는 이렇게 말했어요. "그러고 보니 이 세 사람도 저쪽에서 온 것 같군. 이 셋을 처리하기 위해 데리고 갈 거요." 명백히 그는 우리가 러시아 편이 아니라 우크라이나 편이기 때문에 우리 모두가 처벌받아야 한다는 뜻으로 말한 것이었습니다.

나는 침략 이전에 우리가 평화로운 삶을 살았고, 열심히 일했고, 모든 게 정말 괜찮았다고 말했어요.

아크메트가 물었습니다. "그러면 내가 축축한 바닥에서 자는 건 누구 탓이지?" 그는 참호에 머무르는 것에 대해 말하고 있었어요.

페디르 하우리로비치 즈데브스키가 우크라이나어로 답했습

니다. "당신들 탓이지. 내 땅에 온 건 당신들이고, 당신들이 와서 나의 이줌을 점령했으니까."

아크메트는 경찰 부국장의 소총을 가지고 있다고 뽐내면서 그를 위협했습니다.

이 모든 일은 병리학 건물에서 벌어졌어요.

그런 다음 아크메트는 이줌에서 그의 삶이 얼마나 형편없는지 불평을 늘어놓기 시작했습니다.

나는 아크메트가 천장을 향해 두 발을 쏘는 것을 봤어요. 그러자 또 다른 체첸인인 그의 동료가 달려와서 아크메트를 문에서 밀었어요. 기회를 포착한 나는 거리로 기어 나가서 산부인과 병원으로 달려가 다른 러시아 군인들에게 동료를 저지하라고 외쳤습니다. 하지만 러시아 군인들은 나와 함께 병리학 건물로 가려고 하지 않았고 상관에게 보고하겠다고 말했지요. 러시아 군인들의 소매에는 러시아 국기가 있었습니다. 그들은 당시 러시아군 지휘부가 있었던 의과대학으로 갔어요.

그 후 나는 여러 발의 총성을 들었습니다. 아크메트가 천장으로 네 발을, 페디르 하우리로비치 스데브스키에게 네 발을 쏘았다는 것을 나중에서야 알게 되었습니다.

1950년생 의국장 올렉산드르 안드리오비치 보주코우가 다가오는 것을 봤어요.

보주코우는 군인들을 잡고 말했습니다. "갑시다. 영안실에 문제가 있소." 나도 병리학 건물로 그들과 함께 돌아갔어요. 아크메트는 나를 잡기 위해 마주킨을 보내면서 말했습니다. "박살난 창문하고 꽁꽁 언 라디에이터에 대해 말했던 그 여자 어디로 갔어? 가서 그 여자를 데려와." 그는 나도 죽이려고 했던 것 같아요.

나는 러시아 군인 두 명, 올렉산드르 안드리오비치 보주코우, 셰리 발렌티노비치 마주킨과 함께 병리학 부서로 돌아갔습니다. 그 건물에는 살해당한 즈데브스키를 제외하고 아무도 없었어요.

20여 분 후에 러시아 '조사관들'이 도착했습니다. 그들은 교통경찰 건물이 있는 교차로에 있었고, 대략 마흔 정도로 보이는 젊은 남자들이었어요. '조사관'은 두 명이었습니다. 한 명은 상트페테르부르크 출신으로 그곳 군검찰청 소속이고, 열한 살과 열두 살 된 아들 둘이 있다고 말했습니다. 다른 한 명은 '사샤'라고 불렸는데, 둘 중에 더 어린 쪽이었어요. 그들은 '얼룩덜룩한' 군복을 입고 있었습니다.

조사관들은 그가 '책임을 지게 될 것'이라면서 사람들이 '이미 그를 잡으려고 보내졌으니 그를 체포할 것'이라고 말했습니다.

아크메트는 마주킨의 서류들도 가져갔어요. 그의 군인 신분증과 여권이었지요. 마주킨은 그날 그 문서들을 받았었습니다.

그들의 차 대형 BMW에는 '사령관실'이라는 글자가 적혀 있었어요. 차는 아주 부드럽게 나아갔어요(높은 지상고—기록자의 노트).

3. 전쟁을 살아가다

마주킨이 나에게 말했습니다. "아크메트가 나를 일리치나 거리로 보냈어요. 내 서류들도 가져갔구요. 나는 그가 즈데브스키를 살해하는 것을 보지 못했어요." 마주킨은 즈데브스키의 시체 검시에서 복부에 두 발, 목에 두 발을 맞았음이 밝혀진 후 그렇게 말했어요.

마주킨은 아크메트가 총의 개머리판으로 즈데브스키를 잔인하게 구타할 때도 거기에 있었습니다. 먼저 아크메트는 뒤통수를 때린 뒤 얼굴을 가격했고, 개머리판으로도 똑같이 구타했습니다. 마지막으로 그는 얼굴을 발로 찼어요.

살해당한 페디르 하우리로비치 즈데브스키는 평생 법의학 전문가로 일했습니다. 그는 70살이었고, 사망 시각은 오후 1시 무렵이었습니다.

조사관들은 모든 것을 받아 적은 뒤 21시쯤 우리를 다시 사령관실로 데려갔어요.

살해당한 즈데브스키의 시신은 우리 영안실에 5월 8일과 9일에 보관되었고, 러시아인들이 10일에 꺼냈습니다. 이동식 냉장고로 그의 시신을 러시아 벨고로드로 운송했다고 사령관실의 조사관들이 알려줬어요.

발렌티나 이바니우나 솔로비오바는 그가 얼마나 지하실에 있는 사람들을 공포에 떨게 했는지에 대해 나에게 말했다. 발렌티나는 지하실에 있었던 사람들에게 음식을 주었다.

점령군의 사령관실은 페디르 하우리로비치 즈데브스키의 문서와 카드들을 모두 빼앗은 다음 그것들을 벨고로드로 가져가겠다고 말했습니다.

1951년 5월 29일에 태어난 페디르 하우리로비치 즈데브스키는 이쥼 바스네초바 거리 6번지에 살았다. 그의 첫 번째 아내와 딸은 하르키우에 살았다. 그의 딸은 심한 장애를 가지고 있었다.

비탈리 빅토로비치 보르찬이 크레메네츠산에서 그녀에게 전화를 걸었어요. 그녀는 수화기를 들고 말했지요. "오, 페댜, 통화 안 한 지가 꽤 됐네!" 비탈리가 답했어요. "미안해, 알라 이바노우바." 그렇게 우리는 그녀에게 페디르의 죽음을 알렸습니다.

피해자의 파트너 발렌티나 쿠릴로는 2022년 4월 13일에 이쥼을 떠났다.

사건 이후 인터뷰 대상자의 경험:
그런 경험을 하고 나서 처음 며칠 동안 잠에서 깨서 새벽 5시까지 잠들지 못했습니다. 밤에 나는 울었어요. 페디르 하우리로비치와 나는 40년 동안 함께 일했거든요. 그는 항상 모두를 돕는 사람이었어요. 그가 어떻게 살해당했는지 잊을 수가 없습니다.

폭발로 인한 상처는 없이, 폭력으로 인한 죽음의 흔적들이 보이는 시신들이 영안실에 있었습니다.

영안실에는 결박된 시신이 있었어요. 익사한 피해자는 팔과 다리가 함께 묶여 있었습니다. 그는 마흔 살쯤으로 보였어요. 그의 성은 B로 시작합니다.

그리고 숲에는 세 구의 시체가 있었는데, 머리에 총상으로 인한 상처들이 있었고, 한 구는 가슴에 총상을 입었습니다(가슴 둔상, 갈비뼈 골절). 그 시신들은 셰익스피어 묘지에 묻혔어요. 2022년 3월 22일, 그들의 친척들이 와서 신원을 확인했습니다. 그들 중 더 나이가 젊은 사람의 시신은 신원이 확인되지 않았어요.

나는 그 시신들을 검시하지 않았습니다. 마주킨 박사가 했지요. 나는 간호사였기 때문에 의사가 요청하는 부분만 보고서에 기입했어요.

지하에서 대피할 당시 추위 때문에 내 관절에 염증이 생겼어요. 사람들은 연금을 받지 못했고, 제대로 작동하는 현금지급기도 없었습니다. 하지만 어떻게든 검문소들을 가로질러 수수료를 지불하더라도 연금을 인출해 오는 사람들이 있었어요. 예를 들어, 1만 [흐리브냐] 대신 7천을 가지고 돌아오는 식이었어요.

우리가 보았던 420명 중에서 나는 3백 명 정도가 (질병이나 노환으로) 자연사했다고 추정합니다. 그리고 나머지 120명은 폭

발을 포함한 폭력으로 인해 죽음을 맞이했습니다.[70]

내가 발렌티나와 이야기하는 동안 로만 [아브라멘코]은 천장에 있는 네 개의 총알 구멍을 포함해서 건물의 내부와 외관을 촬영했다.

---

70 이쥼 미션의 결과를 토대로 빅토리아 아멜리나는 「증언들」이라는 시를 썼다.

바쿨렌코 찾기

 카피톨리우카, 내 동료의 이름에 있는 K는 여기에서 따왔다. 이전에 온 적은 없지만 이미 사진들을 보았다. 우리는 도로를 따라 그가 심은 나무들이 있는, 친구들이 '사독'이라고 부르는 볼로디미르의 작은 정원을 지났다. 나무들은 볼로디야의 몸처럼 가늘다. 몇 그루가 손상되었는데, 아마 러시아군 호송차에 치인 듯했다. 전쟁통에 누가 나무를 신경쓰겠는가. 우리는 볼로디미르의 집인 줄 모르고 지나친다. 우리는 [볼로디미르의 전 부인] 이리나 [노비츠카]가 내게 준 볼로디미르 어머니의 주소를 찾는다. 올레나 혹은 레나—주민들은 그녀 이름의 러시아어 변형을 모두 알고 있다—는 카피톨리우카의 몇 안 되는 5층 건물 한 곳에 살고 있다. 마을에서는 가장 높은 건물이지만 사람들은 이 지역을 '작은 집들' 혹은 '도미키'라고 부른다.

"24일이네요. 보우카가 세상에서 사라진 지 정확히 반년이 지났어요. 기록해뒀습니다. 검은 날이라고." 그[볼로디미르 바쿨렌코 시니어]가 벽에 걸린 달력을 가리키며 말한다. 호랑이 한 마리와 달들이 그려진 달력은 2022년에 도래할 번영을 상징적으로 드러내는 듯하지만 기괴하다. 날짜 두 개가 검정 펜으로 표시되어 있다.

그는 1949년 러시아에서 태어났다. 그의 부모님은 둘 다 툴라로 보내졌다. 그의 아버지는 겨울 전쟁에서 전쟁포로가 된 것에 죄책감을 느꼈다.[71]

그의 아버지가 1939년 전쟁에서 전쟁포로가 되었을 때, 1939년 핀란드 전쟁에서 전쟁포로가 되었을 때
그는 툴라에 살았다. 그때

어머니는 하르키우 류보틴에서 태어났고, 독일 나치에 의해 강제노역을 하러 끌려갔으며, 그 일로 인해 처벌을 받았다.

---

71 이 문장은 미완으로 남아 있다.

1958년부터 그는 같은 집에서 살았다

3월 5일까지,

5명이 왔다. 그는 베스를 '게슈타포'라고 부른다. 그는 그의 스마트폰들을 가져갔다.
2명은 권총을 가지고 있었다.

슬리퍼들, 스웨터, 청바지

3월 22일, 그는 루호바에 있는 집 안에서 심문받았다. 카피톨리우카에 있는 이 집을 모든 사람이 지금은 안다. 루한스크인민공화국에서 온 러시아 점령군이 이곳에 머물렀다. 그는 이 집을 게슈타포라고 부른다.

'푸틴 후일로'라는 벨 소리를 쓰고 있지만 볼로디미르 시니어는 두 번째 단어를 소리내어 말하기를 꺼린다.[72] 그는 '푸틴 KH'라고만 말한다. 그는 반년이라는 오랜 시간이 흘러서 제대로 기억하지 못할까 걱정한다. 다른 사람들이 나중에 그를 인터뷰할 것이다. 그는 시작할 것이다[73]

---

[72] '푸틴 후일로Putin Khuylo'는 '푸틴은 멍청이'라는 뜻으로, 2014년 러시아 침공 당시 우크라이나 축구 팬들 사이에서 유명해졌던 조롱조의 노래이다.
[73] 이 문장은 미완으로 남아 있다.

3월 24일, 그들이 눈 뜨자마자 집 바깥에서 [볼로디미르의 아들] 비탈리카를 위한 음식을 만들기 시작했다.

4월 4일, 1958년부터 볼로디미르 시니어가 살았던 집이 포격당했다.

[편집자 주: 다음은 저자가 볼로디미르의 일기를 찾는 내용을 쓰려고 의도했던 글의 대략적인 초안이다.]

이쥼 근처의 땅은 지뢰로 가득했지만 나는 그의 정원을 걷는 것이 두렵지 않았다. 오히려 나는 그의 일기를 못 찾게 되는 게 두려웠다. 또 하나의 원고를 잃어버리기에는 너무 많은 우크라이나의 원고가 파손되었다. 볼로디미르의 아버지와 나는 그날 그의 일기를 찾았다. 그래서 지금 나는 2022년 3월 21일에 마지막으로 남긴 볼로디미르의 글을 인용할 수 있다.

> 가끔 한두 시간 정도 졸다가 나는 꿈을 꾼다. 첫 번째 꿈에서 나는 숫자와 낡은 달력들, 친구들이 나오는 꿈을 꾸었다. 꿈속에서 우리의 군인들이 싸웠고, 나는 그들을 껴안고 반겨주었다. 그들의 안부를 생각하는 게 두렵다. 점령 이후 처음 며칠간 나는 일부를 포기했고, 반쯤 굶주린 상태 때문에 나중에는 전부를 포기했다. 지금은 정신을 되찾아서 정원을 조금 갈퀴질했고, 감자를 캐서 집에 들여놓았다. 새들은 아침에만 지

저린다. 오후에는 까악까악 까마귀 울음조차 들리지 않을 것이다. 결국 나는 핸드폰에 저장된 음악으로 구원받는다. 전쟁 이전에 음악을 저장해두었다. 요리 클로스, 플라치 예레미이, 고르기셸리 등등. 그리고 오늘, 시의 날에, 하늘에 있는 작은 학들이 나를 반겼다. 그들의 울음 안에서 나는 이 말을 들었다. "우크라이나는 다시 일어설 것이다! 나는 승리를 믿는다!"

언젠가 나도 입대하지 않을까 상상해보았다. 하지만 땅 파는 일은 너무 힘든 것 같다. 어떻게 내가 참호를 팔 수 있을까. 총 쏘는 것 혹은 다른 어떤 로맨틱한 것도 아닌 땅 파는 것이야말로 생존에 가장 중요한 기술이라는 사실을 모두가 안다. 살고 싶으면 땅을 파라고 전선에서는 말한다.

내가 찾았어. 내가 찾았다구. 내가 말했다[74]

전쟁범죄의 유형: 강제실종, 체포, 민간인 처형(버스 기사).
하르키우에 머무르다.

---

[74] 빅토리아 아멜리나는 트루스하운드 미션 중간에 카피톨리우카를 방문했다. 볼로디미르 바쿨렌코의 아버지는 그녀에게 정원에 묻힌 아들의 일기에 대해 말했다. 그들은 함께 일기를 찾아보기로 마음먹었다. 맨손으로 땅을 파서 일기를 발견한 사람은 빅토리아였다. 그녀는 조심스럽게 일기를 플라스틱 필름으로 감싸서 하르키우 문학관에 전달했다. 문학관에서 판독과 디지털로 변환하는 작업이 시작되었다. 2023년 6월, 볼로디미르 바쿨렌코의 일기가 하르키우의 비빗 출판사(2024년 5월 러시아군의 미사일 포격으로 파괴되었다)에 의해 출간되었다. 출간된 책에는 빅토리아 아멜리나가 쓴 서문이 실렸다. 동료들, 볼로디미르 바쿨렌코의 가족과 함께 빅토리아는 2023년 6월 22일 북아스널 문학축제에 그 책을 기증했다.

하르키우의 우크라이나 보안국과의 회의. 트루스하운드 팀은 우리 변호사의 요청에 의한 조사를 하기 위해 미사일 파편을 수집하러 스코보로디나우카에 간다. 나는 혼자서 문학관으로 향한다.

카피톨리우카의 일기들

율리야 카쿨랴다닐류크 II

[편집자 주: 아래 발췌문은 빅토리아가 원고에 포함시킨 볼로디미르 바쿨렌코의 일기를 영어로 번역한 것이다.]

그래서, 매일 밤 적의 장갑차는 으르렁거린다. 장갑차에는 목구멍까지 디젤로 가득한 연료 탱크가 있다. 내가 옆에다 꽃씨를 뿌린 작은 울타리는 반쯤 부서졌고, 최근까지 늘 깔끔했던 곳에도 러시아 쓰레기의 얼룩이 보이기 시작했다.

주거 지역의 장애물이 철거된 후 우리는 밖에 나가서 짧게나마 마을 주위를 산책했다. 사실상 적을 끌어안은 것이나 다름없는 반역자들을 보았다. 바깥에 나간 첫날, 거리에 남은 점령군의 쓰레기 몇 개를 치웠다. 기적적으로 나의 묘목은 살아남았다. 하지만 사실 나는 귀룽나무들이 있는 곳에는 가지 않았다. 점령군이 울타리에 걸린 우리 국기의 색을 바꿨고, '영웅들에게 영광을 Glory to the heroes!'이라고 적힌 그래피티를 '0들에게 돼지비계를Salo to the zeroes!'이라고 고쳐놓았다. 점령군은 몇 주가 지났는데도 여전히 경멸의 대상이 되는 것에 기분이 상했다. 그들이 마을을 떠나는 순간 우리를 조롱하는 그 문구를 페인트로 덮어버릴 것이다.

같은 거리에 사는 이웃이 진지한 대화를 빌미로 나를 자극하려고 했다. 그녀는 자신이 점령군과는 아무 연관이 없다고 했다. 하지만 러시아 파시스트들이 자신의 마당에 있던 우크라이나 드론을 격추시켰기 때문에 자신이 목숨을 구했다면서 그녀는 스스로를 정당화하려고 했다. 믿을 만한 목격자라고 속으로는 생각했지만, 나는 큰소리로 그녀에게 말했다. 그건 당신 사정일 뿐이라고. 이제는 사람들과 언쟁을 벌이지 않는다. 언쟁은 의심을 부른다. 진흙투성이 위장으로 포장된 '인민공화국 기념품'은 흰색 완장을 차지 않았다고 나를 나무랐다. 오래전 점령군에게 허리를 숙였다는 사실이 그들을 동요하게 만들지만, 이곳에는 여전히 복종하지 않는 사람들이 있다. 도저히 참을 수 없어서 어떤 남자와 싸웠는데, 그때부터 다시 마을 중심으로 가는 도로가 나에게는 막혔다.

[편집자 주: 빅토리아 아멜리나의 마지막 원고에는 야로슬라

우 파이줄린의 2018년 저서 『억압받은 일기들: 우크라이나의 홀로도모르 1932-33』의 발췌문이 추가되었다.]

……사적인 일기라 하더라도 그것의 언급은 금지되었다. 그런 글은 수십 년을 굴라크 강제수용소에서 썩도록 인생을 망치게 할 수 있었다. 그럼에도 불구하고 역경의 시기에 침묵하지 않고 미래 세대를 위해 증언을 남기려는 사람들이 있었다. 특히 1932년에서 1933년에 이르는 끔찍한 시기에. 소련 정보국 아카이브에 보관된 파일 수십 만 개에는 홀로도모르Holodomor를 증언하는 7권의 일기(혹은 복사본)가 물리적 증거로 보관되어 있었다. 일기의 주인들은 하르키우의 교사 올렉산드라 라드첸코, 키이우의 레닌지구당위원회 당원이자 문화선전부장 드미트로 자볼로카, 하르키우의 레뱌지-페체니히(현재 추후이우) 지구 주민 네스토르 빌로우스, 하르키우 전문교육기관의 문학 전공생이자 마을학교 교사 올렉시 날리바이코, 우크르데르주나츠멘비다우(우크라이나 소비에트 사회주의공화국 소수민족의 국가발행처)의 문학 편집자이자 정치적 망명자였던 도로타 페데르부시, 전우크라이나 인민교육연구소 교수 및 실무교육학 책임자 유리(게오르기) 삼브로스, 그리고 키로우 하르키우 화학기술연구소 강사 미하일 신코우였다.

소련의 담당 기관들은 일기 쓰는 행위를 '반혁명적 활동'으로 간주했다. 일기를 썼다는 이유로 사람들이 체포되고 재판에 회부되었다. 조사와 재판 도중 일기는 주요 증거의 일부로 등장했다. 7명의 저자들 모두 홀로도모르에서 살아남았지만, 대숙청에서 살아남은 것은 아니었다. 대숙청이 일어나는 동안 흔적도 없이 사라져버린 사람들도 있었다. 일기들은 피해자, 목격자, 때로는 부역자였던 사람들과, 공산 정권에 의해 야기된 범죄를 내부 시선으로 바라본다. 피해자들 중에는 주민 네스토르 빌로우스와 교사 올렉산드라 라드첸코, 올렉시 날리바이코가 있었는데, 그들은 강제 집산화와 곡물 조달, 마을 농가 탈취를 비롯해서 당국이 저지른 불법과 그로 인한 혼란, 사람들의 감정, 그리고 생산물 압류로 인한 집단 기아 현상이 벌어진 과정을 기록했다. 정치적 망명자였던 도로타 페데르부시, 교사 유리 삼브로스, 그리고 강사 미하일 신코우가 증인들이었다. 세 사람 모두 우크라이나 소비에트 사회주의 공화국의 수도 하르키우에 거주했다. 그들은 도시에 만연한 공포와, 거리와 시장, 역에서 굶어 죽어가는 농민들을 묘사했다. 소문들, 그리고 친구와 지인으로부터 들은 이야기들이 우크라이나의 끔찍한 기아 사태에 대한 정보의 원천이었다. 당원 드미트로 자볼로카는 우크라이나 소비에트 사회주의 공화국의 공산당 중앙위원회 조직국 소속이었고, 하향식 지시 이행을 감시하는 소련의 기관에서 근무했기 때문에 조건부로 부역자 명단에 포함시킬 수 있을 것이다. 사적인 노트에 그는 당의 정치적 실수, 키이우 근처 보리스필에 살았던 자신의 친척과 농민들의 굶주림, 그리고 고통에 대해 공산당 지도부와 이오시프 스탈린을 향한 비난을 썼다. 하지만 경력이나 불안 때문에 감히 공개적으로 이를 드러낼 수 없었다.

마리우폴 벽에 시를 쓴 여자와 노벨상

[편집자 주: 편집부가 이전 원고에 있던 부분을 옮겨 실었다. 아래 발췌문은 2022년 10월 7일 르비우 북 포럼에서 '여성과 전쟁'이라는 주제 하에 열렸던 토론의 일부이다. 참석자들은 다음과 같았다. 빅토리아 아멜리나, 엠마 그레이엄-해리슨, 리디아 카초, 다이애나 버그, 야리나 초로후즈, 자넌 디 지오반니.]

우리는 전쟁 중에 개최된 르비우 북 포럼의 개회 파티가 벌어지는 바에서 서로 소개했다. 다이애나 [버그]는 '여성과 전쟁'에 관한 패널 토론에서 의장을 맡을 것이다.

버그는 두 번이나 난민이 되었다. "내 고향 도네츠크가 2014년에 점령되었을 때, 그리고 지금 포위 중에 마리우폴이 완전히 파괴되고 나서였지요……. 떠나고 이동하는 것은 내 의지가 아니었어요. 실제로 이걸 받아들이는 게 굉장히 힘들었어요. 두 번이나 난민이 된 너무 많은 여성이 있지만, 한 번이라도 그런 일을 겪으면 이미 트라우마가 생깁니다."

[자닌 디 지오반니에게 다이애나 버그가 말했다.]

나는 포위된 사라예보에 대한 당신의 기억을 이야기하고 싶어요. 나도 포위된 마리우폴에서 살아남았거든요. 정말 평생 기억하게 되는 것이지요. 그래서 나는 진심으로 이해할 수 있습니다. 그리고 당신은 전쟁 중에 여성들이 수행할 수 있고, 또 수행하고 있는 넓은 범주의 역할들을 언급했지요. 단지 여성 전투원만이 아닙니다. 어머니들, 포로로 잡힌 여성들, 강간, 고문, 인신매매의 피해자가 된 여성들, 그리고 외국으로 떠난 난민 어머니들의 역할 등등을 일컫는 겁니다. 우리는 마리우폴에서 러시아로 강제 추방된 여성들과 아이들의 사례를 너무 많이 알고 있지요. 우리 우크라이나 여성들은 아주 많은 새로운 역할들을 경험하고 있습니다.

몇 달 후, 포위된 마리우폴에서 한 달 넘게 생존한 남자와 이야기하면서 나는 도시의 벽에 적힌 시 한 편을 기억할 것이다.[75] 나는 그 시가 적힌 벽의 정확한 위치를 찾으려고 노력하면서 도시의 지도에서 내가 살았고 걸었던 곳을 떠올릴 것이다. 내가 걸었던 거리를 폐허로 변해 뉴스에 나오는 도시의 이미지와 비교하면서 결국 나는 비탄에 빠져 망연자실한 표정을 지을 것이다.

"돌과 철의 도시에서 온 난민들에 관해 쓴 자단의 시를 누가 마리우폴의 벽에 적었는지 혹시 아시나요?" 나는 벽보다 그 사람을 찾고 싶은 마음에 다이애나에게 물을 것이다.

"내가 썼어요. 내 프로젝트였거든요."라고 다이애나가 답했다.

---

[75] '마리우폴 지도' 챕터에 자세한 내용이 언급되어 있다.

라파엘 렘킨 시티에서 필립 샌즈와의 대담

[편집자 주: 빅토리아 아멜리나는 토론의 원고를 글에 실었다.]

필립 샌즈Philippe Sands와의 대화
르비우 북 포럼 2022

라파엘 렘킨 시티, 일요일, 10월 9일

국제 인권변호사이자 『동서 거리East West Street』, 『마지막 식민지The Last Colony』, 『쥐 통로The Ratline』를 쓴 저자가 그의 작업과 생각, 그리고 르비우에 기원을 둔 정의에 관해 소설가 빅토리아 아멜리나와 이야기를 나눈다.

빅토리아 아멜리나: 안녕하세요. 하이Hay 페스티벌과 디지털 파트너쉽을 맺고 개최하는 르비우 국제 북 포럼입니다. 우크라이나군의 방어 덕분에, 영국과 프랑스를 포함한 동맹국들, 그리고 우크라이나의 방어를 위해 무기를 보내주는 모든 이들의 도움 덕분에 이 행사는 우크라이나 르비우에서 개최되고 있습니다. 북 포럼의 개최를 가능하게 해주신 모든 분께 감사드립니다.

포럼은 저, 빅토리아 아멜리나와 유니버시티 칼리지 런던 법대 교수이자 르비우와 우크라이나 전역에서 인기 있었던 책 『동서 거리: 제노사이드와 반인도범죄의 기원』의 저자인 필립 샌즈 사이의 대담으로 이루어집니다. 이 책은 파블로 미할이 우크라이나어로 번역했는데, 번역가는 현재 전선에서 복무하고 있습니다.

왜 필립과 대담을 하는 걸까요? 저는 우리 사이에 공통점이 많다고 생각합니다. 우리의 할아버지 두 분 모두 르비우(혹은 르보프, 렘베르크)에 거주한 적이 있고, 필립 샌즈는 이 도시를 전 세계 청중들 사이에서 유명하게 만들었습니다. 그의 할아버지 레온은 셉티츠키흐가 12번지에 살았습니다. 제 할아버지 올렉시는 현재 안드레야 셉티츠코호가가 된 이웃 거리, 그 아파트에서 백 미터쯤 떨어진 곳에 살았지요. 제 할아버지 올렉시는 빈니챠에서 태어났습니다. 이 도시를 아실지도 모르겠네요. 러시아 미사일에 아이들을 포함한 민간인들이 목숨을 잃었거든요. 그는 소련군에서 나치에 맞서 싸웠고, 소련 국영은행의 회계사가 되어 그 아파트에 있는 작은 방을 받았습니다. 그런 의미에서 우리는 이웃이 될 수도 있었어요. 하지만 역사는 그보다 훨씬 복잡합니다. 물론 그런 일이 실제로는 일어나지도 않았구요.

필립 샌즈는 2010년 처음 우크라이나 르비우에서 강연을 한 뒤로 이 도시에 다시 오곤 했습니다. 먼저 저는 이 도시와 당신의 관계가 어떻게 발전했는지 묻고 싶습니다. 공격당하고 있는 도시에 있는 느낌이 어떤가요? 지금은 무척 평화로워 보여도 언제라도 무슨 일이 벌어질 수 있다는 것을 모두가 알고 있잖아요. 르비우와 당신은 어떤 관계를 맺고 있고, 지금의 심정은 어떻습니까?

필립 샌즈: 이렇게 훌륭하게 소개해주셔서 고맙습니다. 우리가 이웃이라니, 상상만으로도 얼마나 환상적입니까! 지금 당장 그렇다는 게 아니라, 역사적이고 가족적인 의미에서 말이지요. 우리는 정말 멋진 대화를 하게 될 것 같네요.

여기에 온 것 자체가 얼마나 대단한 일인지 이야기하면서 시작해도 될까요? 르비우에서 3일째 머무르고 있습니다. 르비우는 제가 잘 알게 된 도시이지요. 의심의 여지 없이 제 마음의 일부가 머무르는 도시이기도 하구요. 고향에 돌아온 것만 같습니다. 저뿐만 아니라 제가 속한 두 나라의 공동체도 우크라이나와 아주 강한 연대감을 느끼고 있습니다. 굳이 언급할 필요가 없을지 모르지만 그래도 말하고 싶군요. 우크라이나에 있는 여러분은 혼자가 아닙니다. 광범위하고 엄청난 도움이 있습니다. 어떤 의미에서 저는 여러분의 질문에 대한 답을 찾기 위해 이곳에 왔습니다. 연대를 표하기 위해서라도 오고 싶었습니다. 전쟁터로 가는 것이 제 어머니에게는 위험한 행보로 보였을지 모릅니다. 잘 지내고 있다고, 무탈하게 지내고, 좋은 사람들이 있으며, 먹을 음식도 있다는 사실을 알려주기 위해 정기적으로 어머니에게 왓츠앱 메세지를 보냅니다. 하지만 어떤 다른 기류가 감지되기도 합니다. 다르게 느껴지지요. 그리고 제가 2010년 처음 이곳에 왔을 때와는 다른 대화들이 오갑니다.

2010년 4월, 법대에서 제가 다루는 제노사이드와 반인도범죄에 관한 강연을 요청을 받았을 때 저는 '르비우'라고 불리는 이곳을 몰랐습니다. 죄송하지만 르비우가 어디에 있는지도 몰랐습니다. 구글 검색을 해보니 예전에는 '르보프' 또는 '렘베르크'라고 불렸더군요. 이것을 보는 순간 여기로 오게 되리라는 것을 알았습니다.

제 할아버지는 1904년 오스트리아-헝가리제국 시절 '렘베르크'라는 곳에서 태어났다고 했습니다. 할아버지는 1945년 이전의 일에 대해서는 어떤 것도 말하고 싶어 하지 않으셨어요. 저는 할아버지가 어떤 분이었는지 알기 위해서 르비우에 왔습니다. 그리고 그건 제가 누구인지 아는 것이기도 했지요. 그의 정체성이 부분적으로는 저의 정체성이기도 했으니까요. 아주 솔직히 말하자면, 저는 강연하러 온 게 아니라 할아버지가 태어난 집을 찾기 위해 왔습니다. 어머니가 할아버지의 출생증명서를 찾았고, 우리는 그곳이 셉티츠키흐가 12번지라는 사실을 알게 되었습니다. 하지만 낯선 땅에서 영국인이었던 우리는 솁티츠키흐 거리가 두 곳인 줄은 몰랐습니다. 두 곳 중 더 넓은 거리가 할아버지의 거주지 같았어요. 매우 흥분된 상태로 12번지를 향해 갔습니다.

빅토리아 아멜리나: 우크라이나어로는 미트로폴리타 안드레야 거리일 겁니다.

필립 샌즈: 거기서 우리는 집을 찾았습니다. 아주 고급스러운 건물 같아서 흥분되는 한편 놀랐습니다. 할아버지는 가난하게 사셨거든요. 안으로 들어가서, 제 기억으로는 1층으로 올라갔던 것 같습니다. 문을 두드렸어요. 마침내 누가 나오는 소리가 들리더니 심하게 달라붙는 팬티만 걸친 남자가 문을 열었습니다. 저는 이미 일흔 후반에 접어든 어머니와 함께 있었어요. 어머니는 조금 놀랐습니다. 그와 대화를 나누고 나서야 우리가 다른 솁티츠키흐가에 있음을 깨달았습니다. 이튿날 우리는 똑같은 과정을 다시 반복했어요. 멋진 경험이었지요. 이곳에 발을 디딘 순간부터 저는 르비우와 사랑에 빠졌습니다. 곧바로 고향에 온 것 같은 느낌을 받았으니까요.

빅토리아 아멜리나: 이야기를 들려주셔서 감사합니다. 우리의 대담을 조금 더 현재로, 러시아-우크라이나 전쟁으로 이끌고 싶습니다. 제가 '여성을 보다, 전쟁을 보다: 전쟁과 정의에 관한 일기'라

고 가제를 붙인 책을 쓰고 있다는 사실을 알려드려야겠네요. 이번 대담은 일기에서 정의를 다루는 부분에 부합할 것 같습니다. 어쩌면 제 책의 일부가 될지도 모르겠어요. 여러분이 질문을 하시면 그 질문 역시 책에 포함될 수 있습니다.

모든 우크라이나인에게 침략범죄에 관한 국제재판소의 논의는 매우 중요합니다. 저의 책은 물론 개인적인 이야기에서 시작합니다. 지난 2월에 저는 모든 경고를 부인했어요. 전면전 규모의 침략이 현실이 되고 말 거라고 믿고 싶지 않았으니까요. 전쟁이 발발했을 때 저는 휴가 중이었고, 우크라이나가 비행금지구역이 되는 바람에 2월 26일이 되어서야 가까스로 우크라이나로 돌아왔습니다. 불행히도 보호된 영공이라는 의미에서 그렇지는 않았습니다. 비행기들은 더이상 우크라이나 공항에 착륙하지 못했지요. 제 고향 르비우로 돌아오기까지 이틀이 걸렸습니다. 그때 이미 필립 샌즈는 침략범죄 관련 국제재판소 설립의 필요성을 담은 『파이낸셜 타임즈』의 칼럼을 구상하고 있었을 겁니다. 당신의 칼럼을 여기에서 인용하고 싶어요.

2월 28일에 그 칼럼이 실렸습니다. 필립은 이렇게 썼지요. "우크라이나를 침공하기로 한 블라디미르 푸틴 대통령의 결정은 법치주의와 민족자결주의, 무력 사용 금지를 전제로 하는 1945년 이후 국제 질서에 가장 중대한 도전을 제기한다. 러시아가 현재 점령하려는 영토에 대한 군사적 야욕을 보인 것은 이번이 처음이 아니다. 1914년 9월 러시아는 르비우를 점령했고, 이로 인해 당시

10살이었던 내 할아버지를 포함한 수만 명이 서부로 피난을 떠나야 했다. 소련은 1939년 두 번째 공격을 감행했고, 1944년 여름에 다시 돌아와서 1991년 우크라이나의 독립까지 통제를 유지했다. 푸틴은 서구 사회가 머뭇거리기를 바라면서 도박을 감행했다. 불법적인 데다가 실패로 끝난 이라크 전쟁과 최근 아프가니스탄에서의 실패에 이어서, 과두 정부의 돈과 러시아 가스에 대한 의존 때문에 그는 서구가 자신의 행동에 맞설 수 없기를 바란다. 그가 맞을지도 모른다. 하지만 그의 도박은 경제 제재와 금융 조치만으로는 해결 불가능한 심각한 도전을 제기한다."

이어서 필립은 푸틴과 그의 공범 전부의 침략범죄를 재판받게 할 국제재판소의 설립을 제안합니다. 저는 그 부분을 이야기하고 싶어요. 어떻게 그런 생각을 하게 되었습니까? 이번 전쟁이 일어나리라고 예상한 겁니까? 당신의 2월은 어땠고, 이 기사에 대한 반응은 어땠습니까?

필립 샌즈: 당신 일기의 일부가 될 수 있다니 무척 기쁘군요. 당신이 쓴 두 권의 소설에 대해 멋진 평을 들었습니다. 영어나 불어 번역본이 아직 나오지 않아서 읽지 못했지만 곧 번역될 겁니다. 그리고 번역을 위해 제가 돕겠습니다.

2016년에 저는 『동서 거리: 제노사이드와 반인도범죄의 기원』을 출간했는데, 거기에 나오는 주요 인물 중 하나가 르비우입니다. 솔직히 르비우는 모든 것에 스며들지요. 놀랍게도 반인도범죄와 제노사이드, 이 두 개념의 기원은 두 남자로 거슬러 올라갑니다. 이들은 오늘날 르비우대학의 이반 프란코 법대가 된 얀 카지메르즈 법대의 학생들이었지요.

바로 허쉬 라우터파하트Hersch Lauterpacht와 라파엘 렘킨Raphael Lemkin입니다. 라우터파하트는 제 가족의 뿌리가 있는 조우카(조우크바) 근처 르비우에 살았어요. 렘킨의 가족은 조금 더 멀리 떨어져 있었구요. 1939년에서 1945년 사이에 두 남자는 제 할아버지가 그랬던 것처럼 가족 모두를 잃었습니다. 이들에 대해 제가 경이롭게 생각하는 지점은 구석에 누워 과거에 사로잡혀 우는 대신 생각을 떠올리고, 그것을 글로 정리하고, 반인도범죄와 제노사이드의 개념을 전 세계가 지지하도록 설득했다는 사실입니다.

물론 저는 제2차세계대전 당시에 없었지만, 많은 이들과 대화를 나눴습니다. 강자들과 약자들 모두에게 깊은 인상을 받았지요. 제 가족의 역사는 그 시기에 매우 큰 영향을 받았습니다. 그래서, 빅토리아, 당신처럼 저도 전면전이 발발했다는 사실을 믿을 수 없었어요. 1, 2월에 보고서들이 나오고 있을 때 저는 미국과 영국 정보국의 가짜 뉴스라고 의심했습니다. 무슨 이유에서인지는 몰라도 정보국이 공포스러운 괴물 러시아에 맞서 우리를 결집시키려고 한다고만 생각했지요. 아무도 이런 일이 일어날 거라고는 믿지 않았을 겁니다. 전쟁의 발발은 충격이었어요. 지난 12년간 우크라이나에 자주 갔었기 때문에 충격은 훨씬 컸습니다. 전쟁이 터지기 직전 10월에도 키이우와 르비우에 있었어요. 그곳에는 친구가 많아서 아주 가까이에서 일어나는 일, 더 개인적인 일처럼 느껴졌습니다. 그런 의미에서 저의 반응은 당신의 반응과 아주 비슷했습니다.

우크라이나와 국제법이 갑자기 신문의 전면에 실렸어요. 『동서 거리』때문에, 그리고 제가 국제법의 세계에 살고 있기 때문에 많은 신문사들이 전쟁에 대한 기고문을 요청했습니다. 저는 『파이낸셜 타임스』의 제의를 수락했어요. 실질적인 의사 결정을 하는 사람들이 읽는 신문이기 때문이었습니다. 그게 제가 원하는 바였어요. 저는 중요한 사람들의 결정에 영향을 주고 싶었습니다.

『파이낸셜 타임스』는 2월 26일에 연락했고, 저는 하루 꼬박 도움이 될 이야기를 구상했습니다. 그때 저는 이미 군사적인 대응이 필요하다는 견해를 가지고 있었어요. 전쟁 첫날부터 저는 그 생각을 지지했습니다. 사실 제 입장은 나토NATO와 미국, 영국보다 더 멀리 나아갑니다. 처음부터 비행금지구역에 찬성했어요. 저에게 그것은 우크라이나의 존립에 대한 실존적 위협일 뿐더러 제가 소중히 여기는 일련의 가치에 대한 실존적 위협이기도 했습니다.

저는 러시아의 팽창주의, 그리고 식민지와 제국주의 설계를 속속들이 알고 있어요. 2008년에 저는 남오세티야와 아브하지야 점령에 관한 국제사법재판소 사건에서 러시아에 맞서는 조지아 측 변호사로 고용된 적이 있습니다. 국제사법재판소에 사건을 접수하려면 모호하긴 해도 '모든 형태의 인종차별 철폐에 관한 국제협약'을 적용하는 방법밖에 없었습니다. 러시아 점령군은 조지아어를 말살하기 위해 언어적이고 교육적인 의무를 강요했습니다. 그렇게 우리는 법원으로 갔지만, 국제사법재판소가 잠정 조치를 명령한 끝에 결국 관할권이 없다는 판결을 내려서 몹시 유감스러웠습니다. 끔찍한 판결이었어요. 조지아가 러시아에 제대로 통보하지 않았다는 것은 편협하고 형식에 치중한 한심한 변명이었습니다. 형편없는 판결이었고, 실수였어요.

당시에 저는 이 판결이 무척 위험하다고 믿었기 때문에 그 내용을 글로 썼습니다. 국제사법재판소의 판결은 러시아에게 이런 류의 행동을 해도 국제 사회가 아무 대응도 하지 않을 거라는 신호를 주었습니다. 물론 그다음에 같은 일이 반복되었지요. 체첸, 시리아, 크림반도, 그리고 우크라이나 동부의 상황을 못 본 척하는 일 말입니다.

다시 말하지만, 저는 여기서 현실을 점검하고 싶습니다. 제 발언은 우크라이나에서 인기가 없을 거예요. 하지만 지금에 이르기까지 영국 정권들은 무대응으로 일관했을 뿐 아니라, 제 견해로는, 이런 행위를 해도 무사할 수 있다는 러시아의 감각을 적극적으로 지지했습니다. 영국에서 영웅 대접을 받는 남자, 보리스 존슨은 (진심에서 우러나지는 않았더라도 그가 취한 입장에 저는 동의하지만, 그 안에는 뭔가 구토를 유발하는 게 있어요) 부친이 전직 국가보안위원회KGB 요원이었던 '레베데프'라는 러시아인을 상원으로 끌어들였습니다.[76] 영국 지배층의 반대에 부딪혔지만, 러시아의 재력과 영향력 하에 있었던 보리스 존슨은 이를 무시했지요. 그는 외무장관으로 아무것도 하지 않았고, 총리로서도 해결을 위한 노력을 기울이지 않은 채 뒤늦게 우크라이나의 대의명분으로 급선회했습니다. 런던은 역겨울 정도로 러시아 과두제 집권층의 돈이 넘쳐납니다. 런던이 어떻게 더럽고 불결한 러시아의 자본에 문을 열었는지는 상상조차 하지 못할 거예요. 믿기 힘든 이야기니까요.

이런 배경 속에서 저와 많은 사람들은 우크라이나가 서구 사회에 의해 무너졌다는 사실에 깊은 분노를 느꼈습니다. 서구는 이런 행위를 장려하지는 않았지만 이전에 일어난 사건들에 눈을 감았어요. 영국뿐 아니라 다른 나라들도 마찬가지였지요.

그래서 『파이낸셜 타임스』가 원고를 청탁했을 때 저는 생각했습니다. 내가 도움이 될 수 있을까? 저는 군인도 재력가도 아닙니다. 저는 국제법과 정의의 세계에 있어요. 저는 그것에 집중하기로 마음먹었습니다. 보통은 불법적인 전쟁이 일어나거나 불법적인 전쟁을 기다리는 동안 범죄가 뒤따릅니다. 전쟁범죄, 반인도범죄, 제노사이드에 대해서 원한다면 이야기할 수 있겠지요. 그런 부분은 우크라이나 법정이나 다른 국가의 법정, 혹은 국제형사재판소 같은 사법 시스템에 의해 다루어졌습니다.

---

76 예브게니 레베데프는 현직 상원의원이자 『이브닝 스탠다드』를 소유한 러시아 기업가이고, 다른 언론 기업들과 더불어 『인디펜던트』의 주주이기도 하다. 그는 2020년 보리스 존슨에게 일대귀족 작위를 받았다.

하지만 중요한 틈이 있지요. 바로 침략범죄입니다. 이 개념은 뉘른베르크에서 고안되었고, 효력을 소급해서 적용되었습니다. 당시에는 '반평화범죄'라고 불렸어요. 틈이 생긴 원인은 국제형사재판소가 몇 가지 기술적인 이유로 우크라이나 영토에서 벌어진 침략범죄에 대한 관할권을 행사하지 않기 때문입니다. 물론 침략범죄를 우크라이나 법정에서 다룰 수도 있었겠지요. 하지만 침략범죄는 지도자가 저지르는 범죄로, 전쟁을 일으키기로 결정하고 그 결정을 따르기로 한 사람들에게만 귀책사유를 물을 수 있습니다. 푸틴과 라브로프, 그리고 권력의 정점에 있는 아주 작은 규모의 집단을 말하고 있는 거예요. 어떤 우크라이나 법정도 여론의 관점에서 그런 사람들에게 합법적인 관할권을 행사할 수는 없을 겁니다.

저는 3년이나 5년 후 이 공포가 끝났을 때 벌어질 끔찍한 상황을 피하기 위해서 이 틈을 메울 필요성에 집중하기로 생각했습니다. 범죄들이 있을 겁니다. 헤이그와 키이우, 그리고 다른 장소에서 하급 군인들이 저지른 범죄에 대한 재판이 열릴 거예요. 부차와 마리우폴, 그리고 다른 장소에서 발생한 끔찍한 전쟁범죄와 반인도범죄에 대해서도 일부가 재판을 받게 될 겁니다. 하지만 가장 위에 있는 사람들은 책임에서 벗어날 거예요. 저에게도 그건 전적으로 받아들이기 힘든 것이고, 정의의 왜곡입니다. 저는 그 문제에 대해 쓰겠다고 결심했습니다. 7백 자를 1시간 30분만에 썼어요. 때로는 저절로 글이 쓰이는 경험을 하지요. 그 글을 전송했습니다. 어떤 글을 쓰고 나면 이튿날 7명의 사람과 개 한 마리가 답장을 보내서 글이 환상적이라느니 끔찍하다느니 왈가왈부하고 넘어가게 되잖아요.

하지만 그런 일은 일어나지 않았어요. 칼럼은 28일에 게재되었습니다. 29일 아침에 일어나서 이메일을 확인했어요. 아내는 항상 아침에 눈뜨자마자 이메일부터 확인한다고 야단을 칩니다. 그러는 대신 아내와 앉아서 먼저 대화를 나누고 커피를 마신 뒤에 이메일을 확인해야 한다구요. 그래도 이메일부터 열었습니다. 전 세계에서 침략범죄에 관해 4백통의 이메일이 왔더군요! 이후 며칠간 받은 이메일 중에는 개인적인 친분이 없는 전직 총리 고든 브라운의 것도 있었습니다. 물론 그가 누군지는 알지만 우리는 연락한 적이 거의 없었어요. 그가 말했습니다. "영국의 전직 총리들을 대신해서 메일을 보냅니다. 우리는 당신의 견해에 매우 큰 관심을 가지고 있습니다. 관련해서 대화를 나눌 수 있을까요?" 이런 식으로 계속 연결되어서 저는 드미트로 쿨레바와 왓츠앱을 통해 긴밀히 소통하게 되었고, 그것은 곧 우크라이나 정부의 정책이 되었으며, 이제는 몇몇 정부들에 의해서도 지지를 받게 되었습니다.

기사를 쓸 당시에는 이런 일이 벌어질 가능성이 거의 없다고 생각했어요. 오늘날의 상황은 매우 다릅니다. 순간을 포착한 어떤 생각이 사라지지 않고 저마다의 생명을 얻는 것은 신기한 일입니다. 그 생각은 억누를 수 없게 되지요.

결국 그 기사에 영감을 준 것은 르비우와 라우터파하트, 그리고 렘킨입니다. 저는 1945년으로 돌아가서 뉘른베르크 재판의 검사였던 라우터파하트와 렘킨을 떠올렸어요. 그런 걸 멋대로 만들어낼 수는 없었습니다. 그들은 자신도 모르는 사이 두 사람의 일가 전체를 몰살했던 남자의 사건을 맡았습니다. 저는 그들로부터, 제가 사랑하게 된 이 도시로부터 영감을 받았어요. 그렇게 간단했습니다.

빅토리아 아멜리나: 발언에 감사드립니다. 당신은 영국 문인협회 회장이지요. 저는 우크라이나 문인협회의 일원입니다. 우리는 정의 실현을 위한 다수의 계획들을 지지합니다. 저는 이걸 물어보고 싶었어요. 침략범죄를 단죄하기 위한 국제사법재판소를 창설하려면 시민 사회로서 우리는 무엇을 해야 할까요? 우리는 무엇을 할 수 있을까요?

필립 샌즈: 글쎄요. 이미 문인협회의 일원인 것만으로 당신은 많은 일을 하고 있습니다.

객석에 있는 청중들에게 이야기하자면, 시민 사회의 견해는 매우 중요합니다. 초기 단계에 '아바즈Avaaz'라는 단체가 침략범죄의 단죄를 위한 특별형사재판소 설립을 지지하는 청원 캠페인을 시작했어요. 침략범죄를 옹호한 지도자들을 조사하려구요. 놀랍게도 한 달 안에 다수의 러시아인과 전 세계에서 2백만 명의 청원을 달성했습니다. 하지만 1위를 차지한 국가는 우크라이나였지요.

그러니까, 여러분도 아바즈의 웹사이트에 가서 청원에 서명하세요. 곧 시작하려고 준비 중인 다른 청원도 있습니다. 다시 밀어붙이는 힘이 중요해지는 순간이 오는 것처럼 느껴져요. 우크라이나는 이미 여섯 혹은 일곱 국가로부터 지지를 받고 있습니다. 하지만 이게 가능해지려면 영국, 미국, 프랑스나 독일처럼 큰 나라들의 지지가 필요하다고 느껴요. 가장 가능성이 높은 나라는 영국입니다. 뚜렷한 이유로 미국은 지지하지 않을 것 같아요. 이라크의 잔재가 남은 탓이겠지요. 저는 그것도 불법 전쟁이었다고 생각하는데, 많은 이들이 그 전쟁을 침략범죄로 간주합니다. 독일의 지지 가능성이 있지만 그 나라도 민감한 상황에 처해 있어요. 제가 영국과 프랑스의 이중 국적자이긴 합니다만, 프랑스는 전적으로 반대할 겁니다. 프랑스는 종종 모든 사안에 반대를 표명하지요. 그 이유는 모릅니다. 하지만 안전보장이사회 상임이사국을 처벌하기 위한 특별형사재판소가 오늘 설립될 수 있다면 내일 다른 상임이사국을 처벌하는 특별형사재판소도 설립될 수 있기 때문에 프랑스는 그걸 우려하고 있을 겁니다. 그 가능성이 불안과 걱정을 유발한다고 생각해요. 그래도 저는 우리가 더 목표에 가까워지고 있다고 낙관합니다.

저는 키이우 주재 프랑스 대사에게 조금은 제한적이었지만 그래도 지금까지 보내준 지원에 대한 고마움을 담은 편지를 쓰라고 촉구하고 싶습니다. 그런 다음 침략범죄를 저지른 지도자의 처벌에 관한 지원은 완전한 실패했다고 공격하세요. 그 편지를 복사해서 저의 친한 친구 프랑스 외무장관에게 보내고, 여러분이 프랑스의 입장에 분노하는 이유를 설명하세요. 여론은 정말 중요합니다. 편지로 홍수가 나게 하고, 폭격하세요. 저는 심지어 『르몽드』 기자도 여기 청중석에 있을 수 있다고 생각해요. 어쩌면 『르몽드』가 여기 있는 몇 분을 인터뷰할 수도 있겠지요. 마크롱이 범죄자와는 협상하지 않는다고 거부하는 대신 푸틴과 긴 테이블에 앉아 있는 모습을 보고 얼마나 화가 나고 분노했는지 알려줄 수 있을 겁니다.

빅토리아 아멜리나: 조언해주셔서 감사합니다. 우크라이나인들이 당신의 말을 들었으니 이제 그런 일이 분명히 일어나리라고 확신합니다. 한 번 더 이야기하지만, 우크라이나는 국제법을 바꿈으로써 전 세계를 바꿀 기회를 가지고 있습니다. 그건 경이로운 일이지요.

우리 둘 다 존경하고, '반인도범죄'라는 용어를 만든 허쉬 라우터파하트의 말을 인용하고 싶어요. 그는 개인의 행복이 법의 궁극적인 목표라고 했습니다. 저는 우리 둘 다 이 말에 동의하리라고 생각합니다.

저는 소설가, 에세이스트, 시인일 뿐 아니라 지금은 전쟁범죄를 기록하고 있습니다. 몇몇 비정부기구의 전쟁범죄 조사원이 되었는데, 그중에는 최근 노벨평화상을 받은 시민자유센터, 그리고 트루스하운드가 있습니다. 저는 최근에 해방된 지역이나 최전선

인근 지역에 가서 제노사이드로 분류될 가능성이 있는 전쟁범죄와 반인도범죄로 인해 고통을 겪은 사람들의 증언을 녹음합니다. 종종 저는 처음으로 이분들의 증언을 수집하는 사람이 되기도 해요. 왜냐구요? 증언 녹취가 불가능한 일이어서가 아니라 우크라이나의 사법 시스템이 처리할 수 없을 만큼 많은 러시아군의 범죄가 일어나기 때문입니다. 사법부는 최선을 다하고 있어요. 제가 이런 말을 하게 될 줄은 몰랐지만, 지금 우크라이나에서 국가와 시민 사회는 더불어 일하고 있으며 우리는 그들이 최선을 다하는 모습을 봅니다. 하지만 검찰이 등록한 전쟁범죄만 3만 건이 넘어요. 개인적인 이야기를 들려드릴게요. 9월에 저는 최근에 해방된 하르키우의 이쥼에 갔습니다. 팀원 6명은 일주일 남짓 이쥼에 머물렀어요. 우리는 새로운 고문 장소 세 군데를 발견했고, 70명의 신원을 파악했습니다. 그들은 납치되어서 고문받았고, 몇 명은 살해당하기도 했습니다. 일주일간 한 팀이 수행한 업무가 이렇습니다. 아마 그 규모를 짐작할 수 있을 거예요.

올렉산드라 마트비추크와 그녀가 이끄는 비정부기구 시민자유센터는 또 다른 종류의 국제사법재판소 설립을 위해 노력하고 있습니다. 그들은 침략범죄를 단죄할 국제사법재판소의 중요성을 알지만, 이 전쟁으로 인해 고통 받은 모든 시민들의 정의는 어떻게 구현할 것인지 묻습니다. 정의 구현에는 돈이 무척 많이 든다는 사실을 저는 이해합니다. 하지만 소중한 일이기도 하지요.

제 질문은 이겁니다. 국제 하이브리드 재판소에 대해 어떻게 생각합니까? 전쟁범죄와 반인도범죄, 가능하면 제노사이드까지 다루는 또 다른 재판소 말입니다. 국제형사재판소를 알지만, 그 재판소는 보통 몇몇 사건만 선별해서 다뤄요. 제가 증언을 녹음한 그 사람들에게 저는 뭐라고 말해야 하나요?

우리에게는 사건을 구성하고 기소할 검사가 충분하지 않습니다. 그리고 저는 한 건의 특별한 사례를 강조하고 싶어요. 동화책을 여러 권 집필한 우크라이나 작가 볼로디미르 바쿨렌코는 3월 24일 이줌 부근 카피톨리우카에서 납치되어서 영원히 돌아오지 못했습니다. 그에게 어떤 일이 일어났는지 모르지만, 아마 고문을 받았을 거라고 추정해요. 저는 그의 부모님의 증언을 녹음했습니다. 저는 볼로디미르 바쿨렌코의 납치를 주도한 남자의 콜사인을 알아요. 하지만 당신이 하급 군인이라고 부르는 이 남자를 법정에 세울 가능성은 얼마나 될까요?

필립 샌즈: 당신이 이 얘기를 들려주었기 때문에 이제 가능성은 훨씬 높아졌겠지요. 당신은 이걸 반드시 글로 써야 합니다. 당신이 하고 있는 일을 존경해요. 현장으로부터 정신적으로나 심리적으로는 아니어도 물리적으로 멀리 떨어져 있는 우리는 당신의 일을 쉽게 할 수 없습니다. 당신은 그 일을 선택했고, 그건 대단한 일입니다.

당신은 놀라운 재능을 가진 작가예요. 저는 다른 이들의 길을 따라갔던 저의 길에 당신을 초대하고 싶습니다. 저의 접근 방식은 독창적이지 않아요. 이미 시행되었고, 테스트를 거친 것입니다. 이 이야기에 관해서 짧은 책을 써보세요. 단언컨대 당신은 관심을 받게 되고, 당신의 이야기도 번역될 겁니다. 느린 정의의 바퀴를 움직일 방법을 당신은 찾을 수 있으리라고 확신해요. 하지만 당신은 더 큰 질문을 던졌지요. 범죄의 수가 너무 많아서 합리적인 국가 시스템을 압도하는 상황에서 무엇을 할 수 있는지를 물었지요.

당신이 인용한 허쉬 라우터파하트의 말은 혁명적인 것이었습니다. 이 공간에 있는 많은 청중들은 법의 기능이 모든 상황에서 개인을 보호하는 것이라는 말이 가진 중요성을 깨닫지 못할 거예요. 하지만 국제법의 맥락에서 그건 혁명적인 서술이었습니다. 왜냐하면 1945년에 라우터파하트, 렘킨, 그리고 많은 이들이 그런 의견을 개진할 때까지 법의 기능은 단지 국가를 보호하고, 황제, 왕, 여왕, 군주, 혹은 국가를 이끄는 동시에 국가와 한몸인 누군가를 보호하는 것이었으니까요. 그건 생각의 혁명적인 변화였고, 뛰고 있는 법의 심장에 개인을 둔 것이었습니다.

어떤 사법 시스템도 엄청나게 많은 범죄를 처리할 수는 없겠지만, 다른 다양한 수단을 통해서 이런 문제들이 다뤄졌던 사례들이 꽤 있습니다. 예를 들자면, 지금 바로 떠오르는 사건은 1990년대 르완다 제노사이드예요. 역시 엄청난 규모로 벌어진 사건이었지요. 르완다의 사법 시스템은 압도되었습니다. 대신 그들은 소수의 상징적인 사건만 사법 시스템을 거치도록 했습니다. 아마 이쯤 출신 작가가 그런 상징적인 사건일 텐데, 콜사인과 모든 것에 대해 논의할 수 있을 겁니다. 추적을 시작할 수 있을 거예요. 저도 돕고 싶어요.

르완다는 모든 사람을 형사 재판에 세울 수 없어서 '가차차 재판'이라고 불리는 정의 구현 시스템을 고안했습니다. 가차차 재판에서는 이야기들이 오갔어요. 그렇게 이야기를 함으로써 부분적이지만 지역 차원의 정의가 구현되었습니다. 남아프리카공화국에서는 진실화해위원회가 열렸어요. 칠레도 진실화해위원회가 있었구요. 국제법 분야에서 30년 넘게 일한 뒤에야 저는 정의 구현을 하는 데 사법 시스템만 필요한 것은 아니라는 사실을 이해하게 되었습니다. 많은 사람들에게 실제로 중요한 것은 확고하고 독립적으로 사실 관계가 확립되었고, 어떤 형태로든 이야기들이 기록되었으며, 대중에게 공개되었다는 감각입니다.

저는 『동서 거리: 제노사이드와 반인도범죄의 기원』과 『쥐 통로: 나치 도망자의 추적과 사랑, 거짓말, 그리고 정의』에 이어서 세 번째 책을 집필하고 있어요. 『쥐 통로』는 갈리치아의 나치 총독이었던 오토 배히터의 이야기를 다루고 있기 때문에 역시 상당 부분 르비우를 배경으로 하지요. 세 번째 책은 칠레를 다루고 있습니다. 배히터의 친구 한 명은 탈출 이후 법망을 벗어나 1950년에 남미로 향했고, 결국 칠레까지 갔어요. 그는 아우구스토 피노체트와 함께 일한 것으로 추정됩니다. 다음 책에서 그 얘기를 다룰 거예요.

칠레에서는 수천 명이 실종되었습니다. 몇 년에 걸쳐서 칠레는 연속적으로 진실화해 시스템을 구축했어요. 저는 사랑하는 이들이 실종된 많은 사람들을 만났습니다. 예를 들어, '론드레스 38'이라는 박물관을 운영하는 멋진 여성, 에리카 헤닝스가 있었어요. 그 박물관은 [대통령 살바도르] 아옌데가 일했던 사회당의 이전 본부와 주소가 같았습니다. 피노체트가 집권하고 나서 그 건물은 점령당한 후 고문 센터로 변해버렸어요. 많은 이들이 실종되었지요. 그들 중 한 명이 1974년에 실종된 에리카의 남편이었습니다. 그는 론드레스 38로 끌려가서 갇히고, 취조당하고, 고문당한 후 실종되었어요. 아주 비슷한 얘기지요. 에리카 헤닝스는 가까스로 소송 절차를 프랑스로 이관했습니다. 그녀가 저에게 설명했어요. 그녀와 다른 이들에게 무슨 일이 일어났는지 이야기하는 것은 중요하다고. 그게 논픽션이든지, 소설이든지, 혹은 공식적인 정부 보고서든지 상관없이.

우크라이나 정부가 현재 어려운 상황에서도 최선을 다해 이런 이야기들을 다루려고 하는 것을 우리는 압니다. 여러분을 실망시키지 않길 바랍니다만 저는 전쟁범죄와 반인도범죄를 처리할 또 다른 국제형사재판소는 필요하지 않을 것 같아요. 우크라이나의 법정에서, 폴란드, 독일, 영국, 그리고 어쩌면 프랑스의 법정과 국제형사재판소에서 이 문제들은 다뤄질 수 있습니다. 하지만 우리가 원하는 것은 과거 사건과 앞으로 들려줄 이야기에 대한 완전한 설명이겠지요.

이야기는 정말 중요합니다. 『동서 거리』에서 저는 미처 몰랐던 제 할아버지에게 일어난 일을 이야기했습니다. 75년이 지난 다음 그 사건을 밝혔어요. 할아버지의 어머니와 형제자매, 조카들에게 일어난 사건을 아는 것은 저희 가족에게 의미가 매우 컸습니다. 책에서 저는 조우카에서 일어난 일을 언급했습니다. 1943년 3월 25일 하루만에 3천 5백 명이 사는 작은 마을 조우카에서 주민의 절반이 처형당했습니다. 처형에서 유일하게 살아남은 사람의 기록이에요. 머리에 총알이 박혔지만 가까스로 살아남아 집단 무덤에서 나온 그는 그날 벌어진 일을 이야기하고 기록했습니다. 하지만 공식적으로 기록된 적은 없어요. 75년이 흐른 뒤 그 사실이 큰 상처를 남깁니다. 조우카의 현 시장과 대화를 나눴어요. 저는 개인의 이야기가 가진 중요성을 나타내는 증표로 그곳에 있었던 모든 사람의 이름을 담은 작은 기념비를 세우도록 제안했습니다. 그들이 누구인지, 국적과 교파, 종교가 무엇인지 상관없이 모두에게 의미가 있어요.

당신이 던진 질문에 대한 답의 핵심은 사실이 드러나고, 이야기가 나오고, 이름이 알려지는 것입니다. 피해자들은 철저하게 부적절한 처우에 놓인 인간으로만 인식되지만, 그들에게는 정확한 이름과 목격자의 증언이 있어요. 아무도 이들을 인터뷰하지 않고, 과거를 조사하지 않았다고 당신이 알려주었을 때 저는 충격을 받았습니다. 전쟁범죄 조사에 들어가는 엄청난 돈의 액수에 관한 얘기들을 들어요. 하지만 명백히 범죄의 수가 너무 많아서 모든 사건을 다루는 것은 불가능합니다. 그러니 정보를 모으고, 기록하고, 사진을 찍고, 이름을 적고, 주소를 적어두세요. 이것이 정말 가치 있는 정보입니다. 쓰일지는 모르지만 그래도 계속 모으고, 또 모으세요.

빅토리아 아멜리나: 국제형사재판소가 우크라이나에 검사 42명을 파견하려는 것 같아요. 물론 이 숫자는 터무니없이 적지요. 현장에서 그들을 만난 적은 없습니다. 제가 아는 누구도 그들을 만난 적이 없어요.

필립 샌즈: 그들이 우크라이나어를 말할 줄 압니까?

빅토리아 아멜리나: 모르겠어요. 그들을 본 적이 없으니까요.

필립 샌즈: 수백만 명이 전쟁범죄 조사에 투입되고 있다는 얘기를 듣습니다. 하지만 그들이 무엇을 하고 있는지는 모르겠어요. 정부가 그들을 보냈다면 뭔가 일을 하고 있을 거라고 믿어야겠지요.

빅토리아 아멜리나: 모르겠습니다. 저는 그것에 관한 책을 쓰고 있어요.

필립 샌즈: 우크라이나인이 아닌 전쟁범죄 조사원을 만난 적은

없다는 말이지요. 얼마나 열심히 찾아보았습니까?

빅토리아 아멜리나: 글쎄요. 그게 제 목적은 아니니까요. 저는 전쟁범죄를 찾고 있지 그 조사원들을 찾고 있진 않잖아요. 사실 저는 당신에게 국제형사재판소에 대해 물어보려고 했습니다. 당신의 기대치는 어느 정도인가요? 그들은 얼마나 많은 사건을 다룰 수 있겠습니까? 저는 숫자를 알고 싶습니다.

필립 샌즈: 지금 이 말을 하면 진짜 당신을 화나게 할 것 같군요. 유감스럽지만 제 기대치는 매우 낮습니다.

빅토리아 아멜리나: 저도 그래요. 그냥 당신의 의견을 듣고 싶었습니다.

필립 샌즈: 국제형사재판소에는 문제가 있어요. 현 분쟁과도 관련이 있는데 여러분이 허락한다면 간략히 설명해보겠습니다. 국제형사재판소는 아프리카 출신 흑인들만 조사하거나 기소했어요. 그리고 아프리카 출신 흑인들은 국제 범죄를 독점하지 않습니다. 이것은 전 세계에서 엄청난 분노를 일으켰어요.

우리는 지금 유럽에 있지요. 잠시 쉬면서 여러분의 뇌를 멈춘 다음 여러분이 남미, 아프리카나 아시아 같은 다른 지역에서 이 얘기를 듣는다고 상상해보세요. 노골적으로 말하자면 백인을 상대로 저지른 범죄 조사에 관한 지원에 대해 듣는다구요. 시리아에서 러시아 정부가 저지른 범죄 조사에 관한 비슷한 이야기는 도대체 어디에 있지요? 어떤 일이 일어났습니까? 피해자들 간의 차이는 뭘까요? 우리는 그게 뭔지 압니다. 피부색과 종교라는 걸. 솔직해집시다. 세계적으로 정당성을 회복하려면 국제형사재판소는 백인을 찾아서 조사하고 기소해야 할 겁니다. 자금은 넘쳐납니다. 저는 국제형사재판소가 아무도 기소하지 않는 날이 올 수도 있을 거라고 생각해요. 그 이유는 뭘까요?

빅토리아 아멜리나: 제 예상은 이런 게 아니었는데요.

필립 샌즈: 국제형사재판소의 규정에는 '보충성의 원칙'이라고 불리는 것이 있습니다. 무엇보다 범죄가 발생한 국가의 법정, 혹은 가해자나 피해자가 관할권을 행사하는 국가의 법정을 위한 것이지요.

국제형사재판소는 우크라이나가 조사와 기소를 할 수 없거나, 하지 않으려는 경우에만 관여할 수 있습니다. 우크라이나는 조사와 기소를 하고 싶어 하지요. 그래서 논쟁이 있습니다. 키이우에서 끔찍한 짓을 벌이고 재판 받는 18살 아이가 아니라, 이런 종류의 가해자를 상대로 우크라이나가 모든 조사와 기소를 할 수 있는지에 관해서요. 법을 어기는 개인은 처벌을 받아야 합니다. 그게 전적으로 옳고, 그래서 재판이 열려야겠지요. 하지만 우리 모두가 주시했던 재판에서 솔직히 그 청년은 문제가 아니었습니다. 청년은 끔찍한 일을 저질렀고 법적 처벌을 받아야 하지만, 그는 여러분이 원하는 사람이 아니지요. 여러분은 먹이사슬의 위에 있는 자들의 처벌을 원하니까요.

우크라이나가 키이우에서 스스로 할 수 있는데, 왜 먹이사슬의 상부에 있는 자들을 국제형사재판소에 넘기겠습니까? 지역에서 실현할 수 있는 정의를 굳이 먼 곳으로 이관하는 것을 우크라이나 국민들이 이해할까요? 이건 국제재판소의 기능과 관련된 큰 문제입니다. 저는 묻습니다. 현실적으로 우크라이나는 국제형사재판소에 사건을 넘겨줄까요? 국제형사재판소가 다른 관할권에서 가해자들을 찾아서 체포할 수도 있지만, 그럴 가능성을 보장할 수는 없습니다. 두 번째로 염려스러운 점은 국제형사재판소가 권력의 정점에 있는 사람들을 체포할지 여부예요. 가능성을 배제할 수는 없지만, 언젠가 미래에 국제형사재판소에서 엄청난 재판이 열릴 거라는 가정 하에 일을 진행하면 안 됩니다. 가능할 수 있겠지만 똑같이 불가능할 수도 있으니까요. 그래서 저는 여러분을 기대하게 만들지 않겠습니다.

빅토리아 아멜리나: 그 때문에 우리는 침략범죄의 처벌을 위한 국제재판소를 설립한 뒤에 또 다른 국제재판소의 설립을 옹호하는 주장을 지속적으로 펼쳐야 하겠지요. 어쩌면 키이우에, 어쩌면 몇몇 도시에, 어쩌면 르비우에도 국제재판소가 생길지 모릅니다. 이

곳 출신의 저명한 변호사였던 허쉬 라우터파하트와 라파엘 렘킨을 생각하면 꽤 상징적인 일이 될 거예요. 그리고 우리는 마리우폴에도 한 곳을 생각하고 있습니다.

보다시피, 우크라이나의 승리는 침략자를 물리치고 영토를 수복하는 것뿐만 아니라 개혁을 완수하고 모두에게 귀감이 되는 법치주의가 완전히 제 기능을 하는 자유민주주의 국가가 되는 것이라고 이곳 쳅티츠키흐 센터에 있는 모든 사람들은 생각합니다. 그럴려면 우리는 법치주의를 믿어야겠지요. 러시아 침략자들이 저지른 범죄가 너무 많을 때 그건 무척 어려운 일이에요. 하지만 범죄는 이미 일어났고, 우리는 정의 구현의 수혜자가 될 수 있다고 믿어야 합니다.

저는 발라클리야에서 어떤 남자를 인터뷰하고 있었어요. 그는 엄청난 일을 겪지는 않았어요. 여러분이 외국에 의해 점령된 땅에서 생존하는 것이 엄청난 일이라고 생각하지 않는다면 말이지요. 그는 나이가 많고, 구타나 고문을 당한 적이 없었습니다. 그가 말했어요. "그 기간 동안 나는 가장 작은 벌레가 된 것처럼 느꼈어요. 그들은 나에게 어떤 짓도 할 수 있었어요. 경찰서와 검찰청도 없었고, 내 문제를 토로할 곳이 한 군데도 없었어요." 저는 그곳에 서서 생각했습니다. 공장에서 일했고 러시아의 점령에서 살아남은 이 평범한 남자가 이제는 민주주의의 목적과 법치주의의 의미를 이해하게 되었다고. 이런 신념을 간직해서 그와 같은 처지에 놓인 사람들이 정의를 보도록 하는 것은 매우 중요합니다.

어쩌면 다른 국제적인 범죄들의 단죄를 위해서라도 국제 하이브리드 법정이 필요할지 모릅니다. 한번 생각해보길 권합니다. 국제 변호사의 커뮤니티에서, 그리고 작가로서 당신의 목소리는 아주 중요하니까요.

필립 샌즈: 당신의 말에 완전히 공감해요. 정의, 그리고 정의의 감각을 가질 수 있으리라는 믿음은 웰빙에 이르는 과정의 일부입니다. 저는 얀 일한 키질한Jan Ilhan Kizilhan이라는 저명한 독일·터키·쿠르드계 심리학자와 관련해서 몇 년 전 이 부분에 대해 짧은 글을 쓴 적이 있어요. 여러분 중 몇 분은 이슬람국가ISIS에게 공격당한 야지디족 이야기를 기억할 겁니다. 그들은 이라크와 시리아 북부에 백만 명의 작은 공동체를 이루고 살지요. 그들은 무슬림 공동체가 아니라 이슬람국가가 '이교도'이자 '무신론자'라는 이유로 공격하는 종교 공동체입니다. 이슬람국가는 하나의 산업이라고 할 만큼 대규모로 모든 어린 여성들을 굴복시키고 강간을 위해 납치하는 정책을 세웠어요. 강간당하면 그녀들은 불결한 존재가 될 것이고, 아이를 낳지 않을 것이며, 그 공동체는 자멸하고 말 테니까요. 이는 강간을 학살 정책의 수단으로 삼는 예를 보여줍니다. 정말 끔찍한 이야기지요. 얀 키질한은 독일 남부 바뎀-뷔르템베르크 주정부와 함께 천 백 명의 젊은 여성들을 그곳으로 데려가서 포스트 트라우마 심리치료를 받게 하는 프로그램을 계획했습니다. 그는 저에게 그곳으로 와서 형법 시스템에 관해 대화를 나누

도록 요청했지요. 저는 얀을 잘 알게 되었고, 심리학자로서 그는 그 일을 겪은 일부 여성들이 일정한 수준까지 웰빙을 회복하는 과정을 설명해주었어요…… 저는 아이가 셋인 아버지이고, 이 일이 일어났을 때 비슷한 나이의 두 딸이 있었어요. 말 그대로, 저는 그들이 들려주는 이야기를 믿을 수가 없었습니다. 그 순간 저는 국가적 또는 국제적 차원에서 격식에 매이지 않는 정의 실현의 가능성 자체만으로도 회복 과정의 중요한 일부가 된다는 점을 배웠습니다. 그런 점에 초점을 맞추는 것은 전적으로 옳으며, 저는 실현 방법에 대해 마음을 열어두라는 당신의 요청을 명확히 들었어요. 회복 과정의 일부로 정의의 불꽃을 계속 살리기 위해서는 더 많은 기관과 메커니즘들이 필요할지 모릅니다.

빅토리아 아멜리나: 감사합니다. 다른 제 할아버지에 대해 얘기하려고 했어요. 그는 하르키우와 수미 근처, '돈바스'라고 불리는 지역의 일부인 슬로보주안시나 출신입니다. 당신의 할아버지 레온처럼 할아버지도 가족을 많이 잃었지요. 홀로도모르 때였습니다. 홀로도모르는 1932년에서 1933년 사이 소련에 의해 조직된 학살적인 기근이었고, '제노사이드'라는 용어를 만든 라파엘 렘킨은 그것을 제노사이드로 규정했습니다. 렘킨은 1953년 뉴욕에서 홀로도모르 제노사이드 피해자들을 추모하기 위해 모인 우크라이나인들 앞에서 연설했지요.

저는 키이우 홀로도모르 박물관에 있는 기억의 책에서 할아버지와 같은 성을 가진 사람들의 이름을 찾을 수 있었습니다. 충분한 증거는 없었어요. 홀로도모르는 기록되지 않았고, 이제 와서 가해자들을 찾을 수도 없지요. 우리에게는 기억밖에 없습니다. 우리의 모든 것이자, 정의 실현을 위해 제가 가진 전부도 기억일 거예요. 이 내용도 제 책에 쓸 수 있겠지만, 아마 이게 전부일 겁니다.

저는 피테르 포메란체우가 언급한 대문자 G-단어에 관해 묻고 싶어요. 사법 시스템에서 렘킨의 의도 대로 '제노사이드genocide'가 정의되지 않는다는 것을 이해합니다. 동시에 세계는 제노사이드를 범죄 중의 범죄로 바라보게 되었지요. 당신과 저는 반인도범죄가 결코 덜 끔찍하지 않다는 데 동의하긴 하지만 이 단어에 대한 집착은 엄청나잖아요. 우리는 어떻게 이런 집착을 극복할 수 있을까요?

저는 소련에서 태어났어요. 저는 이중 사고의 해악을 알고 있습니다. 여기에 있는 모든 사람들과 소위 '글로벌 사우스Global South'라고 불리는 곳 또는 다른 곳에서 우리를 보는 사람들은 인류가 수없이 많은 제노사이드와 민족 말살을 저질렀다는 데 동의할 겁니다. 이건 특별한 범죄가 아닙니다. 당신은 이미 르완다를 언급했고, 미얀마의 로힝야 무슬림, 아르메니아 제노사이드에 대해서도 계속 말할 수 있을 거예요. 불행하게도 인류가 어느 때나 지속적으로 제노사이드를 저질렀다는 사실에 우리 모두는 동의합니다. 하지만 사법 시스템에서 이것을 증명하기는 너무 어려워요. 이건 오웰Orwell적인 것입니다. 우리는 도대체 무엇을 할 수 있을까요? 반인도범죄를 더 강조하고, 그런 범죄의 예방에 관한 협약을 만들어야 할까요, 아니면 제노사이드로 규정하기 위한 법률 제정을 바꾸고 이중 사고를 멈춰야 할까요? 그리고 미국 원주민을 상대로 한 범죄처럼 제노사이드를 확신하면서도 우리는 왜 그것을 제노사이드라고 부르지 않을까요? 어떻게 이런 식의 이중 사고와 G-단어에 대한 집착을 끝낼 수 있지요?

필립 샌즈: 제 역할은 법적인 문제에서 사실 그대로 말하는 겁니다.

당신의 질문으로 넘어가기 전에, 이 도시의 기원과 렘킨이 그의 스승과 나눈 대화를 언급했잖습니까. 그 스승의 이름을 확인하고 싶어요. 그 스승이 오히려 대단한 사람이었어요. 율리우스 마카레비츠, 이곳 르비우의 멋진 묘지에 묻혀 있는 폴란드 형법 교수였고, 최근 그의 집이 팔렸지요. 저는 현재 르비우 시장, 그리고 도시역사센터의 소피아 디아크와 함께 그 집을 보존해서 국제사법센터로 탈바꿈하는 것을 논의하고 있습니다. 그 가능성에 대해서는 더 많은 이야기가 오갈 것 같아서 언급해두고 싶었어요.

저에게는 아니지만, 제노사이드가 수많은 사람들에게 범죄 중의 범죄로 간주되는 이유는 뭘까요? 저는 제노사이드가 반인도범죄보다 더 끔찍하다고 생각하지 않습니다. 여러분이 10만 명을 반인도범죄로 학살한다면 그건 10만 명을 제노사이드로 죽인 것만큼 끔찍합니다. 10만 명에 속하는 개인들의 차이라고는 그들에게 벌어진 일이 가장 끔찍했다는 것뿐이에요. 그리고 당신이 맞아요. 여론의 법정에서 '제노사이드'라는 단어는 다른 무엇보다 관심을 끌지요.

만약 미국의 대통령이, 바이든이 그랬던 것처럼, 우크라이나에서 제노사이드가 일어났거나 일어났을지 모른다고 말한다면 전 세계 모든 신문의 1면을 장식할 겁니다. 실제로 바이든이, 제 견해로는 실수 같지만, 제노사이드의 가능성을 언급했던 것처럼요. 당신도 알겠지만, 그는 성명 2개를 발표했어요. 첫 번째 성명은 생각도 하지 않고 발표했고, 두 번째는 몇 시간 후에 그의 변호사가 신중하게 발언하라고 충고했을 때 발표했지요. 『뉴욕 타임스』가 그때 저에게 논설을 써줄 것을 요청했고, 저는 글을 썼습니다. 제노사이드와 우크라이나에서 벌어지고 있던 일, 그리고 그것을 특징짓는 방법에 대한 글이었어요. 저는 바이든 대통령을 비판하고 싶지 않았어요. 그는 정말 우크라이나를 지원하려고 했던 것 같았거든요. 그래서 저는 그가 '제노사이드'라는 용어를 순수하게 법적인 의미보다는 정치적인 의미로 사용했을 거라고 말했습니다.

이중 사고doublethink는 심지어 사중 사고quadruplethink일지도 모르겠군요. 평범한 지성인들은 '제노사이드'가 다수에게 가해진 아주 끔찍한 행위를 의미한다고 생각해요. 법적으로 제노사이드가 성립하기 위해서는, 행위자가 집단의 전체 혹은 일부를 말살할 의도를 가지고 행위를 했다는 사실을 증명해야만 합니다. 현 시점에서 우크라이나와 관련된 난제는 일부 행위들의 동기를 충분히 파악하지 못하고 있다는 점이에요.

특정한 상황에서 민간인 건물을 타깃으로 삼는 조직적인 공격은 제노사이드에 해당한다고 볼 수 있을 겁니다. 하지만 우리가 밝혀야 하고 조사원들이 찾아야 하는 것은 이 공격의 동기예요. 작은 마을에 가서 특정한 수의 사람을 죽이는 행위도 제노사이드에 해당할 수 있어요. 부차에서 제기된 제안입니다. 하지만 우리는 이런 잔혹한 행위를 저지른 개인들의 동기를 충분히 알지 못하지요. 그 지점에서 바로 당신과 다른 이들의 작업이 매우 중요해집니다. 사람들을 학대하면서 그들이 뭐라고 말했습니까? 왜 그들은 특정인들만 체포했지요? 어제 오후 조나단 리텔Jonathan Littel과 대화를 나눴듯이, 10구 정도의 시체를 찍은 사진들, 몇 명의 손이 묶여 있고 아무래도 끔찍한 상황에서 살해된 것 같은 그 사진들만 보고 제노사이드에 해당하는지 여부를 판단할 수는 없습니다. 제노사이드를 증명하기 위해서 여러분은 가해자의 마음 속으로 들어가야만 합니다.

반인도범죄와 제노사이드, 그리고 전쟁범죄와 제노사이드 사이의 차이는 여러분이 가해자의 머릿속으로 들어가서 가해자의 의도를 찾아야 한다는 거예요. 법으로는 어렵습니다. 협정의 초안을 작성한 사람들은 여론에서 '제노사이드' 라벨이 붙여진 것과 법적 담론에서 '제노사이드' 라벨이 붙여진 것의 일부를 피하려고 일부로 기준을 매우 높게 설정해 놓았습니다.

관련 지어서 무엇을 할 수 있을까요? 한 가지 방법은 판사들이 협정에 적힌 '제노사이드'의 정의를 재해석하는 겁니다. 그건 법정의 일이겠지요. 저는 국제사법재판소에서 부코바르Vukovar 사건에 그것을 시도해봤습니다.[77] 저는 명시적으로 주장했어요. 판사들이 기준을 너무 높게 설정했고, 1948년 협정을 재해석해서 부담을 줄여야 다수의 행위들이 제노사이드로 분류될 수 있을 거라구요. 그리고 그건 사회적으로 유용한 일이 될 거라구요. 그들은 거부했습니다. 모든 국제재판소들이 거부했지요.

대안은 1948년 협정을 수정하는 겁니다. 하지만 그럴 일은 없을 거예요. 현재 유엔에서는 반인도범죄에 관한 협정도 교착 상태입니다. 그런 종류의 일에 개입하려는 정치적인 의지가 없거든요.

또 다른 방법은 전 세계 재교육의 일반적인 과정에 관여해서 반인도범죄와 전쟁범죄가 매우 나쁘다는 내용을 교육시키는 겁니다. 『동서 거리』를 가지고 저는 제노사이드에 대한 집착이 나쁜 이유를 설명하려고 시도했어요. 『동서 거리』가 다수의 외국어로 번역되고, 당신이 제기한 문제에 대해 토론하게 되어서 저는 기뻐요. 의미가 더 확장되었기 때문이지요.

'제노사이드'는 하나의 용어로 창조되었는데, 마술적인 용어이기도 해서 그토록 강력한 효과를 발휘하는 겁니다. 이 용어는 사실 의도치 않은 부정적인 결과를 불러왔어요. 여기서 저는 더

---

[77] 유고슬라비아 인민군과 세르비아 무장단체들이 1991년 11월 18일 세 달간의 포위 끝에 크로아티아 마을 부코바르를 점령했고, 2백 명이 넘는 크로아티아인들과 외국인들이 대피하고 있었던 부코바르 도시 병원에서 살해되었다. 구 유고슬라비아 국제형사재판소에 따르면 1991년 11월 20일, 194명이 오브차라 농장 근처 병원에서 살해당했다. 그것은 유고슬라비아 전쟁에서 가장 큰 규모의 학살로 간주된다.

멀리 나아가서, 제노사이드의 개념이 그것이 방지하려고 의도했던 바로 그 행위를 야기했을 수도 있다고 말할 겁니다. 한 집단의 전체 혹은 부분을 파괴하고자 하는 의도라는 심리적인 요소에 초점을 맞춤으로써 여러분은 사실 집단 정체성을 강화하는 거지요. 피해자 커뮤니티를 포함한 여러분은 가해자 커뮤니티에 대한 혐오를 강화합니다.

결론은 이거예요. 렘킨은 엄청난 상상의 힘을 가진 단어를 만들었어요. 여러분이 소설가라면 말의 힘을 알 겁니다. 여러분이 '제노사이드'와 '반인도범죄'를 동시에 화면에 띄우면 사람들은 '제노사이드'라는 단어에 반응할 거예요. 그 단어는 비전문적인 방식으로 절대적인 공포를 불러일으키니까요. 법적이고 전문적이며 상상력이 닫혀 있는 반인도범죄와는 다른 방식으로요. 제 생각에 렘킨은 문장가로서 뛰어난 인물이었던 것 같습니다. 여러분도 알다시피 제가 콜럼비아대학교 아카이브에서 찾은 책에는 종이 한 장이 있었는데, 렘킨은 거기에 '제노사이드'를 스물다섯 번이나, 그리고 다른 가능한 변형들도 언급했더군요. 하지만 그는 '제노사이드'에서 끝맺었고, 저는 전략적인 선택이었다고 생각해요. 그는 상상력을 열 단어를 찾아야 한다는 것을 알았고, 그렇게 한 겁니다. 물론 긍정적인 결과들이 있었지만, 저는 부정적인 결과들도 야기했다고 생각해요. 그리고 우리는 지금 거기에 갇혀 있습니다.

빅토리아 아멜리나: 라파엘 렘킨은 그 용어를 만들었고, 홀로도모르를 제노사이드라고 간주했어요. 명백히 지금 그는 또 다른 제노사이드가 벌어지고 있다는 데 동의할 겁니다.

필립 샌즈: 그 이유로 그의 저서는 러시아에서 금서가 되었지요. 솔직히 모스크바에 있는 검열관들은 딱해요. 그들이 렘킨을 금지하면 그의 저서나 다른 어떤 것도 구할 수 없잖습니까. 하지만 그들은 러시아어로 번역된 필립 샌즈의 『동서 거리』를 금지하지 않아요. 그 책이 온통 렘킨과 그의 사상들을 다루는데도. 그런 확연한 무능의 감각이 우리를 레너드 코헨Leonard Cohen의 노래로 이끌지 모르겠군요.

빅토리아 아멜리나: 2022년 3월에 르비우 거리를 걸었어요. 고개를 숙이고 걸었지요. 그때 저는 구호 업무로 몹시 지쳐 있었거든요. 불현듯 저는 렘킨이 살았던 건물의 명판을 보고 깨달았어요. 국제법 세계에 그토록 큰 영향을 끼친 도시 르비우에 제가 있다는 사실을. 저는 거기에 관해서 제가 글을 쓸 수 있을지 궁금했어요. 당신의 책을 떠올렸고, 그렇게 저는 전쟁과 정의에 관한 일기를 쓰게 된 겁니다. 저에게는 러시아인이었던 할머니가 있지만, 우크라이나인은 정치적인 민족이에요. 우크라이나인이 되고 싶으면 우크라이나인이 된다는 뜻입니다. 우리가 지금 하나의 집단으로서 공격 목표가 되고 있는 것을 알아요. 저에게는 자매가 있습니

다. 위험에 처할지 모르니 그녀가 있는 곳을 말하지는 않겠어요. 러시아에게 일시적으로 점령된 곳입니다. 그녀의 집에는 엄청나게 많은 책이 있는데, 우크라이나 문학 교과서를 포함해서 모든 책이 우크라이나어로 적혀 있어요. 그녀는 우크라이나 문학 교사거든요. 저도 알고, 여기 있는 모두가 알지요. 집이 수색이라도 당하면 그녀는 납치당해서 죽거나 러시아로 강제추방될 거라는 사실을. 다른 수백만 우크라이나인들처럼.

그들이 우리를 전부 죽이고 싶어 하지는 않을지 모릅니다. 우리가 우크라이나인이 아니라는 그들의 주장에 그냥 동조하면 그들은 행복해할 거예요. 그들이 이렇게 미디어에서 떠들고 있지요. 법정에서 증명하기는 어려울지 모릅니다. 여러분은 35년의 경험을 가지고 있어요. 정치적인 의미에서 우리가 하나의 집단으로 그들의 공격 목표가 되었다는 사실을 우리는 압니다. 그래서 어떤 의미에서 르비우의 제 이웃이기도 한 라파엘 렘킨은 이 용어를 만드는 대단한 일을 해낸 거예요. 왜냐하면 작가로서 저는 단어의 중요성을 압니다. 그리고 지금 우리는 르비우를 포함해서 10만 명 넘게 살해당한 홀로코스트뿐 아니라 홀로도모르, 그리고 과거와 현재에 여전히 일어나고 있는 다른 학살에 대해서도 이야기할 언어를 가지게 되었잖아요.

우리는 정의의 중요성을 압니다. 모든 사건의 중심인 우크라이나에 우리가 있으며, 어쩌면 이곳에서 미래 국제법에 나타날 변화가 일어날 수도 있다는 것을 알아요.

10분 남짓 남았네요. 질문 있습니까?

청중 질문: 전쟁 초기에 저는 장애를 가진 피난민들의 인터뷰를 녹음하고 있었어요. 예술에 대해 말하는 사람들은 많지 않았지요. 극심한 스트레스를 유발하는 상황에서 예술은 보통 우선순위가 아닙니다. 사람들은 가장 기본적인 것들을 걱정하니까요. 그게 현실입니다. 지금 우리 머릿속에는 너무 많은 끔찍한 것들이 쌓여 있고, 우리는 거기에 익숙해져 있어요. 이럴 때일수록 그것을 돌아보고 예술의 형태로 표현해야 합니다. 지금 우리가 창조하는 예술은 일종의 테라피 같은 기능이 있어요. 소통을 위한 훌륭한 언어지요. 현재 르비우에는 우크라이나의 현실을 표현한 조각가와 화가 다수의 전시들이 이미 열리고 있습니다. 해외 청중에 대해 당신은 어떻게 생각합니까? 우크라이나의 현실에 대한 다른 형태의 예술 혹은 대화가 필요할까요? 이곳 르비우에서 우리는 예술을 보고 이해하고 공감할 수 있어요. 해외 청중에게 이야기할 때는 우리의 현실을 이해시키기 위해 다른 단어를 사용해야 할까요? 사람들은 저마다의 이야기와 트라우마를 가지고 있고, 모두가 직접적인 연설을 이해하는 것은 아니잖아요.

필립 샌즈: 상당히 흥미로운 질문입니다. 답하기 전에 저의 책 『동서 거리』를 번역해준 멋진 번역가에게 공개적으로 감사의 뜻을 전하고 싶어요. 그분은 내년에 출간되는 『쥐 통로』도 번역하고 있

지요. 파블로 미할, 그는 자원입대했습니다. 그가 돌아와 함께 시간을 보낼 수 있을지 모른다고 생각했던 순간이 있었어요. 저는 그저 공개적으로 그에 대한 저의 연대와 존경을 표하고 싶을 뿐입니다. 그것 또한 예술의 한 형태잖습니까. 번역의 예술.

당신의 질문에 관해서는 정말 많은 이야기를 할 수 있는데, 당신이 기대하거나 격려하는 방향으로는 답이 되지 않을 것 같네요. 저는 우크라이나가 연대감을 느끼는 것이 매우 중요하다고 생각해요. 이 공간에 있는 모든 사람들은 연대감을 느끼는 것 같습니다. 제 자신과 주변에 있는 많은 분들은 완전한 연대감을 느끼고 있어요. 소통이 있지요. 저는 우연히 르비우와 우크라이나에 있는 많은 분들을 알게 되었고, 그들과 계속 연락하고 있습니다. 그건 상호작용이에요. 솔직히 지지자들과의 상호작용이 앞으로 문제가 될 거라고 생각하지는 않습니다.

다양한 형태의 예술은 메시지를 교환하는 데 매우 유용하다고 생각해요. 사실 열흘 안에 런던에서 저는 안드리 쿠르코우와 그의 신간 『침략일기 Diary of an Invasion』에 관한 인터뷰를 하게 될 겁니다. 엄청난 관심을 끌 거예요. 그래서 저는 여러분이 걱정할 필요는 없다고 생각합니다. 이곳의 일에 관련된 우크라이나의 예술에 외부인들이 관심을 갖지 않을 거라는 걱정 말이에요.

제가 대화 주제로 삼고 싶은 것은 훨씬 정교하고 문제적인 소통, 그리고 상대편을 포함시키는 소통입니다. 지난 3일간 이곳에서 대화를 나누면서 알게 된 것처럼 전쟁의 한가운데에 있을 때는 하기 힘든 대화예요. 하지만 언젠가 전쟁은 끝날 겁니다. 전쟁이 끝나면 우크라이나와 우크라이나인들은 복잡한 문제들과 씨름해야 하겠지요. 부역자의 문제가 있을 겁니다. 사회는 그런 문제를 어떻게 문학으로, 예술로, 또 다른 방식들로 다루지요? 예를 들어, 제2차세계대전으로부터, 그리고 프랑스와 부역자의 문제로부터 가장 위대한 영화들이 탄생했다는 사실을 우리는 압니다.

그리고 우크라이나와 러시아 사이에는 더 큰 소통의 문제가 있습니다. 러시아와 러시아인들은 사라지지 않을 거예요. 그러면 어떤 일이 발생하겠습니까? 그리고 가장 존경스러운 영혼들이 모인 이곳에서 저의 러시아어 통역가의 경험을 언급해도 될까요? 그녀는 시인인데 이 전쟁에 완전히 반대합니다. 이 전쟁을 침략범죄라고 부르지요. 그녀가 체포되어 기소되고, 벌금형을 선고받았다고 들었습니다. 뛰어난 러시아 시인들의 시를 낭독하는 자리를 포함한 여러 자리에서요.

저는 독일에 관한 것은 무엇이든 허락되지 않는 집에서 자랐습니다. 하지만 천천히 저는 독일 문학과 예술, 영화들이 사실은 매우 흥미롭다는 사실을 깨달았지요. 저는 그들 중 누구에 대해서 이야기할 수 있는지 스스로 판단하기 시작했습니다.

당신이 아주 중요한 점을 지적한 것 같아요. 우리는 늘 참을 수 없는 고통과 슬픔을 안겨준 공동체의 일부와 소통하기 위한 수단을 찾기 위해 분투해야 하지요. 예술과 문학이 어쩌면 그런 가능성의 모색을 시작할 수 있는 수단이 될지 모릅니다. 질문에 진심으로 감사드립니다.

빅토리아 아멜리나: 사실 저는 러시아의 어떤 것을 다시 감상할 수 있게 되기를 바라고 있어요. 하지만 우크라이나의 영토적인 주권의 회복과 러시아 제국의 멸망이 일어난 후에야 가능할 겁니다. 러시아인들은 존재하지만 러시아 제국은 존재하지 않습니다. 우리 우크라이나의 승리와 자유 진영의 승리 이후에 우리 모두는 그런 것에 대해 다시 생각할 수 있을 겁니다.

하이Hay 축제와 디지털 파트너쉽으로 이곳 르비우에서 개최되는 르비우 국제 북 포럼에서 대담을 나눠줘서 고마워요. 필립 샌즈의 책들을 우크라이나어로 번역하는 파블로 미할을 포함한 우크라이나군에도 다시 한 번 고마움을 표합니다. 감사합니다.

셰우첸코 공원에서, 오늘은 아닌:
2022년 10월 10일, 대규모 공격

2월 24일 이후 러시아에 의해 적어도 문화재 514개가 파괴되거나 손상되었다. 오늘 이 목록은 더 길어졌다.[78]

오늘 아침 키이우에서 파괴된 문화재들: 타라스 셰우첸코 키이우국립대학교, 보흐단과 바르바라 하넨코 국립미술관, 키이우 사진갤러리, 우크라이나 국립필하모닉 콘서트홀, 막시모비치 과학도서관, 키이우 교사의 집, [우크라이나 국립과학아카데미에 있는 국립자연사박물관 등등.]

일부는 점령군의 목표가 대학교 앞에 세워져 있는 타라스 셰우첸코 기념비라고 말했다.

나는 핸드폰을 가득 충전하기 위해 플러그에 꽂는다. 곧 정전이 있을지 모른다. 그러면 복도 바닥에 앉아서 친구들에게 메시지를 보내고 전화를 건다. 올렉산드라, 예우헤니아, 테탸나, 소피아.

"괜찮아?"

그들은 모두 무사하다. 폭발 때문에 누가 죽은 건 아닌지, 하넨코 미술관은 멀쩡한지 다들 걱정한다. 무너졌니? 역사대학교 건물들은? 셰우첸코 기념비는?

또 다른 폭발음을 듣고 핸드폰을 든 채 발코니로 달려간다. 폭발로 생긴 빽빽한 검은 구름이 하늘을 집어삼키려 들지만 그러

---

[78] 2022년 10월 10일, 러시아는 우크라이나의 에너지와 수자원 공급 인프라에 대규모 포격을 감행했다. 이 공격으로 하루 만에 우크라이나 전력망의 30퍼센트뿐만 아니라 키이우와 다른 8개 지역에 있는 다수의 문화재와 주거용 건물들이 파괴되었다. 에너지 인프라의 대규모 포격은 2022년 가을을 지나 겨울까지 이어졌고, 우크라이나의 혹한기에 정전과 전력난을 일으켰다.

기에는 하늘이 너무 광활하고 밝다.

"러시아가 방금 뭔가를 또 공격했어. 미안, 나중에 전화할게." 또 다른 미사일이 철로 부근에 떨어질 때 내가 소피아에게 말한다. 나는 영상 촬영을 하고 발코니에서 우두커니 서서 하늘을 바라본다. 방공부대원들도 하늘을 보고 있는 것을 안다. 나는 혼자가 아니다. "우리의 방공 능력을 믿지."라고 나는 속삭인다.

날씨는 화창하고, 지평선의 까만 구름들과 별개로 키이우는 아름답기만 하다. 언제나 그렇듯이. 나는 러시아인들이 키이우를 원하는 이유와 그것을 절대 가질 수 없는 이유를 안다.

와인 한 잔을 따른다. 술을 마시기에는 너무 이르다. 하지만 거의 이야기가 끝을 향해 가는 듯 느껴지고, 그걸 기념하고 싶다. 이웃들은 나를 비난하지 않을 것이다. 도시가 다시 공격받아도 내 일기 속 여성 영웅들은 전혀 두려워하지 않는다. 그 영웅들 가운데 한 명이 방금 노벨평화상을 받았다. 또 다른 여성은 이르핀과 부차에 관한 책 집필을 끝마치고 있다. 그녀들 모두가 전투에서 승리하고 있다. 잠시나마 정의의 구현은 가능하며, 그렇게 될 것처럼 보인다. 결국 내가 그것을 정의할 수 있기 때문이다. 나는 정의를 느낀다. 무력하지만 겁없이 그곳에 서서, 나는 정의가 무엇인지 깨닫는다. 단지 아직은 그것에 대해 글을 쓸 시간이 없을 뿐이다. 반쯤 남은 잔을 부엌에 놓고, 구급상자를 배낭에 더 챙겨서 나는 다시 거리로 향한다.

내가 사랑하는 모든 여성들에게 전화를 건다. 예우헤니아 자크레우스카에게는 걸지 않는다. 그녀는 전쟁터에서 계속 위험에 처해 있다.

올렉산드라 마트비추크는 전화를 받지 않고 메시지만 보낸다. 나는 무사해요.

저녁에 샤워하다가 추워서 얼 뻔했다. 올렉산드라가 해준 말을 기억한다. 어떤 감각을 느끼기 위해서라도 얼굴에 크림을 발라야 한다고. 얼굴에 크림이라도 바르면 차가움, 부드러움, 그리고 그 냄새를 느낄 수 있다고. 선반에서 수분 마스크팩을 발견하고 천천히 얼굴에 얹으며 그 감각을 느끼려고 애쓴다. 차갑고, 부드럽고, 진흙 냄새가 난다. 나는 살아 있고, 내게는 얼굴이 있고, 진흙 때문에 하얘진 손가락이 있다. 그리고 지금 이곳에는 하나의 삶이, 오늘 아침에 끝나지 않은 삶이 있다.

일주일 안에 러시아인들은 질랸스카 거리에 있는 난방공급 기지를 목표로 삼을 것이다. 하지만 그들은 실패하고 만다. 기지를 파괴하는 대신 그들은 3명을 죽일 것이다. 59살 여성과 젊은 커플. 어린 여성은 임신 6개월이었다. 그녀는 지역 와인 상점에서 소믈리에로 일하고 있었다. 그녀의 이름은 빅토리아였고, 친구들은 그녀를 '비카'라고 불렀다.

법무부

거의 모두가 떠나도 우리에게는 여전히 존 리 앤더슨과 피테르 포메란체우가 있다. 계획한 대로 우리는 우크라이나 법무부에 간다.[79] 그곳에서 나는 마르하리타 소코렌코[유럽인권재판소 우크라이나 위원]를 만난다.

그녀는 2012년부터 여기서 일했다. 예우헤니아 자크레우스카처럼 마르하리타도 2013년 11월 31일 밤 그녀의 인생이 바뀐 것을 기억한다. 그녀는 늦게까지 일했고, 눈을 떴을 때 그녀로부터

---

[79] 르비우에서 2022년 북 포럼이 끝나고 참가자들은 키이우로 향했다. 그들의 수도 방문 시기는 2022년 10월 10일 러시아의 대규모 민간 기반시설 포격의 시작점과 일치했다. 참가자 헨리 마쉬Henry Marsh는 2022년 10월 17일 『타임스』에 실린 그의 기사 '키이우는 안전할 줄 알았다. 그리고 포격이 시작되었다.'에 그의 경험을 담았다.

백 미터도 떨어지지 않은 곳에서,[80]

[편집자 주: 아랫글은 다듬지 않은 메모들을 포함하는 초고로, 이 부분은 처음부터 우크라이나어로 기록되었다.]

아니, 그것은 정당화되어야 한다
그날 밤 나는 밤새 앉아서 터키 시위에 관한 유럽인권재판소 판결들을 읽었다
그리고 그것이 위법인 이유를 정리했다

유럽인권재판소는 여전히 그것에 반대한다, 말하기 유감럽지만
믿음
2014
권리에 대한 믿음과 함께 모든 것은 좋았다
2014년 3월 13일, 그녀의 생일에, 유럽인권재판소에 처음으로 제출되었다
2021년 1월 14일의 결정 유럽인권재판소는 크림반도와 관련해서, 러시아가 크림반도를 점령했고 2월 27일부터(국회가 26일에서 27일 사이 밤에 점령되었다) 실효적 지배를 했고 튀르키예와 사이프러스 사이의 연결 차단으로 인해 40년간 소송이 이어진 것을 언급하

---

[80] 이 문장은 미완으로 남아 있다.

며, 러시아를 상대로 제기한 우크라이나 소송의 적격성에 대한 결정을 발표했다.

우크라이나 보안국, 검사장과 경찰은 동부에서 일어나는 사건에 관한 정보를 주었고 우리는 다음 목적지가 동부라는 것을 이해했으며, 그래서 자료를 챙기기 시작했다
4월 12일 대테러작전이 시작되었다
그리고 우리는 그것에 추가했다
그리고 추가해왔다

2016년 유럽인권재판소는 사건을 두 개로 분리했다
우크라이나 v 러시아, 크림반도에 관해서
우크라이나 v 우크라이나 동부
우리는 좋아하지 않았다
하지만 이것이 그들의 결정이다

2022년 1월 26일부터 한 달간 우리는 구술 청문회에 참석하기 위해 스트라스부르에 있었다
국경에는 수십만 러시아 병력이 있었고 매일 우리는 러시아가 저지르는 침략 행위의 결과인 실제 침공의 위협에 놓여 있었다

2023년 1월 26일 – 우리는 돈바스 사건의 적격성에 관한 결정

에 따라 갔다

2014년 6월 12일에서 13일에 발레리야 룻코우스카로부터 아이들과 고아들이 러시아로 납치된다는 첫 번째 신고가 있었다
보육원 직원들은 스니주네에서 드니프로로 끌려갔다
그들은 후견 기관들에게 알릴 수 있었다
외교부가 관여했다
목록들
1시간 30분 만에 우리는 유럽인권재판소 제출을 준비했었다
아이들이 현재 나라 밖 러시아 영토 안으로 이송되고 있다고, 우리는 러시아로부터 경고하도록 요청했다
6월 13일 저녁, 유럽인권재판소는 이미 우크라이나 영사를 허용하겠다는 지시를 내렸고(아이들은 이미 러시아연방의 영토에 있었다) 13일에서 14일 사이 밤에 아이들은 드니프로에 도착했다
미성년 아동들과 청소년들이 있었다.

2월 21일, 루한스크와 도네츠크인민공화국의 독립이 선포되었다
그날 밤 그들은 빌어먹을 러시아의 안전보장이사회에서 회의를 열었다
그날 밤 나는 잠들 수 없었고 그것을 지켜보았다

사무국 부대표

그날 아침 우리는 모니터링을 시작했다

사건들의 연대기

실시간으로 우리는 OSINT[81]와 사법 당국으로부터 정보를 추가했다

2월 22일, 우리는 브리핑을 시작했고, 국방부 장관, 우크라이나 보안국, 일반 직원들과 함께 협력 및 조정에 관한 안건으로 브리핑을 열었다.

정보 커뮤니케이션에 관해서

2월 24일

알림 수백 개가 뜨면서 핸드폰에 불이 났다

그로부터 1시간 전에 나는 켜져 있는 노트북 앞에서 눈을 떴고 푸틴을 놓쳐버렸다

핸드폰 진동이 쉬지 않고 울리는 바람에 5시쯤 깼다

키이우의 오볼론에서

---

[81] 역자 주: OSINT는 러시아의 정보전에 맞서서 우크라이나가 전쟁 관련 정보와 러시아의 전쟁 범죄를 공유하는 소셜미디어 계정이다.

내 동료의 첫 번째

"마고, 일어나, 전쟁이 시작됐어" 그리고 나는 뒤에서 폭발음을 듣는다

처음 든 생각은 '피란하'에서 일하는 모든 사람을 깨우는 것이었다

러시아를 상대로 한 사건 가운데 - 처음부터 채팅 아바타는 푸틴의 머리를 들고 있는 '조국의 수호자'였다

지금 그가 불렀다

깨어 있는 누구든지 어떤 상황에 처해 있든지 엄지척을 해주세요

동료 한 명을 제외하고 모든 사람이 반응했다. 그녀도 잠들었던 것뿐이었다

파크랜드에서 17명을 살해한 총기범, 사형을 면하다

2022년 10월 14일, 나는 우크라이나에서 벌어진 최근 공격에 대한 기사를 읽으려고 『뉴욕 타임스』를 펼친다. 그 기사 대신 세계에서 가장 영향력 있는 신문 최상단부의 다른 기사를 본다. 우크라이나에 관한 것은 아니어도 많은 사람을 살해한 자들에 대한 정의를 다루고 있음이 틀림없다.

'피해자 가족은 공포에 질렸고 니콜라스 크루즈[82]에게 선고된 가석방 없는 종신형에 당황했다'라고 기사 도입부에 적혀 있다. 평화로운 때에 사랑하는 가족—아이들이 대부분인—을 잃은

---

[82] 2018년 2월 14일, 니콜라스 크루즈는 미국 플로리다주 파크랜드의 마조리 스톤맨 더글러스 고등학교의 학생 및 직원들에게 총격을 가해서 17명을 살해했다.

사람들의 감정이 궁금해서 기사를 클릭한다. 그들은 배심원들이 살인자에게 사형을 구형할 거라고 기대했다. 그들은 그의 목숨을 살려둔 결정에 격노했다.

어제 6시간 동안 집의 잔해 아래에 깔려 있다가 구조되었지만 병원에서 사망하고 만 11살 우크라이나 아이의 이름을 찾으려고 나는 애쓴다. 그 소년의 이름을 찾을 수가 없다. 그에게는 이름이 없다. 슬퍼하는 그의 부모도 이름이 없다. 그의 살인범조차 이름이 없다. 나는 미콜라이우에 가서 아이의 이름을 찾으려 노력하고, 그의 부모와 이야기를 나누거나, 조용히 그들을 안아줄 수 있을 것이다. 그들에게 할 말이 없기 때문에. 니콜라스 크루즈는 종신형을 선고받고, 피해자의 가족은 분노한다. 소년의 살인범들은 자유롭게 돌아다니고, 명령 체계의 상부까지 거슬러 올라가면 그들의 일부는 권력과 부를 거머쥔 자들일 것이다. '나는 참회의 불가피성에 대해 아무것도 모른다'라고 세르히 자단은 시를 썼다. 마리우폴의 평화 거리에 인용되어 있는 시다.[83] 나 역시 참회의 불가피성에 대해서는 아무것도 모른다. 하지만 나는 할 수 있다[84]

피해자, 영웅, 그리고 살인자 모두 언젠가는 이름을 갖게 되리라.

---

83 이 시구는 빅토리아 아멜리나가 번역한 세르히 자단의 시 「당신은 어디에서 왔습니까?」에서 발췌했다.

84 이 문장은 미완으로 남아 있다.

그런 보장이 없어도 많은 우크라이나인들과 우크라이나의 친구들이 그날을 위해 싸운다. 그날은 올 것이다. 그러지 않겠는가.

노벨평화상

올렉산드라 마트비추크 Ⅲ

러시아, 우크라이나, 벨라루스의 인권운동가들에게 상을 수여하기로 한 노벨위원회의 결정에 우크라이나인 다수가 분노했다.

많은 사람들은 이 결정이 오래된 '형제국'의 신화를 상기시킨다고 믿었다. 몇몇은 심지어 우크라이나가 노벨상을 거부할 것을 요구했다.

노벨위원회가 푸틴의 행각에 반대하거나, 악의 세력에 대항해서 인권운동가들이 보여준 저항을 높이 평가한다고 우크라이나인들은 생각하지 않았다. 이들은 수년간 체첸과 우크라이나에서 러시아군이 저지른 전쟁범죄에 대해 말해왔던 사람들이다.

파리 (2022년 11월 2일)

그녀는 제124조의 수정을 옹호했다

마크롱

그녀는 그에게 유리 케르파텐코에 대해 말한다[85]

면책

무력함

안전보장이사회, 프랑스

법정 - 대화를 위해 열려 있다, 국제형사재판소는 그것을 지지하지 않는다

라드베즈[86]

국제형사재판소 조지아 - 그냥 작은 물고기, 5일간의 전쟁, 전쟁범죄들. 10년간 3명 기소, 최상위 지도자들은 없음. 명령 체계가

---

[85] 유리 케르파텐코(1976-2022)는 헤르손의 헬레야 필하모닉 오케스트라의 수석 지휘자였다. 2022년 9월 27일, 러시아 점령군은 협조를 거부하는 유리 케르파텐코를 살해했다. 그때 그와 함께 있었던 아내는 부상을 입었다. 빅토리아 아멜리나는 2022년 6월 헤르손에서 그녀를 인터뷰했다. 그것은 빅토리아 아멜리나의 마지막 필드 미션 가운데 하나였다.

[86] 역자 주: 구소련연합에서 국가보안위원회KGB를 포함한 정보국 산하 단체나 기관을 일컫는 단어이다.

입증되지 않았음

그들은 결과를 보여줘야 한다, 우리는 10년을 기다리지 않을 것이다, 우리는 우크라이나인들이다.
굴을 먹는다.

우리는 루브르 박물관으로 걸어 가서 빈 방에 있는 「모나리자」를 감상한다. 초현실적인 기분이 든다. 「흰 담비를 안은 여인」은 레오나르도 다빈치가 그렸고 똑같이 거장의 그림답지만 덜 알려져 있다. 그 그림 속의 이야기와는 매우 다른 경험을 어떻게 글로 옮겨야 할지 나는 생각한다. 「흰 담비를 안은 여인」은 나치가 폴란드를 점령했을 때 나치의 고위 관료 한스 프랑크에 의해 도난당했다. 시간을 착각해서 늦어버렸는지 루브르 박물관은 이미 문을 닫고 있다. 실망스럽다. 하지만 이토록 아름다운 그림을 혼자 독차지하는 것은 한순간이라 해도 옳지 않을지 모른다. 루브르의 전시를 보기 위해 줄을 설 만큼 시간이 있을 때 다시 파리에 돌아올 것이다. 자닌 디 지오반니가 파리에서 나를 초대해주었다. 파리에서 만나고, 그녀가 본 37번의 전쟁과 3번의 제노사이드를 언급하지 않고, 오직 예술과 아름다움에 대해서만 논한다는 것은 멋지지 않은가. 나는 올렉산드라와 파리의 거리를 걷는 동안 이 행복한 시간을 떠올리려고 한다.

재판정 600호의 우크라이나인

11월 4일

아이들이 잠든 동안 나는 커피를 가지러 몰래 나간다. 아니면 커피는 단지 변명에 불과한지 모른다. 지금부터 '뉘른베르크'라는 단어가 무엇을 의미하든지 나는 그것과 일대일로 겨루고 싶다.

아침은 쌀쌀하고 거리는 텅 비어 있다. 새들이 지저귀는 소리와 야콥스 시장 광장으로 향하는 나의 발걸음을 듣는다.

내가 도시를 배회하는 동안 '뉘른베르크'는 나를 위해 탈바꿈한다.

우리는 티켓을 사고, 나는 아이들을 위한 오디오 가이드를 요청한다.

"어디에서 오셨어요?" 티켓 파는 남자가 묻는다.

"우크라이나요."라고 내가 답한다.

"그러면 러시아어요?"

"영어와 폴란드어로 부탁합니다."라고 내가 말한다. 아들은 영어를, 조카는 폴란드어를 선호하기 때문이다. 그들의 제1언어는 러시아어였다. 하지만 이제 그들은 그것을 거부한다. "우크라이나어는 없겠지요?"

재판정 600호는 2층에 있다. 우리는

방은 반으로 나눠져 있다. 피고석은 방청석과 가깝다. 보안 요원이 앉아서 아무도 보지 않고 책만 읽는다. 그는 무엇을 읽고 있을까?

아들이 조카에게 하는 설명을 듣는다. 이 방은 중요해. 우리도 언젠가 러시아인들을 이렇게 법정에 세울 거야.

그 남자는

나는 바쿨렌코의 일기를 [더 나이가 많은] 그의 아들 [블라디슬라우]에게 보냈다. 그게 합법적인지, 현명한 처사인지 모르지만 인간적인 처사라는 것은 안다.

그것은 이곳 뉘른베르크에서 입증되었다.

사실, 이것이 입증되었던 주요 내용인지는 모르겠다.

전기, 11월 23일

[편집자 주: 다음 발췌록은 트루스하운드의 업무 채팅을 영어로 번역해서 빅토리아 아멜리나가 마지막 원고에 붙인 것이다.]

모두에게,
 내일과 모레로 예정된 교육이 취소되었습니다. 빌어먹을 러시아 놈들 때문에 언제 전기와 물 공급이 재개될지 몰라요.

체르니히우의 무덤들, 헤르손에서 춤추기

비라 쿠리코 Ⅲ

8월 23일, 나는 러시아의 점령 기간 동안 벌어진 일을 조사하기 위해 러시아와 벨라루스의 국경에 있는 그녀의 고향 볼로디미리우카에 동행하는 것을 비라에게 이야기한다. 비라는 체르니히우의 몇몇 마을이 관심을 끌고 있다고 생각한다. 가장 잘 알려진 마을은 야히드네인데, 러시아인군은 전체 인구 367명을 학교 통학버스에 밀어 넣고 충분한 공간과 숨 쉴 공기도 없이 한 달 가까이 가뒀다. 주민 11명의 죽음으로 끝난 야히드네 마을의 이야기는 심지어 『타임스』의 표지에도 실렸다. 러시아 국경에 더 근접해 있고 다리가 파괴된 탓에 해방 직후에도 접근이 불가능했던 다른 많은 마을의 이야기는 거의 알려지지 않았다고 비라가 말한다. 나는 트루스하운드의 폴더를 확인한다. 20개 마을이 조사되었지만 볼로디미리우카는 거기에 속하지 않았다. 그리고 나는 비라의 어린 시절 집을 보고 싶고, 그녀와 함께 일하고 싶다.

핸드폰 너머 친구의 목소리가 절망적으로 들린다. 그녀는 자신의 목숨보다 사랑하는 남편을 너무 많이 걱정한다. 그는 전선으로 갔고, 묵묵히 일할 뿐 최악은 생각하지 않으려고 하는 사람이다. 전투 중에 사망한 친구들과 동료들의 소식이 더 많이 전해질수록 그의 생존은 기적처럼 보인다. 하지만 비라는 기적을 믿고, 나는 이 두 사람에게 기적이 일어나기를 염원하면서 잠들지 않을 수 없다. 이튿날 우리는 소식을 듣는다. 그가 무장한 전투 차량에 치였다. 그녀가 소셜 네트워크에서 모금하고 기사를 써서 번 돈으로 그에게 사준 자동차는 없어졌다. 하지만 그는 살아남았다.

"눈에 띄는 큰 부상은 없어서 전선으로 복귀할 가능성이 있대." 그녀가 전화해서 울먹인다. "손가락들이 부러졌다는데 어떻게 총을 쏘지? 어떻게 빨리 땅을 파냐구?"

그 말의 의미를 나는 안다. 전선으로 보내졌거나 전선으로 보내진 친구가 있는 사람은 모두 생존의 주요 법칙을 알고 있다. 살고 싶으면 땅을 파라.

비라의 공포는 현실이 되지 않는다. 세르히는 병원으로 옮겨지고, 나는 그 사고가 어쩌면 서툰 우리의 기도에 대한 답이 아니었을까, 라고 생각하지 않을 수 없다. 이제 그는 전선에 가지 않을 것이다. 이건 그가 살 수 있는 기회이다.

우크라이나, 러시아, 벨라루스 사이 국경으로 가려던 우리의 계획은 틀어진다. 하지만 아무도 신경 쓰지 않는다. 비라는 병원으로 달려가고, 남편이 안락한 체르니히우의 아파트에서 내상을 회복하는 한 달간 그의 곁을 지킨다. 체르니히우에서의 첫 공습이 일어나고 세르히가 입대했던 3월 3일 이후 처음으로 그들은 하루가 넘는 시간을 함께 보낸다. 그녀가 행복할까 상상하면서 나는 방해하지 않는다. 비라와 세르히, 그리고 천체 물리학자의 이름을 따서 지은 그들의 개 세이건을.

2022년 11월 28일이 되어서야 나는 마침내 비라를 찾아갈 것이다.

꿈결에 나는 사람들이 체르니히우에 관해 토론하고, 로코소프스키 [거리]에 대해 말하는 것을 듣는다. 나는 그것을 정정해줘야겠다고 가만히 생각한다[87]

우리는 정전의 위험에도 불구하고 감히 엘리베이터를 타려고 한다

그 건물 전부가 이제는 완전히 수리된 것처럼 보였다

---

[87] 체르니히우의 로코소프스키 거리(소련 장군 콘스탄틴 로코소프스키의 이름을 붙인)는 레우코 루카넨코 거리(우크라이나의 정치인이자 반체제 인사의 이름을 붙인)로 바뀌었다.

N 증언들

그녀가 줄이 그어진 종이에 계획을 그린 후 나에게 말한다. "여기 있던 그들은 생존했어요. 여기에 폭탄들이 떨어졌구요."

가해자는 알지 못해도 그녀는 모든 움직임을 알고 있다. 마치 그녀가 이 범죄뿐만 아니라, 왜 누구는 살고 누구는 아니었는지에 대한 우연의 법칙까지 조사한 것처럼. 그들 각자에게 전환점은 어디였을까.

[폭파된 건물의 거주민] 이리나는 비라의 최종본에 포함되지 못했다. 하지만 비라는 그녀가 아주 작은 가능성만을 가졌다고 해도 다시 모든 것을 열정적으로 검토한다[88]

3월 3일은 비라에게도 전환점이 되는 날이다. 3월 3일, 그녀와 남편이 체르니히우로 돌아왔다. 그날 세르히는 국토방위군 자원입대센터로 향했다. 이 결정으로 그는 리시찬스크와 세베로네츠크 같은 동부의 가장 위험한 전선에서 전투를 벌이게 될 것이다. 그날 비라는 폭격의 결과를 보려고 도시로 향했다. 이것은 향후 8개월간 그녀의 프로젝트가 될 것 같았다.

묘지

---

[88] 이 문장은 미완으로 남아 있다.

초르노빌 [거리]

비라는 내가 초르노볼라 건물에 있는 새로운 친구들을 만나기를 원한다. 하지만 그녀는 나를 전쟁에 관해 글을 쓰는 작가로 소개하고 싶어 하지 않는다. 건물 안에 있는 사람들은 기자, 블로거, 전쟁범죄 조사원들이 계속 같은 질문들을 던지는 것에 지쳐버렸다. 비라는 다르다. 그녀는 건물에서 많은 시간을 보내서 이야기 사냥꾼이 아니라 이웃처럼 느껴진다.

"그녀에게 세이건을 보여주겠다고 약속했으니까 같이 가봐요." 비라가 그녀의 보고서에 나오는 여성 영웅 중 한 명을 언급한다.

지난번에 그 건물은 거의 구제불능처럼 보였다. 어쩌면 나의 감정이 그랬는지 모르겠다. 지금 단지는 새 울타리로 둘러싸여 있고, 공사가 진행되고 있다. 다수의 벽과 창문이 다시 견고해졌고, 더 많은 진척을 이루기 위해 크레인이 작동 중이다. 1년 반도 더 지난 비극의 현장은 이제 희망차 보인다. 하지만 불에 탄 몇몇 차들은 여전히 그대로 남아 있다. 동네 아이들, 단정한 복장으로 가방을 메고 학교에서 돌아오는 평범한 소년들과 소녀들은 눈길조차 주지 않고 지나친다. 소년 둘이 잠시 멈춰서 풀 속에서 무언가를 찾는다. 그들은 매일 습관적으로 귀갓길에 일대를 배회하고 있는지도 모른다.

"여기서 여전히 특이한 걸 발견하는 게 가능한가 봐요." 비라가 말한다.

"어떤 거요?"

오늘 소년들은 아무것도 찾지 못한 것 같다.

우리는 건물 주위를 걷는다.

그들은 갑자기 모두가 함께 살기 시작한 경위를 두고 농담한다. 공습으로 아파트 벽이 무너지는 바람에 분리되어 있던 그들의 생활 공간은 하나가 되었다. 한 채의 무너진 집. 벽이 재건되어도 모두가 한 집에서 사는 듯한 느낌은 남아 있는 것 같다.

체르니히우에서 키이우로 가는 동안, 내 여동생은 이미 우크라이나 국기를 흔들면서 헤르손 거리에서 춤추고 있다.[89] 수많은 영상에서 그녀의 얼굴을 계속 찾으려고 하지만 성공하지 못한다. 이 파티는 입장하기가 힘들다. 반년 동안의 점령에서 살아남았거나, 헤르손으로 가는 길에 전투를 치른 자들만 입장할 수 있다. 나는 그런 자격을 얻지 못했다. 하지만 내 여동생이 무사하다는 사실이 무엇보다 중요하다.

오늘 저녁 나는 갑자기 바닥에 쓰러져 끔찍한 두통을 느끼고 토하면서 일어났다. 전화한 지 10분 만에 구급차가 오고, 내 심전도를 측정하고, 정맥 주사를 놓고, 나를 안심시킨다.

"그러니까, 당신 여동생이 헤르손에 있다구요? 어쩌면 그게 이유일지도 모르겠네요. 너무 과한 스트레스를 받은 거예요."

---

89 헤르손은 2022년 11월 11일에 해방되었다.

장례식에는 늦었지만,
우크라이나의 심장에는 정시에 도착하다

이리나 노비츠카 Ⅲ

우리가 키이우를 버스로 떠날 때 밖은 여전히 어둡다. 춥고 어두운 내 아파트의 계단을 오르기 싫어서 테탸나 테렌의 집에서 밤을 보냈다. 테탸나가 세 들어 사는 아파트도 춥고 어두컴컴하지만 내 아파트보다는 17층 아래에 있다.

장례식이 기자 회견처럼 보이면 안 되지만, 볼로디미르 바쿨렌코의 장례식은 그렇다.

군중 속에서 우리 두 사람만 같은 방향을 바라본다. 주름진 국기로 덮인 관도, 구부정한 아버지도, 떨리는 어머니의 어깨도, 자신의 일을 하는 사제도, 카메라를 든 기자들도 아닌 [성 데미트리우스 교회의] 높은 창문에서 우리를 내려다보고 있는 하늘에 시선을 둔다. 잠시 후 나는 더이상 하늘을 보지 않고 그녀, 스비틀라나 [포발라예바]로 시선을 옮긴다. 그녀는 나의 시선을 눈치채지 못한다. 그녀의 눈길은 위에 고정되어 있다. 그녀가 알아차리지 못해도, 나는 최상의 앵글에서 궁극적인 슬픔을 담으려고 하는 사진사, 카메라맨들과 내가 다를 바 없다는 것을 안다. 나 역시 단지 애도하기 위해서가 아니라 이야기의 끝을 맺기 위해 왔<u>으므로.</u>

바실 신부님은 정의에 대해 말한다. 나는 싱긋 웃는다. 지난 며칠간 정의 구현에 대한 확신이 여러 번 생겼다. 바실 신부님은 쉽게 말씀하신다. 어쩌면 우리는 반인도범죄와 '제노사이드'의 정의를 아이들의 퍼즐처럼 끼워 맞추며 전쟁범죄를 기록하는 데 신경 쓰지 않아도 될지 모른다. 어떻게든 신이 우리를 보살펴주실 거라고 바실 신부님은 믿고 계신다. 바실 신부님을 좋아한다. 그는 슬퍼하는 가족에게 적절하게 말씀해주신다. 그는 정의를 약속하고, 작별을 고하고, 용서를 하고, 가해자를 제외한 모든 당사자를 위한 용서를 부탁하신다. 나는 본다. 볼로디미르의 아버지가 허리를 펴고, 어머니의 어깨가 떨림을 멈추는 것을.

폭격당한 비소코필랴의 축제, 전쟁 중인 생태학자

《2023년 2월 23일: 또 하나의 망가진 축제, 비소코필랴

문화센터장 옥사나 [파시치니크]는 우리를 안내하게 되어서 기쁜 듯하다. 키이우 사람들과 다르게 이곳 남쪽에서는 사람들이 기자와 조사원을 귀찮아하지 않는다. 우리는 그녀의 이야기를 묻기 위해 첫 번째로 온 사람들이다. 그녀는 폭발로 파괴된 장식들을 보여준다. 커다란 플래카드는 부서진 지붕 아래 꼬인 채 매달려 있지만 형상은 유지하고 있다. 나는 밀과 휴일에 관한 단어들, 그리고 우크라이나 국가의 상징인 삼지창을 볼 수 있다.

"이곳에서 우크라이나 통일의 날을 기념했어요." 옥사나가 설

명하고 나서 내 반응을 기다린다.

어쩌면 플래카드가 아름답다고 말하거나 기념 행사의 세부 사항을 물어야 할지 모른다. 하지만 나는 숨이 턱 막힌다. 우크라이나 통일의 날에 관한 이야기가 너무 감격적이다. 최근에 해방된 마을에 있는 찢어진 통일의 날 장식이 초현실적으로 보인다.

통일의 날의 역사는 1918년 기차에서 시작되었다. 한 세기 전, 우크라이나는 지도자들의 본부가 기차 안에 있었던 유일한 나라였을지 모른다. 그래서 시몬 페트류라 기차는 우크라이나의 임시 수도라고까지 불릴 수가 있었다.[90] 물론 사령관들이 기차에 있어야 했던 이유는 전혀 웃기지 않았다. 우크라이나는 문제적인 내부 정치 상황에 직면했고, 독립을 위해 투쟁해야만 했다. 그 때문에 우크라이나공화국의 합의제 국가위원회인 우크라이나 이사국은 늘 이동 중이었다. 이것이 작은 우크라이나의 기차역에서 오스트리아-헝가리제국의 우크라이나인들이 세운 서우크라이나 인민공화국 지도자들과 러시아 제국의 우크라이나인들이 설립한 민주주의 국가, 우크라이나 인민공화국[91]의 지도자들이 통일법에 찬성한 이유였다. 우크라이나의 두 핵심 파트의 역사적인 의견 일치는 훗날 2019년 1월 22일 키이우의 성 소피아 광장에서 엄숙한

---

90 시몬 페트류라(1879-1926)는 우크라이나의 정치인이자 언론인, 군사 지도자로 우크라이나 독립전쟁(1917-1921) 중에 우크라이나 인민공화국을 이끌었다.

91 우크라이나 인민공화국은 중앙우크라이나에 세워진 국가였다. 1918년 러시아 제국으로부터 독립을 선언했으며 1921년까지 존재했다. 서우크라이나 인민공화국은 1918년 11월 9일 오스트리아-헝가리제국에서 우크라이나 민족이 차지했던 영토에 세워진 민족국가였다.

서명 의식으로 재연되었다. 그리고 1919년의 통일기념식은 2022년 11월 헤르손의 해방기념식만큼이나 기쁨으로 가득했다. 이야기는 결코 잊히지 않았다. 1990년 소련 치하에서 우크라이나인들은 통일의 날을 기념하는 것으로 저항했다. 거의 3백만 명이 연대의 상징으로 서로의 팔을 이어 르비우에서 키이우까지 770킬로미터에 이르는 가장 긴 인간 띠를 만들었다. 나는 3백만 명이 인터넷도 없던 시절 전체주의 국가에서 인간 띠를 만들기 위해 준비하는 장면을 상상해보려고 한다. 금지된 파랑과 노랑의 깃발들을 바느질해서 만들고, 얼어붙은 겨울 우크라이나의 도로에서 각자의 위치를 정하는 장면을. 1990년에 어른이었다면 나도 합류했을까. 당시 나는 4살이었다. 1999년부터 우크라이나는 조약 체결을 기억하기 위해 매년 1월 22일에 통일의 날을 기념한다.[92]》

---

[92] 2024년 통일의 날 빅토리아 아멜리나는 사후에 우크라이나 대통령으로부터 3등급 공로훈장을 받았다. 그녀와 함께 훈장을 받은 이들 중에는 막심 크리우초우, 바실 쿠하르스키, 그리고 볼로디미르 바쿨렌코가 있었다.

3. 전쟁을 살아가다

거리 이름의 정의: 라투슈니 거리와 바쿨렌코 거리

[편집자 주: 작가는 이 부분을 완성하지 못했다. 이전 원고에는 소련의 역사적인 인물과 사건으로 이름 붙였다가 2022년에 이름이 바뀐 거리들의 목록이 담겨 있었다. 특히 빅토리아 아멜리나는 키이우의 로모노소프 거리가 로만 라투슈니 거리로 바뀐 것과 이줌에 볼로디미르 바쿨렌코의 이름을 붙인 거리가 있다는 점에 주목했다.]

4
해답과 승리

전쟁 중의 크리스마스와 생존자의 죽음

2022년도 끝나겠지만 그게 가능할 것 같지가 않다. 어떤 해도 2월에 끝날 수는 없다. 그리고 아직 2월이다. 2022년 2월 24일 아침. 카사노바는 트루스하운드 팀으로의 복귀에 대해 전화할 시간을 찾으려고 하면서 '버디'를 몰아 하르키우에서 아이들을 대피시키고 있다. 제니야는 이웃들의 문을 두드리고 있다. 문은 아직 멀쩡하고, 아파트는 불에 타거나 비어 있지 않다. 여성 군인에 관한 그녀의 책에 등장하는 영웅 25명 모두 여전히 살아 있다. 올렉산드라……[93] 비라는 여전히 빨간 스웨터를 입고 있다. 그녀의

---

[93] 이 문장은 미완으로 남아 있다.

남편은 아직 입대하지 않았다. 마리아는 러시아 침략(지금도 일어나고 있지만)의 시작에 관해 여전히 인터뷰하고 있다. 예우헤니아는 포격에도 불구하고 변호사로서 정의를 위해 법정에 설 거라고 스스로를 설득한다. 나는 여전히 아들에게 하늘의 별자리를 찾아보라고 말한다. 그리고 그는 이미 자국에 미사일이 날아들고 그의 정체성이 공격의 타깃이 되는 줄도 모르고 창밖에 펼쳐진 끝없는 사막의 별밤을 응시한다. "지금 보여요!" 아들이 기쁨에 들떠서 계속 감탄한다. 미사일은 우크라이나 상공에 떠서 지상의 누구도 죽이지 않고 단지 큰곰자리처럼 머리 위에 머물면서 평화가 얼마나 약하고 환영 같으며 쉽게 끝날 수 있는지를 상기시킨다. 2023년의 셋째 날, 점령된 자신의 마을 인근에서 자라는 풀 '보리스페니쿠스 백리향'이라고 불리는 동료 전쟁범죄 조사원이 나에게 메시지를 보낸다. 《러시안룰렛에서 살아남아 기적적으로 헤르손의 집으로 돌아온 운 좋은 얀 '바이락타르'가 사망했음. 해방된 마을 근처에서 그의 차가 지뢰를 터뜨렸음. 목격자와 엮이는 것은 규칙에 어긋나며, 개인적인 감정을 개입시키는 것도 금지됨. 카사노바가 팀 채팅에 필드 미션의 책임자로서 정보를 공유하는 것은 아니라는 사실을 전달한다.[94]》

---

94 얀 '바이락타르'의 이야기는 '돈 말고 정의: 졸로타르 고문 사건 I'에 언급되어 있다.

미술관, 필하모닉, 헤르손의 도서관

[편집자 주: 이 부분은 헤르손으로 떠났던 빅토리아 아멜리나의 여행을 반영하기로 예정되어 있었다. 그 도시는 전면전 초기에 러시아군이 간신히 점령한 지역의 유일한 수도였다. 헤르손은 2022년 11월 11일, 우크라이나군에 의해 해방되었다. 2022년 12월 27일 우크라이나 문인협회의 자발적인 여행 당시에 이 노트들이 쓰였다. 그날 우크라이나 작가들과 언론인들은 미콜라 쿨리시의 이름을 딴 헤르손 학술·음악·드라마 극장과 공영 수스필네 방송 편집실, 올레스 혼차르 헤르손 지역도서관, 그리고 올렉시 쇼우쿠넨코 지역미술관을 방문했다.]

헤르손 미술관

센터

우리는 12월 초에 정보를 조금 얻었다

한나 마모노바

이반 안티펜코 비디오 온라인

대략 11월 4일이나 5일

그 기사는 11월 4일 자

10400

2500 정도가 남았다

13902가 남았다(14000개 작품들)

몰힌 10000

전체 컬렉션이 크림반도에 도착했다는 확신이 없다

상설 전시로부터 - 아이바조우스키 그리고 크람스키, 포히토노우(타우리다 미술관으로부터 온 첫 번째 사진들), 보골류보우, 로주데츠벤스키, 마코프스키

2주 후에 그것은 시작되었다

신문에서 *이즈베스티야*의 자원 큰 기사가 발표되었다,
그들은 러시아인들이 일부라고 생각하는 미술품들의 표본을 만들었다
우리의 18세기 - 아이콘들과 아이바조우스키
화물차 5대
버스 2대

지역역사박물관에서 이웃들로부터 - 무기 컬렉션이 개인 차량에 실렸다

사진들 편지 - 파트 1
4월 1일에 러시아에 점령된 헤르손이 헤니체스크, 타브리다 박물관과 작품 보관에 관한 협정을 체결했다
이 정보는 4월 2일에 공개되었다
그들이 함께 일하기로 한 곳이 지역역사박물관이 아니라는 정정 보도가 있었다
헤르손의 문화부, 헤니체스크
전시그룹협회

또한 지역역사박물관에 있었다

부를류크의 그래픽 작품이 있었다
1930년도의 시골 풍경, 그는 미국에서 그것을 그렸다
술에 취하지 않고

정보부 대표
2019년 12월부터 나는 일하고 있었다
언론에 관해

오데사
나는 헤르손에 있지 않다
동료 한 명이 부역자다

누가 나타났다
나는 단지 이 일을 시작하고 있을 뿐이다
그 사실
나는 포토 데이터베이스를 이용하고 있다
그리고 이 페이스북에 있는 사진들
안나 스크립카 - 가장 자주
블라다 디아첸코 - 그녀는 내가 보지 않았던 이 작품을
때로 우리는 파편을 보고, 파편만으로는 걸작인지 알 수가 없다
옆에 줄무늬가 있는 노동자 - 줄무늬를 따라서

검사들은 이 모든 정보와 페이지를 받았다
국제박물관협의회ICOM가 적색 목록을 발표했다
문화부
초르넨코 옆 풍경

로만 라투슈니가 거둔 죽음 이후의 승리

[편집자 주: 이 부분은 미완으로 남아 있다. 이전 원고들은 공원에 새 건물들을 지으려던 힘있는 건설사들을 상대로 로만 라투슈니가 설립한 비정부기구 '프로타시우 야르를 보호하라'가 거둔 승리를 다루려고 했던 사실을 보여준다.]

인스티튜츠카 거리에 있는 작년의 천사들

작년에 예우헤니아 자크레우스카가 찍은 사진 속 무지개를 찾으려고 인스티튜츠카 거리에 왔다. 1년 전, 마이단항쟁 학살기념일인 2월 18일에 뜬 예기치 않은 무지개와 환영 같은 빛은 많은 이들에게 희망을 주었다. 하늘이 우리의 저항을 축복하는 듯했다.

2023년 2월 18일, 날씨는 작년과 매우 다르다. 색지로 접은 새 천사들도 없다. 물론 없을 것이다. 키이우 학교들은 대부분 문을 닫았고, 팬데믹 시기처럼 교육은 온라인으로 이루어지니까. 아마 그래서 아이들은 새로 종이 천사들을 만들지 않았을 것이다. 아니면 모든 영웅을 추모할 여력이 더는 남아 있지 않거나.

오늘은 너무 바람이 강하게 분다.

'100인의 의인' 기념비에 초를 켜고 싶은 사람들에게 회색 불빛이 달린 모자를 쓴 남자가 양초를 나누어 준다. 나는 초를 받아서 인스티튜츠카에 온 사람들 사이를 걷는다. 사람들을 보면서 그들이 이곳에 온 이유를 추측해본다. 사랑하는 이들을 잃었을까. 그들도 이곳에서 목숨을 걸었고, 2014년 2월 이후 살아남은 자로서 죄책감을 느끼는 건 아닐까. 예우헤니아 자크레우스카처럼 수많은 마이단 사건들을 다루는 변호사일까, 아니면 나처럼 그저 행인에 불과한 걸까. 너무 많은 호기심이 생긴다. 지난 8년간 내가 민주주의 체제 속에서 살 수 있도록 해준 사람들의 초상화와 이름이 새겨진 기념비에 다가가는 순간 촛불이 꺼지고 만다. 나는 한숨을 쉬고 회색 모자를 쓴 남자에게 돌아온다.

그는 내가 말하기도 전에 이해한다.

"촛불이 꺼졌겠지요." 그가 한숨을 쉬고 내 초에 다시 불을 밝힌다.

"고마워요. 안 꺼지도록 노력해볼게요."라고 내가 말한다.

그는 답하지 않고 마지막 초들을 다른 사람에게 주려고 돌아선다.

나는 오로지 촛불만 바라보지만 다시 불이 꺼져버린다. 오늘은 바람이 너무 세다. 2022년 2월 18일, 입대하기 며칠 전 예우헤니아 자크레우스카가 본 무지개를 발견할 가능성은 없을 것이다. 작년에 우리는 키이우에 뜬 무지개가 전투 전의 길조 또는 축복

오늘은 너무 바람이 강하게 분다.

'100인의 의인' 기념비에 초를 켜고 싶은 사람들에게 회색 불빛이 달린 모자를 쓴 남자가 양초를 나누어 준다. 나는 초를 받아서 인스티튜츠카에 온 사람들 사이를 걷는다. 사람들을 보면서 그들이 이곳에 온 이유를 추측해본다. 사랑하는 이들을 잃었을까. 그들도 이곳에서 목숨을 걸었고, 2014년 2월 이후 살아남은 자로서 죄책감을 느끼는 건 아닐까. 예우헤니아 자크레우스카처럼 수많은 마이단 사건들을 다루는 변호사일까, 아니면 나처럼 그저 행인에 불과한 걸까. 너무 많은 호기심이 생긴다. 지난 8년간 내가 민주주의 체제 속에서 살 수 있도록 해준 사람들의 초상화와 이름이 새겨진 기념비에 다가가는 순간 촛불이 꺼지고 만다. 나는 한숨을 쉬고 회색 모자를 쓴 남자에게 돌아온다.

그는 내가 말하기도 전에 이해한다.

"촛불이 꺼졌겠지요." 그가 한숨을 쉬고 내 초에 다시 불을 밝힌다.

"고마워요. 안 꺼지도록 노력해볼게요."라고 내가 말한다.

그는 답하지 않고 마지막 초들을 다른 사람에게 주려고 돌아선다.

나는 오로지 촛불만 바라보지만 다시 불이 꺼져버린다. 오늘은 바람이 너무 세다. 2022년 2월 18일, 입대하기 며칠 전 예우헤니아 자크레우스카가 본 무지개를 발견할 가능성은 없을 것이다. 작년에 우리는 키이우에 뜬 무지개가 전투 전의 길조 또는 축복

인스티튜츠카 거리에 있는 작년의 천사들

작년에 예우헤니아 자크레우스카가 찍은 사진 속 무지개를 찾으려고 인스티튜츠카 거리에 왔다. 1년 전, 마이단항쟁 학살기념일인 2월 18일에 뜬 예기치 않은 무지개와 환영 같은 빛은 많은 이들에게 희망을 주었다. 하늘이 우리의 저항을 축복하는 듯했다.

2023년 2월 18일, 날씨는 작년과 매우 다르다. 색지로 접은 새 천사들도 없다. 물론 없을 것이다. 키이우 학교들은 대부분 문을 닫았고, 팬데믹 시기처럼 교육은 온라인으로 이루어지니까. 아마 그래서 아이들은 새로 종이 천사들을 만들지 않았을 것이다. 아니면 모든 영웅을 추모할 여력이 더는 남아 있지 않거나.

이었으면 좋겠다고 희망했다. 어쩌면 그랬는지도 모르겠다. 그때 우리에게는 믿음이 필요했다. 지금 우리는 그저 계속 일할 따름이다. 나는 인스티튜츠카의 심각한 잿빛 하늘을 사진으로 담아 예우헤니아에게 보낸다.

"당신은 오늘 여기 올 수 없잖아요. 인스티튜츠카예요."

그녀는 하르키우 어딘가에서 드론을 조종하면서 판례를 보듯 주의 깊게 지도를 보고, 위험한 도로를 빠르게 질주하거나 방탄벽 안에서 바비를 쓰다듬느라 바쁠 것이다. 바쿨렌코의 장례 이후 처음으로 내가 이리나 노비츠카를 만나기 위해 크리비 리흐로 가는 기차에 탈 때까지 밤이 늦도록 그녀는 답을 보내지 않는다.

[편집자 주: 아랫글은 『비키우냐: 죽음의 영토에서 추모의 장소까지』 컬렉션에서 빅토리아 아멜리나가 발췌해서 넣은 부분이다. 저자는 같은 장소에서 키이우 존엄혁명 당시 일어난 집단 총격과 소련 집권 기간에 벌어진 집단 학살 사이의 유사점을 도출하려고 했던 것으로 보인다. 소련의 학살은 60년대 저항 예술가들에 의해서 조사된 바가 있다('길잡이별들 사이에서 - 올렉산드라 마트비추크I'을 참고할 것).]

1934-1938년에 키이우에서 벌어진 집단 총격의 또 다른 현장은 예전 키이우 노블마이단협회(훗날 제2차세계대전 이후 '10월 궁전'으로 알려지게 되는) 건물들이 위치한 우크라이나 소비에트 사회

주의 공화국의 내무인민위원회 감옥이었다. 비키우냐에 있었던 비밀 내무인민위원회는 소련의 1급 기밀시설이었고, 키이우 감옥에서의 처형을 포함해서 1937년에서 1941년까지 집단적인 정치 숙청의 피해자들을 비밀리에 매장한 곳이었다.

그 '시설'의 실제 구역은 5.3헥타르였다. 그곳은 높고 견고한 나무 펜스로 둘러싸여 있었고, 관측탑과 건물 한 동이 건설되었다. 그곳은 24시간 무장 경비가 지키고 있었으며, 체르니히우 고속도로에서 접근이 가능한 도로 몇 개가 건설되었다. GAZ-AA(흔히 '팔루따라똔카'라고 알려진) 트럭들은 밤사이 처형된 시체들을 싣고 왔다.[95] 시체들은 미리 준비된 구덩이 속으로 던져졌고, 석회와 흙으로 덮였다.

그곳의 실제 목적을 은폐하기 위해 지역민들에게 단지 내부에 위치해 있었던 것으로 추정되는 무기 창고에 관한 신화를 퍼뜨렸다. 1923년 이전에 키이우 주정부가 소유했던 무기 공장이(브로바리부터 옛 다르니챠에 이르는) 그 지역에 있었기 때문에 신화는 성공적으로 퍼져 나갔다.

---

95 '팔루따라똔카'는 '1.5'를 의미한다. 1.5톤을 적재하는(포드의 AA모델을 모방한 소련의) 트럭을 이렇게 부른다.

침공 1주년 기념일

 이렇게 우리 모두가 전면전이 발발한 지 1년이 되는 날을 기다리는 것은 이상하다. '2월 24일'이라는 날짜는 저주받았고, 증오를 불러일으키며, 볼로디미르 바쿨렌코의 아버지가 호랑이와 달러가 그려진 우스꽝스러운 달력에 아들의 납치일을 표기했던 것처럼 검은색으로 달력에 표기되어야 할지 모른다.

 2월 23일 밤, 나는 헤르손의 반쯤 무너진 마을에서 가장 이상한 곳에 누워 잠들기 위해 노력하고 있다. 이방인의 추운 집에 있는 2층 침대의 2층에서. 더 따뜻할 것 같아서 2층을 골랐다. 온기가 느껴질지는 모르지만 나는 미끄러운 침낭 속에 있는 데다가 2층에는 바닥으로의 추락을 방지할 만한 턱이 없다. 침공 1년째 되는 날 헤르손에서 이렇게 죽는 건 바보 같다. 완전히 지쳐버렸지만 나는 잠들 수가 없다. 어떤 일이 일어나기를 기다리고 있는 것 같다. 예보는 다시 우울하지만, 그렇다고 러시아 미사일을 퍼붓는 비가 내리기를 기다리는 건 아니다. 나는 전쟁의 해가 끝나기를 바란다. 1년의 전면전에서 살아남았다는 사실은 나를 강한 사람으로, 시련에 굴하지 않고 업무에도 적합한 사람으로 만들 것이다. 하지만 불면의 밤은 나를 더 약하게 만들 뿐이다. 이튿날 스타로실랴 마을로 향할 때 나는 트루스하운드의 노란색 미니밴 '피쉬'에서 눈을 붙이고, 인홀레츠강의 아름다운 풍경을 놓치고 만다.

홀로도모르와 헤르손의 지뢰밭

[편집자 주: 이 부분은 미완으로 남아 있다. 원래 저자는 트루스하운드의 헤르손 미션을 이야기하려고 했던 것 같다. 초고에는 이 부분의 도입부와 이전 원고들에서 발견된 목격자 증언, 그리고 바쿨렌코의 일기에서 인용한 부분이 담겨 있다. 저자는 과거의 소련과 현재의 러시아에 의해 굶주림이 무기화되는 현상을 담으려고 했던 것 같다.]

엄청난 수의 잔혹 행위가 벌어진 장소에 물리적으로 접근할 방법이 없다. 그곳의 증거들은 내가 접근 가능한 곳에서 전쟁범죄를 기록하고 이 책을 쓰는 동안에도 파괴되고 있었다. 마리우폴은 집단 무덤일 뿐 아니라 범죄 현장이기도 하다. 하지만 가해자들은 모든 자원을 동원해서 모든 증거를 파괴했다. 여전히 그것은[96]

"'빌로히르카'라고 불리는 곳을 압니까?[97] 배고플 때마다 조상들은 음식에 흰 점토를 넣었고, 그렇게 살아남았거든요."라고 목격자가 말한다.

갑자기 그는 자신의 할머니에 대한 이야기를 시작한다. 분명히 그녀의 이야기는 이 마을에서 일어난 전쟁범죄와는 관련이 없을 것이다. 내가 홀로도모르 당시에 고통받았던 이들을 위한 정의 구현을 하고 싶지 않다면. 하지만 나는 정의를 구현하고 싶다. 나는 이야기 전부를 받아적는다. 2022년의 잔혹 행위를 목격한 손자에게 펠라히야 아우라미우나 민스카-호졸로우스카는 이야기했다. 1932년에서 1933년까지 그 지역 우크라이나인 전체를 먹일 수 있을 만큼 수확은 좋았다고. 하지만 그들은 모든 음식을 빼앗았고, 집을 샅샅이 수색해서 그녀를 굶어 죽게 내버려두었다고. 하지만 그녀는 죽지 않았다. 그녀는 살아남아서 아이들을 낳았고, 진실을 이야기했다.

"이야기를 받아쓰고 있어요. 어쩌면 검사들이 당신 할머니의 증언을 읽으면 꽤 놀랄지도 몰라요. 그래도 할머니의 이야기를 전하는 것이 궁극적인 정의 실현이기 때문에 받아쓰는 거예요."

---

96 이 문장은 미완으로 남아 있다.
97 빌로히르카는 헤르손에 있는 마을로 135명 정도의 주민이 있다.

목격자는 싱긋 웃는다. 파괴된 마을 너머, 하늘 너머 어딘가를 바라보면서. 아버지의 이름이 아브라함이었던 펠라히야가 이야기를 들려주며 오래 지체되었던 정의 실현을 기다리고 있는 어딘가를 바라보면서.

[편집자 주: 아랫글은 빅토리아가 원고에 넣은 바쿨렌코의 일기를 발췌해서 영어로 번역한 것이다.]

그것은 마을을 위해 조달된 마지막 빵이었다. 나는 오직 아들을 위해 마지막 빵을 다섯 조각으로 나누었다. 점령 2주째 이미 빵의 맛을 잊었다. 단지 맛을 조금이나마 느껴보기 위해 작은 아이가 테이블에 남긴 부스러기를 한 줌 모아 탐욕스럽게 먹었다.

헤르손과 이줌에서 가져온 러시아 책과 신문

키이우의 내 아파트에는 신문 한 더미가 쌓여 있다. 헤르손에서 가지고 온 것들은 깨끗하고 거의 구겨지지도 않았다. 이줌에서 가지고 온 것들은 대부분 더럽고 구겨져 있고 얼룩이 묻어 있다. 러시아 혹은 점령된 도네츠크, 루한스크, 크림반도에서 발행된 이 신문들에는 전쟁범죄, 반인도범죄, 그리고 하나의 집단이자 정치적인 국가로서 우크라이나를 파괴하려는 러시아의 시도, 즉 제노사이드를 저지르려는 수천 개의 이유가 담겨 있다. 나는 점령에서 살아남은 목격자로부터 빌린 헤르손 지역의 학교 교과서들과 민간인들이 죽고 고문당한 현장에서 발견된 스탈린 관련 서적, 그리고 러시아 아이들이 '무명의 군인에게' 보낸 편지들을 가지고 있다.

호스토멜에서 승리한 자

제니야 포도브나 Ⅲ

[제니야 포도브나:] "오늘 저는 그날 저를 무척 두렵게 했던 그 괴물들을 보았습니다. 그들 중 셋이요. 완전히 파괴돼버린. 왜냐하면 더이상 저를 공포에 떨게 하고, 집 근처를 날아다닐 것은 없거든요. 저는 만족감을 원했습니다. 사랑과 감사 이외에는 아무것도 느끼지 않았어요. 그때나 지금이나 하늘을 지켜주는 이들을 향한 끝없는 감사 말입니다. 최초의 헬리콥터를 격추시켜서 저의 신념을 회복해준 그 사람의 이름을 압니다. 그는 올해 부상당했지만 회복했고, 전선으로 돌아갔어요. 그는 지금 바흐무트 전선에서 싸우고 있습니다. 저는 물론 그에게 개인적으로 감사의 뜻을 표할 것이고, 결국 이 프로젝트를 끝낸 다음 페이지를 넘길 겁니다."

뉴욕에서 이리나 도우한

이 이야기는 계속 반복되고 또 반복된다. 침공 4년 전, 이리나는 단체를 설립했다.[98]

여성 20명이 서로 돕기 위해서 단체에 합류했다. 그들은 공통점이 많았다. 도네츠크 출신으로 우크라이나를 지지했고, 점령군과 그들의 공범들로부터 끔찍한 처벌을 받았다. 그들 대부분은 동료 정치범이었던 스타냐사우 아세예우가 그의 저서 『파라다이스 거리의 고문 캠프』에서 묘사했던 격리소에서의 경험이 있었다. 하지만 2월이 모든 것을 바꾸었다.

---

98 이 문장은 미완으로 남아 있다.

축제의 탄생과 여성의 날에 태어난 소녀

라리사 [데니센코]와 나는 포딜의 카페에서 만난다. 우리 둘은 페미니스트여서 포옹, 그리고 작은 선물과 함께 여성의 날을 기념한다. 라리사는 알록달록한 스카프, 나는 고급스러운 귀걸이를 선물하고, 우리는 점령지에서 벌어지는 젠더폭력에 관해 이야기하기 시작한다.

에바가 태어났다. 그녀는 살기 위해 태어났다[99]

---

99 에바 졸로타르는 아버지의 죽음 이후에 태어났다.

《스비틀라나 [포발라예바]: "우리는 [모두] 종전을 원합니다. 승리 이후에 성대한 축제를 열 거예요. [하지만] 그 '이후'는 언제일까요? 우리에게 '승리 이후'가 존재할지 모르겠습니다. 지금 우리는 그것을 해야만 합니다."[100]

그리고 다른 사람들은 답하거나 덧붙일 말이 없다. 나도 덧붙일 말이 없다.》

---

[100] 이 노트는 로만 라투슈니의 추모를 위한 프로타시우 야르 축제의 조직위원회가 개최한 첫 회의와 관련되어 있다. 빅토리아 아멜리나는 이 위원회의 일원이었다.

승리처럼 느껴진다면

카테리나 라셰우스카Ⅲ

푸틴의 체포 영장 뒤에 있는 우크라이나인들

"승리처럼 느껴져요" 하지만 그렇지 않다고 카테리나가 말한다. "나에게 승리는 체포 영장이 아니라 우크라이나 아이들을 모두 우크라이나로 돌려보내는 겁니다."

[편집자 주: 아랫글은 편집되지 않은 저자의 노트를 영어로 번역한 것이다.]

2023년 2월에 나는 도착한 아이들을 보았다
매일 엄마가 너무 보고 싶어서 울었다고 말했던 소녀가 있었

다, 그 아이는 11살이었다

    그녀가 나에게 보낼 때마다 나는

2022년 11월 언젠가 나는 캠프에서 돌아온 아이들을 가진 하르키우 부모들과 온라인으로 소통하기 시작했다
    한 소년의 엄마는 벌어진 사건을 완전히 이해하지 못했다
    우리는 그에게 전화로 이야기할 수 있었다
    우리는 보상을 받을 방법들을 논의했다

2월에 헤르손 출신 아이들이 돌아왔다
11살 소녀

나는 오픈 소스를 모니터하고 이야기들을 수집했다
아이들을 데려간 러시아 가족들에 관한 서류들

10월 이전에는 아무도 관심이 없었다
그런 다음 외국의 언론이
관심을 보였다

필리페
그녀는 10월에 공개적으로 발표했다

그런 움직임은 7월에야 일어날 수 있었는데, 그는 이미 여권을 가지고 있었다

하르키우의 해방 이후에 더 활발해졌는데, 아이들이 아직 돌아오지 않았기 때문이다

우리는 리보바벨로바와 관련해서 국제형사재판소에 신고할 필요가 있다
언니, 7살 조카

2월 14일 예일 분쟁관측소 나타니엘 레이몬드

3월 17일 체포 영장 푸틴과 리보바벨로바

그날

2022년 10월 25일에 나는 국제형사재판소에 신고 절차를 시작했다

사건들의 묘사 – 얼마나 많이, 어디에서, 언제, 왜 이것이 제노사이드인가에 대한 타당한 이유, 장소들

2022년 4월

나는 현장 57곳의 수색을 시작했다
4곳은 벨라루스 영토에 있었다

푸틴의 체포는 아무것도 아니다

하르키우 문학관에서 보낸 시의 날

2023년 3월 21일, 하늘은 맑고, 내가 하르키우 문학관에서 시의 날을 시작할 수 있도록 친구가 발라클리야에서 하르키우로 운전해준다. 오늘, 전면전 이후 처음으로, 문학관은 새로운 전시를 방문객들에게 공개한다. 희미한 불빛이 비추는 작은 공간에는 단 1개의 물건만 전시되어 있다. 나는 바쿨렌코의 일기를 발견한 일에 대해 이야기하고, 시를 몇 편 낭독할 것이다.

지난해 나는 많은 문학관들을 보았다. 처음에 하르키우 문학관은 비어 있었다. 러시아가 끊임없이 도시를 폭격해서 테탸나 필립추크는 '처형된 르네상스와 60년대 저항 예술가들'에게 헌정된 컬렉션을 대피시켜야 했다. 그런 뒤 문학관은 단 하나의 물품인 볼로디미르 바쿨렌코의 일기를 전시하면서 다시 개관했다. 하르키우 근처 스코보로디니우카에 있는 문학관은 러시아 미사일에 파괴되었고, 나는 피해 상황을 파악하려고 애쓰며 불탄 벽 사이를 배회했다.

헤르손 미술관도 비어 있었다. 러시아 당국이 모든 것을 훔쳐갔다. 헤르손의 비소코필랴에 있는 박물관은 창문이 부서진 채로 독일 학교와 교회 뒤에 남아 있었다. 문화센터로 변한 학교와 교회도 똑같이 부서져 있었다.

나는 하넨코 미술관을 파괴했던 러시아 미사일이 키이우 시내의 셰우첸코 공원을 폭격하는 광경을 지켜보았다.

그리고 나는 레오나르도 다빈치의 그림 「흰 담비를 안은 여인」 앞에 앉아 있곤 했던 폴란드의 차르토리스키 박물관을 방문했다. 30분 남짓 그림을 본 다음 나는 보통 떠난다. 레오나르도의 작품에 대한 감상을 흐리지 않도록 다른 그림은 보지 않으려고 한다. 이 그림은 미술사뿐 아니라 정의의 역사에서도 중심에 위치해 있다. 필립 샌즈가 『동서 거리』에 쓴 것처럼 나치 점령 정부의 수장이었던 한스 프랑크는 그 그림을 자신의 방에 걸었다. 전쟁범죄자와의 공통점을 인정하기는 힘들지만, 우리에게는 두 가지 공통점이 있었다. 우리는 둘 다 인간이었고, 「흰 담비를 안은 여인」을 높이 평가했다.

폴란드에 주둔했던 독일 주지사는 1946년 10월 1일에 전쟁범죄와 반인도범죄와 관련해서 유죄 판결을 받았다. 그의 사형 집행은 재판이 열리고 2주 후 뉘른베르크 감옥에서 집행되었다.

[편집자 주: 다음 글은 편집을 거치지 않고 미완인 상태로 남은 노트들을 보여준다.]

60년대 저항 예술가 박물관 류보우 판첸코
부차와 60년대 저항 예술가들

내가 우크라이나 작가들 중에 최초의 전쟁범죄 조사원이 아니라는 사실을 알고 있다. 1930년대 '처형된 세대'와 나 사이에는 '60년대 저항 예술가들'이 있다. 그들은 많은 시간을 이전 예술가들이 겪은 일을 알아내는 데 할애했다. 비키우냐[101]

크리에이티브 유스 클럽Creative Youth Club, 1962년에서 1963년 사이 그녀는 정치범들의 집단 처형에 관련된 소문의 진위 확인을 위한 위원회의 일원이었다. 그 시대의 가장 뛰어난 시인 중 한 명이었던 그녀[알라 호르스카]는 친구들과 키이우 근처 마을 수십 곳을 방문하고 주민들을 인터뷰해서 내무인민위원회에게 총격을 당하고 매장된 정치범들의 집단 무덤들을 찾으려고 했다. 우리가 부차와 이즙에서 집단 매장이 일어난 장소에 서 있었던 것처럼, 60년대 저항 예술가들과 작가들은 전임자들의 묘지에 서 있었다.

---

[101] 이 문장은 미완으로 남아 있다.

역사는 원을 그리며 움직였고, 나는 이번에 러시아 정권이 자신들의 희망처럼 우리를 많이 살해할 기회를 얻지 못했다는 사실에 감사함을 느낀다. 논쟁의 여지가 없는 물리적인 증거의 토대 위에서, 그들은 비키우냐의 루키아니우와 바실키우 묘지의 비밀 무덤들을 열었다. 스탈린주의의 희생자들이 묻혀 있었던 무덤들을. 매장지를 국가적인 추모의 장소로 바꾸라는 요구가 담긴 진정서가 키이우 시의회에 제출되었다(2번 제안서). 시의회는 이를 무시했다. [바실] 시모넨코는 자신이 당국의 특별 계정에 등록되어 있음을 알게 되었다. 얼마 지나지 않아 그는 경찰에게 잔인하게 폭행당했고, 이른 죽음을 맞이했다.

법정이 아닌 도서관

율리야 카쿨라다닐류크 Ⅲ

우리는 10시 이전에 카피톨리우카에 도착했지만 군중은 이미 행정관 옆에서 기다리고 있다. 사람들은 구호 물품을 받기 위해 훨씬 전부터 모여 있었다. 우리는 박스에 담긴 옷을 꺼내고 필요한 물품을 집으라고 주민들에게 말한다. 사서인 율리야는 아무것도 가져가지 않는다. 그녀는 일을 하고 있어서 필요한 것을 모두 살 수 있으니 구호 물품을 얻을 이유가 없다고 말한다. 그녀는 도서관으로 향하는 길을 안내하기 위해 우리의 미니밴에 탑승한다. 거의 다 왔을 때 그녀가 운전사에게 주의하라고 당부한다. 도서관 앞 학교 운동장에 빨간 소화기 옆으로 지뢰처럼 생긴 물체가 보인다. 차가 멈추고, 차에서 나오자마자 나는 지뢰 사진을 찍어서 트루스하운드 팀의 업무 채팅으로 전송한다.

"지뢰예요?"

"그런 것 같아요."

나는 약간 공포에 사로잡힌다.

"어떻게 아이들이 밟지 않도록 하지요? 대전차 지뢰처럼 보이긴 하지만 그래도 지뢰는 지뢰잖아요."

주민 전부가 지뢰를 알고 있으니 걱정하지 말라고 율리야가 나에게 말한다.

"하지만 애들이잖아요. 잊어버리기라도 하면 어떡해요?"

폭발물로 오염된 지역에서 사는 게 익숙하지 않은 탓에 내가 공황 상태에 빠져버렸다는 것을 깨닫는다. 러시아와의 전쟁으로 우크라이나에는 25만 제곱킬로미터[102]에 달하는 지뢰밭이 생겼다. 게다가 다시 이곳에서 전투를 치르거나 점령되지 않으리라는 보장도 없다. 헤르손의 상황은 더 심각하다. 몇몇 마을은 아직 전기 공급이 재개되지 않았다. 전기 기사들은 전력을 복구하려고 시도하다가 지뢰를 밟아 사망한다. 하지만 사람들은 전투 이후 남겨진 위험의 코앞에서도 어떻게든 살아가는 법을 배운다. 지뢰를 발견한 농부들은 작대기 몇 개와 빨간 천으로 표시해두지만, 일부는 파종을 준비하려고 들판을 누비다가 죽기도 한다. 지뢰제거 팀은 인원이 부족하고 너무 지친 데다가, 그들의 인력 또한 사망

---

[102] 수치는 계속 바뀌고 있다. 비정부기구 에코액션EcoAction에 따르면, 적어도 30퍼센트에 이르는 우크라이나 영토에서 지뢰 제거가 필요하다.

하고 있다.

카피톨리우카에 있는 도서관은 빛이 들어와서 환하다. 본관은 이제 막 보수를 마쳤고, 율리야는 그 공간을 심지어 알록달록한 풍선으로 꾸몄다.

이튿날 나는 도서관에 와서 율리야가 도서관에서 발견한 문서들의 사진을 찍는다. 러시아 군인들의 콜사인을 적은 목록과 군부대가 특정된 누군가의 의료 기록인 것 같다. 나는 카피톨리우카 도서관을 위해서 책에 서명을 하다가 날짜를 2022년 3월 24일로 잘못 기입한다. 그때는 이쥼이 여전히 점령되었을 때이고, 점령군이 나치들과 무기들, 훔칠 귀중품들을 찾아서 수색했던 시기이며, 그들이 볼로디미르 바쿨렌코를 납치했을 때이다.

"그런 건 실수도 아닙니다. 아직 올해는 우리 곁에 있잖아요." 사서가 다정하게 말한다.

나는 그녀의 말에 동의하지만 페이지를 넘기려는 듯 2023년으로 해를 정정한다.

어제 나는 작가이자 문화 관리자로 도서관에 왔지만, 오늘 나는 다시 전쟁범죄 조사원이 된다.

카사노바와의 마지막 미션

[편집자 주: 다음에 이어지는 보고서는 우크라이나어로 적힌 원고에 추가되었다.]

발라클리야 통합행정구역, 하르키우 미션 결과 보고서

I

보고서 제출일: 2023년 3월 29일
보고서 저자: ―, ―, ―, ―, ―
미션 수행일: 2023년 3월 20-26일

업무: 발라클리야 통합행정구역의 구금 시설 조사

다음 거주지에서 발생한 사건들을 기록함: 발라클리야, 브리하디리우카(이쥼의 발라클리야 행정구역 내부), 사빈치, 이쥼: 모로지우카, 도우할리우카, 라키우카, 잘리만, 베셀레, 쿠니예, 이쥼시, 카피톨리우카.
후사리우카 마을은 빠져 있는가?

다음 사건들을 기록함:

- 민간인 공격, 특히 보호시설과 주요 산업기반시설
- 베셀레: 2023년 2월 27일. 불특정 군에 의한 스메르치 다연장로켓시스템MLRS 공격, 러시아군일 가능성이 높음. 학교 한 곳과 노동자 숙소가 파괴되고, 1명 사망.
- 베셀레: 2023년 여름. 러시아 공군의 공습으로 1명 부상, 1명 사망.
- 쿠니예: 2023년 2월 26일. 로켓 공격, 불특정 군에 의한 스메르치 다연장로켓시스템 공격, 러시아군일 가능성 높음. 학교 한 곳과 주거용 건물들이 파괴되고, 포격 도중 2명 사망, 1명은 나중에 병원에서 사망.
- 잘리만: 2022년 5월 초. 러시아군의 집속탄 공격으로 1명 사망.
- 잘리만: 2022년 5월 30-31일. 러시아 공군의 152mm 포탄 공격으로 마을의회(첸트랄나 거리 119a번지)를 포함해서 첸트랄나 거

리 107번지에서 129번지의 건물들이 파괴됨.

약탈:

러시아군에 의한 약탈과 절도가 만연했으며, 주로 차량과 가전제품, 연장, 귀중품 약탈.

- 베셀레: 지역민 약탈, 학교 약탈
- 쿠니예: 학교 약탈
- 사빈치: 1번 학교의 사무실 기물 약탈
- 발라클리야: 지역민 약탈
- 카피톨리우카: 학교(페레모히 거리 2번지)에서 IT 기물, 가구과 전자제품 약탈
- '복음의 빛' 복음주의 기독교 침례교회 재산 약탈(발라클리야, 소보르나 거리 22/1번지)

추방/ 강제이주/ 검열소로의 이전:

- 모로지우카: 아이들을 '휴식 및 회복 캠프'로 이송
- 카피톨리우카: 아이들을 '휴식 및 회복 캠프'로 이송
- 발라클리야: 최소 3명을 점령지로 강제추방

민간인 불법 구금, 투옥:

- 발라클리야: 2022년 3월-9월, 발라클리야 지역경찰국
- 쿠니예: 점령 기간 동안(2022년 3월-9월), 민간인 최소 5명

구금
- 카피톨리우카: 점령 기간 동안(2022년 3월-9월), 민간인 최소 9명 구금, 2명 생존
- 도우할리우카: 2022년 4월, 게올로지아(좌표 49.3875212, 37.0652828)에 민간인들 구금
- 이쥼: 2022년 3월-9월 점령 기간 동안 정체불명의 장소에 확인 불가능한 수의 사람들 구금
- 발라클리야: 2022년 4월, 발라클리야 지역경찰국에 구금되어 있다가 러시아 감옥으로 이송(국제적십자위원회에 의해 확인됨). 관련 정보를 메모할 것인가.
- 베셀레: '트랙터 여단'(좌표 49.392185, 37.207197)에 확인 불가능한 수의 사람들 구금. 2022년 3월-4월에 12-24시간 동안 민간인 최소 2명 구금
- 베셀레: 베셀리 레인, 페트로 튜튜니크 휴게소
- 후사리우카: 2022년 3월, 비공개 지하실에 민간인 3명 구금
- 발라클리야: 2022년 6월, 스미르노바 거리 지하실에 확인 불가능한 수의 사람들(최소 2명) 구금

비인도적인 구금, 고문:

- 발라클리야: 2022년 4월, 지역경찰국, 구타
- 발라클리야: 2022년 4월, 라헤리 지역검문소(좌표 49.470017, 36.797074), 구타, 위협 사격, 강제노동

- 발라클리야: 2022년 5월, 지역경찰국, 비인도적인 구금 환경, 구타, 방망이로 구타, 분파주의(침례교)를 이유로 강간 위협
- 발라클리야: 2022년 5월-6월, 지역경찰국, 비인도적인 구금 환경, 막대기로 구타, 전기충격기로 고문
- 발라클리야: 2022년 5월-6월, 지역경찰국, 비인도적인 구금 환경, 구타, 강제노동
- 발라클리야: 2022년 6월, 지역경찰국, 비인도적인 구금 환경, 지뢰밭에서 '지뢰 탐지기'로 사용하겠다고 위협, 전기충격기로 고문, 전기충격('타피크' 야전 전화로), 경찰봉으로 구타
- 발라클리야: 2022년 7월, 지역경찰국, 비인도적인 구금 환경, 전기충격기로 고문
- 발라클리야: 2022년 8월, 지역경찰국, 비인도적인 구금 환경, 2명
- 발라클리야: 2022년 8월, 지역경찰국, 비인도적인 구금 환경, 구타, 목 조르기, 성범죄(여성 탈의)
- 발라클리야: 2022년 8월, 지역경찰국, 비인도적인 구금 환경, 구타, 거꾸로 매달기
- 발라클리야: 2022년 8월, 지역경찰국, 비인도적인 구금 환경, 무릎을 막대기로 구타, 러시아어 이해 증진을 명목으로 전기충격 고문을 가함

- 발라클리야: 2022년 9월, 지역경찰국, 비인도적인 구금 환경
- 발라클리야: 2022년 8월, '발드루크', 비인도적인 구금 환경
- 발라클리야: 2022년 8월, '발드루크', 비인도적인 구금 환경
- 베셀레: 트랙터 여단, 컨테이너 중 한 곳(좌표 49.392185, 37.207197), 2명 구타, 전기충격과 전기충격기 고문, 물통으로 물고문, 비인도적인 구금 환경
- 카피톨리우카: 2022년 3월, 루호바 거리 거주민들의 건물에서 구금 및 고문
- 도우할리우카: 2022년 4월, 게올로지아에서(좌표 49.3875212, 37.0652828) 고문, 목 매달아 고문, 구타, 비인도적인 구금 환경, 강제노동
- 이쥼: 2022년 3월-4월, 불특정 장소, 비인도적인 구금 환경, 고문, 구타, 눈가리개를 한 상태에서 구금, 물고문, 전기충격 고문
- 후사리우카: 2022년 3월, 비인도적인 구금 환경, 구타, 굶주림, 모의 처형들

폭력적인 처우:

- 모로지우카: 2022년 7월, 수색, 신체적인 압박, [보고들] '사빈치시 거주지의 지하실로 끌려갔고', '총살당하기 위해 끌려 나왔다.'

- 브리하디리우카, 2022년 6월, 'LPR' 군인에 의한 여자 아동 괴롭힘
- 이즘, 불특정 장소, '총살당하기 위해 끌려 나왔다.'
- 발라클리야: 2022년 4월, 강간
- 카피톨리우카: 러시아 군인들과 미성년 소녀들 사이의 성관계
- 발라클리야: 2022년 6월, 구금 중 심한 구타
- 발라클리야: 2022년 6월, 구금 중 심한 구타, 물고문 협박, [억류자들의] 이송 도중 머리 위로 총격을 가함

살인:

- 발라클리야: 2022년 3월, 병원 직원 1명이 발라클리야 병원 근처 검문소에서 체포됨. 이후 고문의 흔적이 있는 그의 시신이 발견됨
- 카피톨리우카: 러시아군에 구금된 시신 7구 발견. 시신들은 고문의 흔적이 있었는데, 거의 대부분 사법외 처형으로 보임
- 2022년 4월 발라클리야를 벗어나는 피난 버스에 총격을 가해서 버스 기사 사망
- 후사리우카: 민간인 5명의 살인 혹은 처형

문화유산과 언어에 대한 공격

- 발라클리야: 점령 당국이 발라클리야 시의회 공공도서관

(하르키우, 발라클리야, 조우트네바 거리, 16번지)에서 1991년 이후 우크라이나어로 발간된 서적을 제거하려고 시도
- 사빈치: 2022년 9월, 1번 학교가 모든 우크라이나 교과서의 폐기를 명령 받음

II

기록일 수: 7
증언 수: 35
기록 장소: 발라클리야, 브리하디리우카, 사빈치, 모로지우카, 도우할리우카, 라키우카, 잘리만, 베셀레, 쿠니예, 이쥼, 카피톨리우카
조사 거리: 841km
차량: 오이
팀 셋업: 기록인 4명 + 1.5일간 활동한 2명

날짜, 조사 지역	활동 내용	코멘트, 연락처, 미기록 사건
2023.03.20 키이우-하르키우-발라클리야 도로	X와 X가 '아멜리나의 카페'에 가서 모닝 커피를 마심. 9시 이후 그들은 X와 X에게 가로막힘. 12시에 발라클리야로 운전해 감. 체크인하고 아는 연락처에 연락을 돌린 후 3쌍으로 갈라짐: 1. X와 X는 강간 사건 때문에 의사 X에게 감. 강간범의 이름들과 배경, 그리고 다른 세부사항이 알려짐. 2. X와 X는 우크라이나 응급서비스에 가서 X의 연락처를 수소문해서 찾음. 3. X와 X는 사빈치에 가서 X와 그의 아내에게 구금 관련 질문을 하고 (지역경찰국) 교사 다수의 연락처를 얻음.	
2023.03.21	X와 X는 잘리만에 가서 마을 원로와 대화를 나눔. 포격의 결과를 촬영하고 문화의 집에서 크림을 가져옴. 이게 무슨 말? X와 X는 X의 살인을 목격한 이들이나 의사들을 수소문함. 그의 실종을 신고하고 후사리우카(여전히 점령된) 근처에서 X의 시신을 발견한 그의 장모를 찾음(X). 그녀는 간호사 X의 연락처를 제공함. 전화로 발라클리야 병원 외과의사와 대화함(X-점령 기간 동안 그는 외래 진료를 했음, 전화번호 XXXXXXX), 그는 X의 장모의 연락처와 이비인후과 의사의 연락처를 제공함. 그는 증인으로서의 증언은 거부함. X와 X는 중앙도서관에서 사서들과 인터뷰함 – 1991년 이후 출간된 우크라이나 문학서의 압수에 주제로. 14시쯤 X와 X는 하르키우를 떠남. 그들은 X(앰뷸런스 간호사)에게 전화함. 그녀는 현재 하르키우에 있고, 병원에서 그녀의 남편(우크라이나 군인)을 면회하고 있음. 2023년 3월 22일, 그녀는 도우할리우카로 돌아올 예정. 그녀의 증언이 가능한지 앰뷸런스 팀 대표에게 확인할 예정.	

4. 해답과 승리

2023.03.22	X와 X는 피해자 3명에게 질문함. X는 판사이며, 약탈당하고 심하게 구타당하고 일시적으로 지역경찰국에 구금됨. X는 지역경찰국에 5일간 구금되고 테이저건으로 고문당함. X와 X가 X를 발견함. 그는 게올로지아에 구금되었고, 대화를 원하지 않았으며, 심한 부상을 입음. 모로지우카: 교사를 인터뷰함. 그녀가 받은 압력과 모의 처형을 주제로. 사빈치: 할머니 X와 납치 및 구금을 주제로 인터뷰함. 러시아에 의해 확인됨, 지역경찰국에 구금된 아들의 연락처가 있음. 브리하디리우카: X의 증언을 통해 우체부 X를 인터뷰함. 볼찬스키: 도우할리우카 출신 X(앰뷸런스 간호사)에게 전화함. X에게서 연락처를 제공받음. 그녀는 앰뷸런스 팀의 승인 부재로 더이상 대화를 거부함. X가 X의 아내에게 전화함. 그는 현재 전쟁포로이고, 그녀는 진술을 거부함. X의 자매에게 전화함(결혼 전 이름이 X임). X는 매우 정신적으로 힘든 상황이며, 모든 대화를 거부하고 하르키우에서 아이들과 체류 중임. 정신과 치료를 받고 있음.
2023.03.23	X와 X는 도우할리우카에서 카메라 기사를 만나고 게올로지아에서 촬영함. 사빈치 출신 71세 X에게 질문함. 포격당했고, 주민들의 대피소로 이용된 학교의 사진들과 영상들을 얻음. 가이드는 경비원의 부인이었음. 남편과 대화하는 게 나을 듯. 그들은 현지 팀과 함께 12명 중에서 3명이 고문당하는 게임을 지켜보았음. 네 번째는 X의 아들로, 그도 질문을 받음. 그들은 축구 심판을 인터뷰하고, 베셀레에서 발생한 학교 포격과 고문을 기록함. 아침에 X와 X는 후사리우카에서 2주간 구금되었던 소년의 어머니를 인터뷰함. 그후 라헤리로 갔는데, 처음에는 걷다가 지쳐서 택시를 부름. 개신교 교회 목사가 인터뷰 대상이었음. 후사리우카에서 전쟁포로들의 고문과 살인에 관한 정보를 얻음. 그리고 X를 인터뷰했는데, 그는 점령군에게 구금된 사람의 형제임. X는 목이 따갑고, X는 중이염에 걸림.

2023.03.24	전체 팀의 이쥼 이동은 다소 가혹하고 무의미한 측면이 있었음. 하지만 적어도 볼로디미르 바쿨렌코의 납치 당시 영상이 촬영되었을 가능성이 높은 장소와 학교를 기록함. 그의 이웃들과 대화하며 마을 외곽을 걸었지만, 2번 학교에 구금되었을 만한 사람들은 찾지 못함. 경찰국에 구금된 사람들만 있음. 카피톨리우카에서 결혼한 커플을 인터뷰함. 그들은 LRP라고 불리는 군인 몇 명의 콜사인을 제공하고, 사건들의 일반적인 맥락에 관한 설명과 정보를 제공함. 베셸레로 가서 베셸레 학교 경비원과 대화함. 학교가 포격당했을 때 근무 중이었고, 3번 포격당한 장소들을 보여줌.	
2023.03.25	X와 X가 X와 라헤리 출신 X와 X를 찾아서 인터뷰함. 마침내 그들은 X의 목격자 진술에 등장하는 2명의 여성 피해자를 찾음. 또 다른 소녀 X는 증언을 거부하는데, 그녀를 강간한 부르야트 군인이 러시아군에게 발각되어 총살당했다고 다수가 그녀에게 말했기 때문. X와 X는 X를 찾으러 갔고, X 혹은 X 거리에 있는 주소를 알아냈으나 그녀가 치료를 목적으로 떠난 뒤였음. 그들은 X와 함께 지역경찰국에 구금되었던 X를 찾으러 갔지만 그녀를 찾지 못함. 라키우카에 가서 X를 찾다가 또 다른 피해자를 발견해서 그에게 질문함(그의 아버지도 이미 쿠피안스크에서 납치당한 후였음). 그들은 마침내 X도 찾아서 미팅을 준비함. 잘리만으로 다시 가서 사진들을 찍음. 언론을 위해 고품질 사진을 찍음. 가능한 모든 연락처에 연락을 돌렸는데 사실상 개돼지 취급을 받음. X와 X가 점심을 먹고 사빈치로 향하는 택시에 승차함. 그곳에서 팀은 폭탄 구멍과 다른 목격자들을 찾기 위해 베셸레로 떠남. 베셸레에서 팀은 갈라져서 X와 X는 피해자 1명을 인터뷰하기 위해 남았고, X와 X는 2개의 포탄 구멍을 찾기 위해 아래로 내려감. 군 기지 옆 채소밭에서 1개, 변전소 옆에서 또 1개를 찾아서 비밀리에 사진을 찍고 재빨리 쿠니예에 다녀옴. 쿠니예 마을학교 포격의 목격자를 인터뷰하고 이쥼에서 납치당해서 구금된 주민들의 연락처를 받음.	

2023.03.26	팀 전체가 아파트에서 체크아웃해서 라키우카로 향함. 그곳에서 X와 사전에 계획된 미팅을 진행함. X와 X가 피해자 X를 인터뷰한 다음 전화를 받지 않는 X가 거주할 법한 장소로 감. 대문을 두드리고 기다려도 아무도 보이지 않아서 이전에 알게 된 피해자들의 주소를 찾으러 쿠니예로 향함. X, 쿠니예 마을, 31 X 거리, 전화번호 XXXXXX, 하지만 그곳에는 아무도 없음. 2022년 2월 26일 공습 현장으로 출발함. X 거리 X의 소유주가 사망함. 짝을 지어 X와 X, X와 X가 공습 피해자 2명을 인터뷰함. 또 다시 스비틀라 거리로 돌아옴. 그 거리에서 다른 피해자가 발견됨. X와 나중에 만나기로 약속함. 팀 전체가 쿠니예 고등학교로 가서 2022년 2월 26일의 포격을 기록함. 이후 하르키우로 간 뒤 우크라이나 전역으로 흩어짐.

[편집자 주: 아랫글은 필드 미션 도중 수집된 목격자 증언들의 상세한 발췌를 포함한다.]

그 후 그는 내 양말을 벗기고 TA-57[소련군 전화]에 연결된 전선을 내 발가락에 조였습니다. 한 명이 전선을 비틀기 시작하고, 나머지 한 명이 나를 짓눌렀어요. 전류가 내 온몸을 관통했지요. 그가 심하게 비틀수록 내 몸에 충격을 가하는 전류도 세졌어요.

다시 그가 나에게 질문하기 시작했어요. "대테러작전구역에 누가 있는지 아는가?"

그리고 다시 한 번 그들은 내 머리를 물통에 밀어 넣었습니다. 이 모든 과정은 반복되었어요. 그들 셋 모두 나를 개머리판으로 구타하고 주먹으로 때리고 발로 찼어요.

오후 1시쯤까지 이 상황은 계속되었습니다.

그리고 한 명이 말했어요. "그것 봐. 네가 축구 선수라는 걸 우리는 안다니까!"

그렇게 말하고 그는 나무 막대기로 내 엉덩이 아래까지 때리기 시작했습니다. 내 왼쪽 종아리 근육(비복근)을 여섯 차례 정도 가격했어요. 근육은 물렁거리는 살처럼 변했습니다.

그들이 말했어요. "일어나!"

"못 일어나겠어요."

그들이 나를 들어올렸고, 한 명이 칼을 꺼냈어요. 그게 마지막이라고 나는 생각했습니다. 하지만 대신 그는 테이프를 잘랐고 나에게 짚 위에 누우라고 말했어요.

구금 피해자와 그들의 연락처:

발라클리야:

X, 모로지우카 출신, '차르스케 셀로', 처형을 위해 숲으로 데려감, 돈을 갈취함.

X, 브리하디리우카 출신, 핸드폰을 수리점에 맡겼고, 그 안에 우크라이나군에 있는 친구의 사진이 있었음. 핸드폰을 찾으러 갔을 때 체포됨. 쿠피안스크 감옥에서 발견됨.

X, 발라클리야 출신, 1번 학교 기술 노동자로 구금됨, 그녀의 남편은 쿠피안스크 해방 당시 사망함.

2022년 4월 3일, 모든 의사가 러시아를 위한 강제노동의 조율을 위해 회의장(핑크 홀)에 모였다. 그날 우리는 떠났다.

대가: 전쟁범죄 조사원 '백조'를 다시는 만나지 못할 것이다

2022년 3월, 오레스트가 입대했고, 우크라이나 제53기계화여단 장교로 전투에 나갔다.

그는 2016년 3월, 우리 팀의 일원이 되었다. 그의 첫 임무는 루한스크의 스타니챠 루한스카와 트료히즈벤차로 가는 것이었는데, 그곳에서 전투 중 포격과 민간인을 향한 발포를 기록했다. 6년 동안 그는 도네츠크와 루한스크 지역을 완벽하게 알았고 그곳을 사랑했으며, 트루스하운드 현장 임무 백 주년 기념식에도 참석했다. 2019년 4월에 오레스트는 바흐무트와 그 주변을 기록했고, 4년이 지난 지금 그곳에서 그의 삶이 끝났다.

우리의 데이터베이스에는 오레스트가 기록한 2백 건 이상의 자료가 있다. 목격자 증언들과 사진들, 범죄 현장에서 촬영한 영상들이다.

류드밀라 오흐녜바

[편집자 주: 아랫글은 빅토리아 아멜리나가 우크라이나어에서 영어로 번역해서 원고에 추가한 신문 기사 「〈생명의 나무〉가 발견되었다! 알라 호르스카 모자이크의 발견과 복원에 관한 류드밀라 오흐녜바의 이야기」의 일부를 포함한다.]

패널은 빅토르 자레츠키와 알라 호르스카가 이끄는 기념비 전문가들의 팀으로 1967년에 꾸려졌다. 호르스카의 죽음 이후 사상적인 이유에서 그 예술 작품은 벽돌로 막힌 채 40년간 숨겨져 있었다. 2008년 7월, 류드밀라 오흐녜바[103]의 열정 덕분에 〈생

---

[103] 류드밀라 오흐녜바(1936-2022)는 방사선 물리학자이자 장식 예술가였다.

명의 나무〉가 발견되었고, 10월에는 막힌 상태에서 벗어났다. 하지만 직후 레스토랑은 환경적인 요인 때문에 문을 닫았고, 몇 년간 문이 닫혀 있었다. 결과적으로 운 좋은 몇 명의 개인들만 알라호르스카의 작품들을 직접 볼 수 있는 기회를 가졌던 것이다.

끝이 아니다, 모두

올렉산드라와 나는 시민자유센터 사무실에서 다시 만난다. 그녀는 덜 피곤해 보이고 더 희망차 보인다. 우리는 계획이 있다. 우리 둘 다 파리에서 열리는 이란 혁명 회담[2023]에 초청되었다. 파리는 좋은 장소임이 확실하지만, 언젠가 우리는 테헤란[104]에서 만날 것이고, 훨씬 전에, 곧 루한스크, 도네츠크, 바흐치사라이에서도 만날 것이다.[105]

---

104 편집자 주: 올렉산드라 마트비추크는 프리 이란Free Iran 2022 회의에 참석하지 못했다. 빅토리아 아멜리나는 2022년 7월 23일, 우크라이나 대표로 티라나에서 발언했다.

105 '내년에는 예루살렘에서'라는 유대인 속담과 관련된 표현이다. 이 속담을 떠올리며 우크라이나인들과 타타르족은 내년에 해방된 조상의 땅에서 만나고 싶은 희망을 표현한다.

카사노바가 트루스하운드 팀을 떠난다. 4월 초, 그녀는 지뢰제거 전문가가 되기 위한 훈련을 시작할 것이다. 그녀는 하르키우 근처에 과실수가 많은 오래된 정원과 작은 집이 있는 땅을 찾았다. 전면전이 벌어지기 전에는 하르키우 서쪽 폴타바에서 집을 사기로 계획했었다. 하지만 지금 그녀에게는 하르키우 근처에서 정원을 가꾸는 일이 중요해졌다. 굉장히 우크라이나적인 완고함이다. 러시아와 국경을 맞대고 있는 정원을 가꾸는 것은 화산 근처에 아름다운 폼페이를 짓는 것과 같다.

카사노바는 노트에 기록해두었다가 전쟁범죄 조사원이었던 그녀가 지뢰제거 전문가가 되는 과정을 책으로 쓰는 것이 좋은 생각일지도 모르겠다고 말한다. 나는 지뢰제거에 관한 그녀의 일기가 완성되어 빨리 읽을 수 있었으면 좋겠다. 그녀의 필명 빅토리아 얄리베츠로 일기는 기록될 것이다.

이리나 도우한이 바실키우 근처 자신의 집에 나를 초대한다. 집은 환한 빛과 새로운 동물들로 가득하다. 도네츠크 근처 그녀의 집에서 탈출시킨 셰퍼드 마틸다는 이미 죽었다. 하지만 차에 치였다가 딸에게 구조된 개 코요트와 수없이 많은 고양이들을 키우고 있다. 적어도 고양이 두 마리는 새끼일 때 전쟁터에서 데려왔다. 이리나는 그녀가 돕는 여성들, 그녀가 소중히 여기는 정원과 남편에 대해 많이 이야기한다. 최근에 그녀는 모든 우크라이나인에게 국가의 상징이나 다름없는, 수 놓인 셔츠 비시반카를 남편에게 사주었다.

"처음에 남편은 이토록 힘든 시기에 군을 돕지 않고 비시반카에 돈을 써서 놀랐어요. 하지만 내일 우리가 승리해서 모두가 거리로 나와 축하하는데 비시반카가 없으면 어떡하느냐는 내 말을 그는 경청했고 그 말에 동의했어요."

딸이 썼던 2층 방에서 이리나가 나에게 그녀의 보물들과 승리의 날에 가족들이 입을 비시반카 셔츠들을 보여준다. 그녀는 그 날이 오리라고 믿는다. 마치 바쿨렌코가 1년 전 이쯤 해방의 날이 올 것을 믿었던 것처럼. 그들의 신념이 나도 그것을 믿게 만든다.

저녁에 집으로 돌아오는 키이우 전철에서 나는 모두가 그날을 위해 비시반카를 준비한다고 생각한다. 아들에게 나도 새 옷을 장만해줘야겠다. 이집트로 휴가를 떠난 지 1년 반 넘은 시간이 흘렀다. 그는 지금 11살이고, 분명히 예전보다 더 자랐을 것이다. 하지만 어떻게 아들에게 줄 셔츠를 주문한단 말인가. 더이상 그의 사이즈를 모른다는 사실을 깨닫고 나니 숨이 막힌다. 폴란드에서 함께 있는 이모에게 아들의 키를 재라고 부탁해야겠다.

2022년 2월 24일 이후 나는 작가에서 전쟁범죄 조사원이 되었다. 정의 실현의 방법을 모색했던 우크라이나 시민사회의 이야기를 전 세계에 들려주기 위해서 나는 둘 다가 되는 법을 배웠다. 이제는 11살 아들의 엄마가 되는 법을 배우는 나의 이야기도 담겨야 할 것이다. 하지만 나는 아들이 이야기하도록 할 것이다. 아이들과 사랑하는 이들이 우리의 선택을 이해하고 존중하고 용서해주기를 바라는 마음에서.

4월에 국제출판협회는 고인이 된 볼로디미르 바쿨렌코에게 특별상을 수여하기로 결정했다. 그들은 대리 수상자를 찾고 있었고, 볼로디미르의 출판인 중 한 명이었던 마르야나 사우카가 나를 추천했다. 복잡한 심정으로 동의했고, 5월 22일에 짧은 연설을 했다. 나는 데이지 깁슨스가 번역한 볼로디미르의 일기에서 주요 부분을 발췌했다.

저는 동료 우크라이나 작가인 볼로디미르 바쿨렌코를 대신해서 발언하고 있습니다. 저와는 다르게 그는 우크라이나의 정체성을 지우려는 러시아 제국의 또 다른 시도를 견뎌서 살아남지 못했습니다.

이 상은 우크라이나 문학공동체에게 특별하고, 의미 깊으며, 우리의 가슴을 뭉클하게 합니다. 수백 명의 우크라이나 작가들과 출판인들, 그리고 예술가들이 20세기에 우크라이나인이 되기를 선택했다는 이유로 살해당했지만 아무도 사후에 노르웨이에서 이런 세계적인 상을 받지 못했기 때문입니다. 저는 볼로디미르가 이 상을 그들 모두에게 헌정하고 싶어 했을 거라고 확신합니다.

2022년 9월, 하르키우 반격 이후에 우크라이나 법의학전문가들이 집단 무덤에서 시체들을 발굴하고 있었을 때 저는 다른 무언가를 찾아냈습니다. 볼로디미르 바쿨렌코의 전쟁일기였습니다. 그는 여러분과 전 세계가 그의 말에 귀기울일 거라는 희망을 안고 점령 중에 일기를 썼습니다.

볼로디미르 바쿨렌코를 추모하며 그의 일기에 적힌 마지막 글의 몇 구절을 낭독하고 싶습니다.

꿈속에서 우리의 군인들이 싸웠고, 나는 그들을 껴안고 반겨주었다. 그들의 안부를 생각하는 게 두렵다. 점령 이후 처음 며칠간 나는 일부를 포기했고, 반쯤 굶주린 상태 때문에 나중에는 전부를 포기했다. 지금은 정신을 되찾아서 정원을 조금 갈퀴질했고, 감자를 캐서 집에 들여놓았다. 새들은 아침에만 지저귄다. 오후에는 까악까악 까마귀 울음조차 들리지 않을 것이다. 결국 나는 핸드폰에 저장된 음악으로 구원받는다. 전쟁 이전에 음악을 저장해두었다. 요리 클로스, 플라치 예레미이, 고르기셀리 등등. 그리고 오늘, 시의 날에, 하늘에 있는 작은 두루미들이 나를 반겼다. 그들의 울음 안에서 나는 이 말을 들었다. "우크라이나는 다시 일어설 것이다! 나는 승리를 믿는다!"

볼로디미르 바쿨렌코, 2022년 3월 21일, 카피톨리우카.

저는 볼로디미르가 쓴 일기를 하르키우의 문학관으로 가지고 갔습니다. 그리고 이제 저는 볼로디미르의 부모님과 아들이 있는 카피톨리우카로 이 상을 가져가겠다고 약속합니다.

저는 볼로디미르가 이 두 단어로 연설의 끝맺음을 원한다고 확신합니다. 우크라이나에게 영광을!

하지만 나는 바로 카피톨리우카에 가지 않는다. 나는 키이우에 가서 며칠간 머물면서 로만 라투슈니를 추모하는 새로운 문학 축제의 개막식에 참석한다. 그날 나는 많은 눈물을 흘리게 될 것이다. 마치 슬픔을 처리하는 능력을 나 자신에게 돌려주듯이. 로만의 변호사이자 친구인 예우헤니아 자크레우스카가 쿠피안스크에서 데려온 그녀의 작고 용감한 개 바비와 함께 걸어가는 장면을 보면서 나는 눈물을 흘릴 것이다. 우크라이나 가수 마르야나 사도우스카가 마리우폴 평화 거리에 적혀 있었던 세르히 자단의 시를 열창할 때 나는 또 눈물을 흘릴 것이다. 콘서트가 열리는 프로타시우 야르 근처의 홀은 전형적인 소련 문화의 궁전을 연상시킨다. 그래서 나는 헤르손의 비소코필랴부터 하르키우 근처 데르하치에 이르기까지 파괴된 모든 문화센터들을 떠올린다. 하지만 물론 내가 문학 축제와 청소년 백일장을 조직했던 '뉴욕'이라고 불리는 바흐무트의 작은 마을에 있던 문화센터를 가장 많이 떠올릴 것이다.

그렇다고 해서 예우헤니아 자크레우스카가 드론에 수류탄을 부착하는 법에 관한 교육 영상을 보여줄 때는 울거나 슬퍼하지 않는다. 우리는 잔디에 앉아서 축제 무대에서 열리는 토론에 귀기울이지 않고 영상을 시청한다.

"여기 봐, 어려울 게 없어." 수류탄이 마침내 부착되고 드론이 비행 준비를 마치자 그녀가 이렇게 말한다. 나는 그녀가 이 책을 위해서가 아니라 전쟁을 위해 영상을 보여준다는 사실을 깨닫는다.

    나는 특히 수공예에 서툴고 지도를 읽는 것은 더 못하지만, 전쟁이 장기화되면 내 단점들은 중요하지 않을 것이다. 전쟁이 수년간 이어진다면 나는 책 집필을 끝낼 것이고, 아들은 성장할 것이며, 전쟁범죄 조사만으로는 충분하지 않다고 느끼게 될 것이다. 솔직히 이미 전쟁범죄 조사만으로는 충분하지 않은 것 같다. 어쩌면 나는 예우헤니아가 교육 영상을 보여준 것을 기억하게 될지도 모른다. 마치 그녀의 친구이자 기자인 레스야 간자가 2014년에 예우헤니아의 입대에 대한 언급을 기억했듯이. 결국 나도 군에 합류하게 될 것이다. 나라고 못할 건 없잖는가. 이런 생각이 나를 차분하게 만든다. 그리고 예우헤니아의 태도는 잠재적인 군인으로서의 내 자존감을 드높인다. 그녀는 내가 그녀의 일을 할 수 있는지 의심하지 않을 것이다. 이것은 내가 모든 것을 남겨두고 떠날 준비가 되어 있는지에 관한 질문이다.

    예우헤니아는 훈련 때문에 키이우에 남지만 그 내용을 상세히 말하지 않는다. 그녀는 더 크고, 더 효율적이고, 분명히 더 치명적인 드론 조작법을 배우고 있다. 나는 야간 기차를 타고 하르키우로 향한다. 배낭이 무겁다. 노르웨이에서 가져온 볼로디미르 바쿨렌코의 상과 노트북, 미래의 증인들이 서명할 위임장 관련 서류들, 카피톨리우카의 도서관 사서 율리야를 위한 블루 치즈, 전선과 가까이 있어서 술이 금지된 도네츠크의 친구에게 줄 좋은 와인 1병, 그리고 크라마토르스크 구호 창고의 북크로싱 선반에 놓을 동화책 30권을 가지고 간다.

이튿날 나는 마침내 카피톨리우카에 있는 바쿨렌코의 부모님에게 상을 가지고 간다. 그들은 집의 앞문에서 나를 기다리고 있다. 나는 그의 방에 다시 들어갈 것이다. 그 방에서 나는 스스로가 전쟁범죄 조사원임을 망각하고 러시아의 제국적인 야망에 동료를 잃은 우크라이나 작가처럼 행동했다. 나는 그 상을 카피톨리우카로 가져갈 것이다. 볼로디미르의 부모님 올레나와 볼로디미르 시니어는 추운 겨울날 그를 다시 하르키우 묘지에 묻는 것처럼 눈물 지으며 나를 안아줄 것이다. 그런 다음 우리는 볼로디미르의 정원으로 향할 것이다. 볼로디미르 시니어는 지뢰의 위험에도 불구하고 [꽃을 심을 것이다].

나도 꽃을 심는다. 카피톨리우카의 도서관 사서 율리야가 나를 위해 장갑을 가지고 왔다.

"당신은 장갑이 있어요?"라고 내가 그녀에게 묻는다.

"아뇨. 그래도 나는 시골 출신이고 당신은 도시 여자잖아요. 당신은 흙에 손을 넣는 게 익숙하지 않겠지요."

"아뇨. 장갑도 안 끼고 바쿨렌코의 일기를 찾았어요. 그리고 그를 위해서 장갑 없이 꽃을 심고 싶어요."

율리야는 내 뜻을 이해한다. 우리는 꽃을 심고, 사진을 찍고, 심지어 웃기도 한다. 볼로디미르의 부모님도 웃기 시작한다. 아주 조금.

[하르키우 자원봉사자] 옥사나 [아스트라한체바]와 나는 사

서의 안락한 집에서 그날 밤을 보낸다. 키이우와 하르키우에서의 정신 없는 밤들을 지나 깊이 잠을 청하면서. 그 후 우리는 도네츠크로 향한다.

내가 하르키우를 떠날 때 '마클레나 그라사 2022년 2월 26일 18:00'라고 적힌 대형 포스터가 여전히 드라마극장 건물에 걸려 있다.

가장 안전한 곳인 내 아파트 복도 바닥에서 바쿨렌코에게 헌사하는 서문을 쓰면서 시끄러운 키이우의 밤들을 보낸다. 2022년 9월 우크라이나의 검은 흙에서 내가 찾은 물건은 이제 막 책이 되려고 한다. 볼로디미르의 메시지를 세상에 전달하는 나의 조그만 임무가 거의 끝나간다. 내 책도 거의 끝나간다.

가끔 공습 경보가 울릴 때 발코니로 나가서 스카이라인 너머 까만 하늘로 솟아오르는 방어 로켓을 바라본다. 나는 공포를 극복할 필요가 없다. 나는 더이상 죽음을 두려워하지 않는다. 심지어 내가 글에서 묘사하는 모든 여성들이 내 장례식에 모이는 상상을 하기도 한다. 모두 정의를 위해 싸우느라 바빠서 그런 경우는 거의 유일한 기회임이 틀림없다. 하지만 아직은 내 책을 완성해야 하고, 아들이 자라는 모습을 지켜봐야 하고, 몇 년 안에 어쩌면 군에 합류해야 할지도 모른다. 그래서 나는 아름답지만 위험한 전경에서 물러나 글쓰기로 회귀한다.

에필로그를 대신하는 시

황량한 봄 들판에
검은 옷을 입은 여인이 서 있다
자매들의 이름을 부르짖으며
텅 빈 하늘에 있는 새처럼

그녀는 내면의 모든 것을 울음으로 토해낼 것이다

너무 일찍 날아가버린 사람
죽음을 구걸했던 사람
죽음을 막지 못했던 사람
기다림을 멈추지 않았던 사람
믿음을 멈추지 않았던 사람
침묵 속에서 여전히 슬퍼하는 사람

그녀는 모든 것을 울음과 함께 땅속에 묻을 것이다
들판에 고통 어린 씨를 뿌리듯

그리고 여성들의 이름과 고통으로부터
새로운 자매들이 땅에서 자라날 것이며
다시 삶의 기쁨을 노래할 것이다

하지만 그녀, 그 까마귀는 어쩌지

그녀는 영원히 들판에 머무를 것이다
그녀의 울음만이
허공의 모든 제비를 붙잡고 있으니까

그녀가 어떻게 한 명 한 명의 이름을 부르는지
들리는가

편집 후기

빈 페이지들

　러시아가 우크라이나를 상대로 전면전을 일으켰을 때 빅토리아 아멜리나는 우크라이나의 도네츠크에 있는 마을 뉴욕에 기반을 둔 뉴욕 문학 축제의 창립자이자, 소설 두 권과 동화책 두 권을 집필한 저자로 알려져 있었다. 그러나 2022년 2월 24일 이후 다른 다수의 우크라이나인들처럼 빅토리아는 더 나은 방식으로 시민들을 도울 새로운 역할을 찾기 위해 노력했다. 그녀에게 소설가의 역할은 더이상 의미가 없었다. 어떤 작가의 판타지도 침공당한 그녀의 나라에서 벌어지는 상상을 초월하는 현실에 견줄 수 없었기 때문이다. 그래서 빅토리아는 끔찍한 전쟁이 발발한 지 이틀 만에 해외에서 우크라이나로 돌아왔고, 고향의 시민들을 돕기 시작했다. 그녀는 르비우의 구호 창고에서 일했고, 자국과 해외 봉사자들을 위해 통역했고, 의약품을 조달했고, 군용 차량과 드론 구입을 위한 기금을 모았고, 우크라이나 전역에서 인간과 반려동물의 탈출을 도왔고, 많은 이들을 르비우에 있는 자신의 아파트로 데려갔다.

그녀는 여전히 기록된 문자의 힘에 대한 믿음은 버리지 않았다. 그녀는 전쟁 중에 정확성과 진실성을 가장 잘 담아낼 수 있는 장르를 찾기 위한 자신만의 여정을 시작했다. 이 지점에서 그녀의 다큐멘터리적인 시가 탄생했다.[106] 그 시들은 전쟁의 현실과 그것이 어떻게 '포탄에 맞은 듯' 언어를 산산조각 내는지를 기록했다.[107] 그리고 빅토리아는 수많은 해외 언론 매체에 영어로 에세이를 써서 우크라이나를 상대로 벌이는 러시아 식민전쟁의 역사적인 원인들을 설명하기도 했다.

그러나 이걸로는 충분하지 않았다. 그녀는 자문했다. 기록된 문자가 전쟁의 기록뿐 아니라 정의 실현의 가속화를 위해서도 쓰일 수 있지 않을까. 방금 여러분이 읽은 이 책에서 그녀는 다음과 같이 표현했다.

> 법은 궁극적으로 인간에 관한 것이거나, 아니면 적어도 인간을 중심에 놓아야 한다. 이것이 법을 문학과 비슷하게 만든다. 어쩌면 나는 의약품을 분류하고 박스를 옮기고 기금을 모으는 것 외에 다른 무언가를 할 수 있을지 모른다.

---

[106] 빅토리아의 사망 이후, 그녀의 시들은 2024년에 시선집 『증언들Svidchennya』로 출간되었다. 시선집은 곧 영어로도 번역되어 출간될 예정이다.

[107] 빅토리아 아멜리나의 시 「시가 아니다Ne poeziya」로부터 인용한 구절이다.

2022년 4월 3일, 키이우의 해방 직후, 빅토리아는 키이우에 가서 라리사 데니센코, 올레나 스탸주키나, 스비틀라나 포발라예바처럼 침공 초기에 도시를 떠나지 않았던 작가들을 만났다. 4월 8일, 러시아가 미사일로 크라마토르스크역의 철로를 공격했다. 61명이 사망하고 121명이 부상을 입었다. 키이우에서의 만남과 크라마토르스크의 비극은 빅토리아가 자원봉사 업무 이외에 전쟁의 기록을 통해 시민들을 도울 수 있다는 사실을 깨닫게 했다. 5월 말, 빅토리아는 트루스하운드에서 전쟁범죄를 기록하기 위한 훈련을 받았다. 6월 초, 그녀는 전선 근처의 도시 하르키우로 향하는 우크라이나 문인협회의 첫 여행에 합류했다.

이 시기 동안 빅토리아는 픽션에서 논픽션 문학으로의 전환이 갖는 중요성에 더 많은 관심을 두게 되었다. 그녀는 전쟁 속에서 살아가는 사람들의 이야기와 목소리를 보존하는 데 도움이 되고 싶었다. 2022년 6월 15일 빅토리아가 그녀의 친구에게 다음과 같이 말했듯이.

나는 전쟁을 기록하는 사람들에 관한 르포르타주를 책으로 쓰고 싶고, 또 쓸 수 있을지 고민하고 있어. 거기에서 뭔가가 나오게 될지 이해하려고 노력하고 있어. 다양한 목표를 두고 전쟁에 관해 글을 쓰려는 사람들이 있어. 나는 특히 가해자의 처벌을 목표로 전쟁범죄를 기록하는 사람들에게 흥미를 느껴.

6월 말, 그녀는 이미 브뤼셀과 런던으로 인권운동가 올렉산드라 마트비추크와 함께 우크라이나를 향한 지지를 호소하기 위해 여행을 떠났고, 8월에는 우크라이나 남부 헤르손으로 첫 번째 현장 임무를 수행하러 갔다.

그곳에서 그녀는 책의 개념을 형상화했다. 전쟁범죄를 기록하는 우크라이나 여성들에 관한 르포르타주 이야기 모음집. 그것을 형상화하는 동안 그녀는 발전시키고 있던 생각들과 원고를 남편과 친구들에게 보여주었다. 여성들이 주인공들이 될 개인의 이야기들이 작업의 토대를 만들었다. '너 자신의 전쟁을 써라' 혹은 '여성과 전쟁을 바라보다'라는 가제로.

같은 방식으로 빅토리아는 전면전 초기 몇 달간 새로운 역할을 모색했으며, 이 책을 집필하는 동안 그녀는 작가로서 새로운 목소리와 장르를 찾으려고 했다. 그녀의 아카이브는 인터뷰, 에세이, 역사 여행과 시뿐만 아니라 주제에 관한 조사에서 발췌한 이야기, 증인의 목소리를 담은 기록, 그리고 현장 임무 중에 수집한 보고서와 조사를 결합한 다큐멘터리 산문의 형식에 마침내 도달하기 전까지 이 책의 구조가 얼마나 여러 번 바뀌었는지를 보여준다. 한 가지 바뀌지 않고 남은 것은 영어로 집필하기로 한 그녀의 결정이었다. 이는 수 세기에 걸쳐 우크라이나인들을 상대로 저지른 러시아의 제노사이드와 처벌되지 않은 범죄들을 세상에 드러내기 위해서였다. 그녀는 그것을 다음과 같이 이 책에서 표현했다.

정의 추구는 나를 소설가와 한 아이의 엄마에서 전쟁범죄 조사원으로 탈바꿈시켰다. 작년 한 해 나는 도서관 벽에 뚫린 포탄 구멍들, 폐허로 변한 학교와 문화센터를 사진으로 남겼고, 전쟁범죄 생존자들과 목격자들의 증언을 기록했다. 오직 진실을 밝히고, 기억의 생존을 보장하고, 정의와 영구적인 평화를 실현하기 위해서 나는 이 일을 수행했다.

2022년 6월에서 2023년 6월까지 빅토리아는 그녀의 인생을 이 책의 집필에 바쳤다. 그녀는 트루스하운드의 현장 임무와, 전선 부근과 해방된 지역으로 향하는 우크라이나 문인협회의 여행에 합류했다. 그녀는 목격자들을 찾아 나섰으며, 러시아의 점령을 경험했던 사람들로부터 증언을 수집했다. 첫 번째 소설 『가을 신드롬Fall Syndrome』의 영웅을 연상시키는 비범한 공감력을 타고난 빅토리아는 타인의 이야기를 듣고 도움을 줄 수 있었고, 이야기를 들려준 사람들과 종종 친구가 되었다. 그녀는 자주 그녀의 책에 나오는 주인공들을 찾아가서 그들의 업무 현장에 동행했다. 체르니히우에서 비라 쿠리코를 만나고, 하르키우에서 테탸나 필립추크와 예우헤니아 자크레우스카를 만나고, 크리비 리흐에서 이리나 노비츠카를 만나고, 브뤼셀, 파리, 런던으로 향하는 여행에서 올렉산드라 마트비추크와 함께한 것처럼. 빅토리아의 인생에서 이 해는 끝없는 여행으로 채워졌다. 비록 그녀가 중간에 정기적으로 크라쿠프에 짧게나마 들러서 아들을 보긴 했지만.

2022년 9월, 하르키우가 러시아로부터 해방을 맞이하고 며칠 후 빅토리아는 트루스하운드의 또 다른 미션에 합류했다. 그녀는 이쥼 근처의 작은 마을 카피톨리우카에 가도록 동료들을 설득했다. 그곳은 2022년 3월 러시아인들이 작가 볼로디미르 바쿨렌코를 납치했던 장소였다. 아무도 그의 운명을 몰랐다. 몇 달 후, 점령군이 마카로프 권총으로 두 발을 쏴서 볼로디미르를 죽이고 이쥼 외곽의 숲에 있는 집단 무덤에 그를 매장한 사실이 밝혀졌다. 빅토리아는 볼로디미르의 부모님과 이웃들의 증언을 기록했고, 동료 작가의 납치에 관한 트루스하운드의 조사를 시작했다. 처음 카피톨리우카에 가서 빅토리아는 작가가 점령 당시에 썼던 일기를 찾으려는 볼로디미르의 아버지를 도왔다. 바쿨렌코는 러시아 군인들에게 납치되기 하루 전에 정원의 벚나무 아래 일기를 묻었다. 땅을 파서 그 일기를 찾은 사람은 빅토리아였다. 2023년 6월, 빅토리아는 볼로디미르가 사랑했던 사람들, 그리고 동료들과 함께 키이우의 북아스널Book Arsenal 문학 축제에서 일기의 출간 소식을 알렸다. 한 달 후, 빅토리아는 일기의 출간을 시작했고, 키이우 북아스널 문학 축제에서 책 소개에 참여했다.

축제가 끝나고 얼마 후 빅토리아는 오랜 기간 우크라이나를 떠날 계획을 세웠다. 그녀는 콜럼비아대학교의 파리 레지던시에 머무를 수 있었다. 그녀는 이 시간을 활용해서 책 집필에 집중하고, 결국에는 더 많은 시간을 아들과 함께 보내려고 했다. 책이 완성되기 전에 쓰인 후기에서 그녀는 다음과 같이 언급했다.

2022년 2월 24일 이후 나는 작가에서 전쟁범죄 조사원이 되었다. 정의 실현의 방법을 모색했던 우크라이나 시민사회의 이야기를 전 세계에 들려주기 위해서 나는 둘 다가 되는 법을 배웠다. 이제는 11살 아들의 엄마가 되는 법을 배우는 나의 이야기도 담겨야 할 것이다.

북아스널 문학 축제가 열리기 며칠 전, 빅토리아는 헤르손을 한 번 더 방문해서 러시아에 의해 살해된 지휘자 유리 케프라텐코의 아내의 이야기를 녹음하기로 했다. 6월 23일, 남부로 가는 길에 그녀는 다음의 말이 적힌 미완의 원고 파일을 친구에게 전송했다. "헤르손에서 미사일 공격을 당할지도 모르니 만일에 대비해서 네가 원고를 가지고 있었으면 좋겠어."

그런 일은 일어나지 않았다. 대신 6월 27일, 빅토리아는 콜롬비아에서 온 작가들과 함께 도네츠크로 향했다. 긴 하루의 끝에 그들은 크라마토르스크에 있는 피자 레스토랑에서 휴식을 취하고 있었다. 하지만 러시아의 미사일 공격으로 64명이 부상당하고 13명이 목숨을 잃었다. 심각한 부상을 입은 사람들 중에 빅토리아도 있었다. 그녀는 드니프로의 메치니코프 병원에서 부상을 이겨내지 못하고 며칠 후 눈을 감았다. 그녀의 사망일은 7월 1일이었고, 그날은 볼로디미르 바쿨렌코의 생일이었다.

우리는 키이우와 르비우에서 빅토리아에게 작별을 고한 지

얼마 되지 않은 2023년 7월에 그녀가 마지막으로 작업했던 원고 파일을 열었다. 그 후 몇 달간 이 텍스트를 읽고 편집하는 작업이 우리에게는 지속되는 고통과 같았다. 그것은 엄청난 책임일 뿐 아니라 지지의 원천이기도 했다. 매일 누군가를 잃는 전쟁 중의 삶은 우리에게 고통을 이기는 유일한 길을 가르쳐주었다. 바로 우리가 사랑하는 사람들의 작업을 계속 잇는 것이다.

빅토리아는 계획했던 분량의 60퍼센트 가까이 작업해놓았다. 그럼에도 불구하고 텍스트가 태어나고 변화하고 다듬어지는 창조적인 과정 속에서 작가가 나아갔던 길을 짐작하는 것은 과연 가능할까. 게다가, 조국을 위해 정의를 실현하고자 했던 빅토리아의 바람을 짐작컨대, 러시아에 의해 목숨을 잃기 전까지 그녀는 얼마나 그 목표에 가까이 다가갔던 걸까.

우리가 작업을 시작했던 그 파일은 빅토리아가 설계했던 구조와 그녀가 몇 번이나 집필과 편집을 반복했던 챕터들을 담고 있었다. 시작과 끝은 있었지만, 중간의 몇 챕터는 완전히 비어 있었고, 다른 챕터들은 대략적인 노트만 포함하고 있었다. 받아쓴 대화나, 향후 글을 쓰면서 다듬어갈 예정이었던 생각들처럼. 몇 군데에서 빅토리아는 나중에 다시 작업할 목적으로 책이나 언론 자료에서 인용한 글을 삽입해두기도 했다. 그녀의 원고는 영국 변호사이자 인권운동가인 필립 샌즈와의 인터뷰와 트루스하운드의 미션 보고서들도 포함하고 있었다. 나머지 원고의 스타일과 발췌된 부분이 달라도, 빅토리아와 나눴던 대화에서 미루어보건대 그

부분을 책에 넣는 것이 얼마나 그녀에게 중요한 일인지 우리는 짐작할 수 있었다. 그 부분을 넣은 것은 전쟁범죄 조사원들과 증언을 바탕으로 한 국제재판소의 업무에 대한 독자의 이해를 증진시키려는 것이었다. 나아가, 이는 소설가에서 전쟁범죄 조사원으로 변모해가는 그녀의 길을 보여주기도 한다. 그녀는 원고에 포함된 몇몇 보고서를 직접 작성했다. 그런 문서에서도 그녀의 문학성은 여실히 드러난다.

빅토리아의 가족은 그녀의 아카이브를 정리했다. 그 안에서 2023년 6월 23일이라고 적힌 마지막 원고 이외에도 다양한 버전의 개별 챕터, 그리고 전선 부근과 해방된 지역으로 떠났던 여행에서 찍은 사진과 영상, 책의 주인공들, 전쟁범죄 증인들과 그녀가 나눴던 수백 시간에 달하는 대화의 녹취가 발견되었다. 가끔 빅토리아는 우리의 온라인 채팅 기록에도 힌트와 설명을 남겨놓은 것 같았다.

그 텍스트들로 작업하면서 우리는 필요한 경우 독자의 독서 과정을 용이하게 하도록, 그러나 빅토리아의 콘셉트와 스타일에는 최소한의 개입만 하기로 목표를 정했다. 그것을 염두에 두고 편집부는 미완의 챕터가 어느 부분인지, 또는 특정 부분에 저자가 포함하려고 했던 내용이 무엇인지를 독자에게 알려준다. 그리고 편집부는 중요한 역사적 혹은 개인적인 맥락을 설명하기 위해 백 개가 넘는 주석을 준비했다. 마지막 원고에서 빈 공간으로 남은 챕터에 대한 세부적인 이야기나 관련 노트를 이전 원고에서 발견하면 그 부분을 옮겨 담았고, 독자에게도 편집부의 개입 사실을 밝혔다.

편집부의 개별적인 결정들은 논의를 통해 이루어졌다. 그 과정에서 우리는 빅토리아가 우리와 함께한다는 느낌을 받았고, 그녀의 바람을 반영한 최선의 선택을 하도록 그녀가 돕고 있음을 느꼈다. 책을 편집하는 몇 달간은 빅토리아와의 끝없는 소통의 과정이었다. 우리는 이전 원고를 읽고 저장된 오디오 파일을 들으며 토론했고, 때로는 빅토리아와의 대화가 늘 그랬듯 농담을 주고받으며 웃음을 터뜨렸다. 각 챕터의 편집은 이전에 그녀와 나눴던 상세한 논의를 바탕으로 한 결과이다. 물론 그녀에 대한 우리의 사랑의 결과물이기도 하다.

빅토리아가 가장 많은 자료를 수집한 챕터들을 완성하지 못했고, 우크라이나의 현실을 알리기 위한 여행과 사설에서 가장 많이 언급한 주제들을 발전시키지 못했다는 사실을 알게 되어 고통스러웠다. 독자는 작가 볼로디미르 바쿨렌코에 관한 챕터들의 윤곽만 발견하게 될 것이다. 그리고 인권운동가 올렉산드라 마트비추크와 함께한 여행도 조각들만 보게 될 것이다. 그녀의 다른 여성 영웅들—라리사 데니셴코, 올레나 스탸주키나, 카테리나 라셰우스카와 같은—의 초상화 역시 스케치 정도로만 남아 있다. 빅토리아는 언론인이자 군인이었던 레샤 간자나 살해된 지휘자 유리 케르파텐코의 아내 마리나 아체호우스카의 이야기를 원고에 포함시키지도 못했다. 빅토리아는 그녀들을 만났지만, 빅토리아의 아카이브는 그들이 나눈 대화의 오디오 파일만 포함하고 있을 뿐이었다. 우크라이나 클루니 재단Clooney Foundation의 대표 솔로미야 스타시우와의 만남은 과거와 현재를 잇는 중요한 연결점이었다. 빅토리아는 볼로디미르 바쿨렌코의 사건을 조사하면서 그녀를 만났다. 나중에서야 그녀는 솔로미야가 소련의 반체제 인사 레브코 루카야넨코의 가까운 친척이라는 사실을 알게 되었다. 그는 우크라이나의 독립선언문을 쓴 사람이자 빅토리아의 주인공 중 한 명인 비라 쿠리코가 쓴 책의 주인공이기도 했다. 이것은 작가가 글로 보존하고 싶었지만 죽음을 맞이한 탓에 빈 공간으로 남게 된 이야기들의 한 가지 경우일 뿐이다.

특정 부분에서 독자가 저자의 노트나 미션 보고서의 형식 안에서 미완으로 남겨진 텍스트를 읽는 것이 어렵다는 사실을 우리는 인지하고 있다. 관심과 인내를 가지고 이 책을 읽어준 독자들에게 감사의 뜻을 표한다. 러시아가 우크라이나를 상대로 전면전을 일으키지 않았다면 이 책은 결코 존재하지 않았을 것이다. 러시아가 빅토리아의 목숨을 앗아가지 않았다면 이 책은 매우 다른 형태가 되었을 것이다. 우리는 이 책을 손에 쥔 여러분이 이제는 빈 페이지들의 의미를 이해하기를 바란다. 이 책은 단순히 문학 작품이 아니라, 러시아가 우크라이나인과 우크라이나 문화를 상대로 수 세기 동안 저지른 끔찍한 범죄들의 증언이다. 이 책은 또한 빅토리아가 세상을 떠난 뒤 우리가 느꼈고, 다시는 채워지지 않을 공허함에 대한 증언이기도 하다.

빅토리아의 아카이브에서 발견된 책의 초안 중 한 곳에서 그녀는 텍스트를 챕터로 나누고 그 밑에 교훈1, 교훈2, 교훈3과 같은 소제목을 붙이는 구조를 고안했다. 이런 교훈들이 포함된 것은 한편으로 빅토리아가 자신의 이전 작품들 속에서 가족의 역사와, 러시아의 식민 정치가 그들에게 자행된 범죄를 잊게 만든 방식을 고찰했기 때문이다. 이런 점에서 이런 교훈들은 빅토리아에게는 개인적인 문제였다. 다른 한편으로 저자는 러시아 전쟁범죄 연구자로서 범죄 증언에서의 중요한 교훈을 나누고 싶어 했다. 그녀는 교훈이 정의 구현을 위한 재판의 시작으로 귀결되는 것을 보여주려고 했다. 동시에, 우크라이나 문화와 정체성에 대한 러시아의 공격이 2022년에 시작되지 않았고, 역사적인 맥락과 과거 사건들과의 유사성에 대한 이해 없이는 제노사이드에 해당하는 이번 전쟁의 진정한 본질을 독자들이 이해하지 못하리라는 점을 저자는 보여주고자 했다. 특히 우크라이나인이 아닌 독자에게 그 사실을 이해시키는 것은 매우 중요했다. 빅토리아는 과거 수천 명의 우크라이나 예술가들과 지식인들을 고문하고 억압하고 살해하고 그들의 문화유산을 파괴했던 '처형당한 르네상스'와 현재 사이의 유사점들을 도출했다. 그리고 같은 맥락에서 빅토리아는 홀로도모르, 즉 1932-1933년 사이 인간에 의해 초래된 기근으로 우크라이나인 수백만 명이 목숨을 잃은 사건을 언급한다. 이는 빅토리아가 1960년대 저항 예술가들에 대한 정보를 독자에게 제공하는 이유이기도 하다. 그들은 우크라이나 역사에서 빅토리아처럼 처음으로 예술가와 전쟁범죄 조사원의 역할을 함께 수행할 수밖에 없었던 사람들이었다. 빅토리아는 전 시대의 인물이자 소련의 폭력을 조사한 예술가였던 알라 호르스카에 관해 다음과 같이 표현했다. "나는 죽은 동료들에게 벌어진 일을 찾아내야만 하는 우크라이나 예술가들의 슬픈 전통의 일부가 되어야만 했다."

빅토리아는 이 책의 목적이 '진실을 드러내고, 기억이 살아남도록 보장하며, 정의와 지속적인 평화에 기여하는 것'이라고 생각했다. 그녀는 진실성 있는 증언이 정의 구현을 앞당길 것이며, 세계로부터 인정받지 못하는 우크라이나를 상대로 저지르는 러시아의 범죄와 제노사이드의 악순환을 끊을 것이라고 믿었다. 러시아는 빅토리아를 우리에게서, 그녀의 가족과 친구들에게서, 그리고 우크라이나와 세계의 문화로부터 앗아갔지만, 그녀의 글이 지닌 힘을 빼앗지는 못했다. 그녀가 이미 글에서 썼듯이 '작가의 글이 읽힌다는 것은 그들이 여전히 살아 있음을 의미하는 것이니까.'[108]

테탸나 테렌

야리나 그루샤

사샤 도우지크

알렉스 아멜린

---

[108] 2023년 비밧Vivat 출판사에서 사후 출간된 볼로디미르 바쿨렌코의 일기 『나는 변모한다… 점령일기: 시선집』을 위해 빅토리아가 쓴 서문에서 발췌한 문장이다.

부록

조각들

조각 A

카테리나 라셰우스카가 있다. 이곳 어딘가에, 1399년 리투아니아 왕자 비타우타스로 대표되는 서구 문명은 타타르족으로 대표되는 동구 문명과의 전투에서 패했다.

전면전이 일어나기 며칠 전, 수미의 작은 마을 출신 젊은 변호사 카테리나는 나치의 유대인 정책들이 담긴 또 다른 다큐멘터리를 시청한다. 그녀는 홀로코스트의 역사와 로마규정 제6조에 매우 관심이 많다. 제6조는 물론 제노사이드에 관한 것이다.

마리아 리보바벨로바는 금발이고, 멋진 긴 드레스를 입으며, 푸틴이 우크라이나 아이들을 러시아로 강제이송하는 것을 돕는다. 푸틴은 리보바벨로바를 러시아 대통령 산하 아동권리위원으로 침공 4개월 전에 임명했고, 이는 푸틴의 또 다른 범죄가 되었다. 그 범죄는 로마규정 제6조 (e)항에서 '강제로 한 집단의 아이들을 다른 집단으로 이송하는 것'이라고 규정되어 있다.

카테리나 라셰우스카는 폴타바의 작은 마을 출신 젊은 변호사이다. 1399년 이곳 어딘가에서 리투아니아 왕자 비타우타스로 대표되는 서구 문명이 타타르족으로 대표되는 동구 문명과의 전투에서 패했다.

전면전이 일어나기 며칠 전, 카테리나는 나치의 유대인 정책들이 담긴 또 다른 다큐멘터리를 시청한다. 그녀는 로마규정 제6조 제노사이드에 매우 관심이 많다.

마리아 리보바벨로바는 러시아 펜자에서 태어났다. 어릴 때 그녀는 교회 성가대에서 노래했고, 사제와의 혼인과 다산을 꿈꿨다. 그녀의 꿈은 대부분 현실이 되었다. 그녀는 러시아 정교회의 사제와 결혼했다. 그녀는 친자녀 다섯과 입양 자녀 열여덟, 그리고 훔친 십대 아이 한 명이 있다. 마리우폴 출신 '필리프'라는 아이인데 나는 그 아이의 용기를 높이 산다. 리보바벨로바에 따르면, 좋게 말해서 필리프는 아주 고분고분한 '아들'은 아니었다.

카테리나 라셰우스카도 아이를 갖고 싶지만, 그녀는 러시아-우크라이나 전쟁 때문에 지난 8년간 너무 바빴다. 그녀는 강제병합된 크림반도 출신 우크라이나 실향민들이 세운 비정부기구 지역인권센터에서 일한다. 사실 2022년 이전에는 그녀가 러시아의 침략에 아무런 영향도 받지 않은 유일한 직원이었다. 센터는 2014년에 처음으로 러시아로 강제이송되는 우크라이나 아동들의 사건을 알게 되었다. 강제병합된 크림반도의 아이들은 러시아 가정에 입양되었다. 카테리나의 첫 임무는 이런 사건들에 대한 정보를 모으는 것이었다.

카테리나 라셰우스카는 금발에 정장을 입고 중대한 인권 침해를 겪은 사람들을 변호한다. 러시아로 강제이송된 아이들의 사건도 그 중 하나이다. 카테리나는 특히 그 사건에 열정적이다. 아이들을 사랑하고, 제노사이드 범죄에도 관심이 있는 변호사이기 때문이다.

마리아 리보바벨로바는 금발이고, 멋진 긴 드레스를 입으며, 푸틴이 우크라이나 아이들을 러시아로 강제이송하는 것을 돕는다. 푸틴은 리보바벨로바를 러시아 대통령 산하 아동권리위원으로 침공 4개월 전에 임명했고, 이는 푸틴의 또 다른 범죄가 되었다. 그 범죄는 로마규정 제6조 (e)항에서 '강제로 한 집단의 아이들을 다른 집단으로 이송하는 것'이라고 규정되어 있다. 카테리나와 마리아는 매우 다른 여성들이다. 로마규정 제6조가 그녀들을 연결 짓는다.

마리아는 그 연결점을 모르고 있어도 카테리나는 2022년 3월부터 마리아를 생각해왔다. 2022년 4월, 그녀는 우크라이나에서 강제이송된 첫 번째 아이들이 러시아 가족들에게 넘겨진 사실을 알게 된다. 이 아이들 중에서 그녀는 할머니가 있는 소년 두 명을 보았다. 카테리나는 소셜 미디어에 강제이송되어 입양된 아동들에 관한 글을 썼지만, 그녀의 메시지는 큰 관심을 끌지 못했다. 그러기에는 3월과 4월에 너무 많은 일이 일어났다.

2022년 3월 이후 소셜 미디어부터 러시아 공영 채널들에 이르기까지 카테리나가 추적하고 저장한 마리아 리보바벨로바의 행적은 지역인권센터가 2022년 10월 25일 국제형사재판소에 제출하는 자료에 반영될 것이다.

조각 B

이 임무를 계속 수행하기 위해 나는 스웨덴 예테보리 북페어로 가는 여행을 취소했다. 그곳에서 나는 전쟁범죄에 관해 발언할 예정이었다. 하지만 이쥼이 해방되었고, 여전히 볼로디미르 바쿨렌코에 관한 소식은 들리지 않는 대신 이쥼 숲에서 발견된 집단 무덤에 관한 소식이 인터넷을 도배했다. 나는 사과의 뜻을 전한 뒤 예테보리가 아닌 이쥼을 택했다.

우리는 pl이 있다[109]

우리는 메레파와 페레보마이스크를 통과해서 그곳으로 향한다. 2022년 3월 이후 처음으로 카사노바는 하르키우에서 사람들을 대피시켰던 그 도로를 따라간다. 어쩌면 우리는 너무 긴 시간을 하르키우 검사들과의 미팅에 할애했는지 모른다. 우리는 늦었다. 어둠이 깔렸다. 전쟁 중에는 어두울 수밖에 없지만 도로에는 불빛이 없다. 파괴된 집에도 멀쩡한 집에도 불이 켜져 있지 않다. 카사노바는 운전하고 있고, 나는 '오이'라고 부르는 미니밴의 조수석에 앉아 있다. 피셔는 자신이 소유한 두 번째 차를 몰고 있다.

---

[109] 이 문장은 미완으로 남아 있다.

그 차는 트루스하운드 팀에 의해 '긴 코'라는 별명을 갖게 되었다.

우리에게는 몇 가지 숙소의 선택지가 있었다. 이쥼에 있는 내 지인이 그 중 하나였다. 젊은 여성은 할머니에게 도움을 제공하는 조건으로 자신의 아파트를 공짜로 쓰는 것을 제안했다. 아파트는 다른 이쥼의 아파트처럼 전기와 수도, 난방이 끊겼다. 대다수 아파트처럼 창문도 몇 개 없었다. 하지만 그곳에 머무르는 동안 우리는 매일 여행하면서 시간을 보냈다면 하지 못했을 일을 더 많이 끝낼 수 있었다.

그는 손님이 올 거라고 예상하지 않았다. 럭셔리 리조트는 지난 반년 동안 생존의 장소였다. 그들은 우리에게 그리스식 샐러드 4인분과 좋은 레드 와인 한 병밖에 제공하지 못했다. 주인은 저녁 식사에 합류해도 좋은지 물었다. 그는 저명한 건축가이자 레스토랑 사업가 같다. 그들의 특별 요리는 생선이라고 한다. 우리의 방문을 알았다면 우리 여섯을 위해 최고급 잉어를 잡았을 것이다. 3월에 그 지역의 모든 다리가 폭파되고 나서 그들은 생존의 유일한 방법이 낚시라고 생각했다. 사실 그것은 생존 전략에서 중요한 부분을 차지했다. 우리는 생존과 전쟁에 관해서는 별로 이야기하지 않고, 음식, 그리고 키이우와 하르키우의 가장 좋은 레스토랑으로 화제를 바꾼다. 러시아의 침공은 우리의 식사 테이블조차 지배하지 못한다. 우리는 그곳 셰프가 우리 샐러드에 마지막으로 넣은 최고급 그리스산 페타 치즈처럼 훨씬 더 중요한 것들에 관한 대화를 나눈다.

아침에 우리는 내 방의 창문으로 수영장 안에서 죽어 있는 개구리를 볼 것이고, 패셔너블한 레스토랑 찬장의 유리잔에 쌓인 먼지와 파리를 보게 될 것이다. 전쟁의 흔적이다. 하지만 밤에는 모든 것이 그것에 영향 받지 않은 채 완벽해 보인다.

조각 C: 증언 원본

내 부대와 나는 매일 12시 죽은 자들이 묻혀 있는 셰익스피어 묘지에서 모이곤 했어요. 그러고 나서 회의들이 오전 9시 행정관 근처에서 열렸습니다.

장례 서비스 업체는 셰익스피어 거리의 모든 장례를 주관합니다. 다른 묘지들도 있어요. 네크라소바(점령 당시 많은 이들이 묻혔던 곳), 피우니치네, 아르한겔스크(러시아군이 근처 숲에 주둔하고 있어서 무덤은 없었음), 그리고 카피타나 오를로바.

우리 부대 이외에도 '200s[110]'라고 불리는 이쥼의 자원봉사 부대가 있었습니다. 시 정부에 의해 조직되었고, 여섯에서 여덟 명으로 구성되어 있었어요. 그들은 죽은 자의 시신을 수습했습니다. 종종 사람들이 죽은 자를 마당에 묻었고, 자원봉사자들이 그 시신을 재매장했습니다. 그들은 버스로 이동했어요. 자원봉사자 중 한 명은 이름이 세르히였어요. 그에 대한 다른 정보는 모릅니

---

110 카고Cargo 200(우크라이나어로 드보흐소티)은 군 관련 사상자의 운송을 위해 쓰이는 소련의 암호이다. 구소련연방에 속했던 국가에서 '200s'는 '전투 중 사망'을 완곡하게 나타내는 표현이 되었다.

다. 내 동료 비탈리(우리 부대의 시신 매장 업무를 이끌고 있으며, 셰익스피어 묘지의 담당자이기도 합니다)에게 물어볼 수 있을 거예요. 200s와 우리 부대만 교통이 복구되었을 때 도네츠강 서안에서 활동하도록 허가를 받았습니다. 그 이전에는 시신들을 보도교를 통해 손수 이송했습니다. 그리고 우리와 200s를 제외한 누구도 셰익스피어 묘지에 들어갈 수 없었어요. 두 부대는 사망자나 실종자에 대한 노트와 함께 매장할 시신들을 가지고 왔습니다. 신원을 확인할 수 없는 시신들도 있었어요. 우리는 모든 시신에 숫자를 붙여서 우리 회사의 매장 일지에 기록했습니다. 현재 보안국 조사관들이 수사를 목적으로 일지와 컴퓨터를 압류해 갔어요.

옮긴이의 말

2023년 7월, 뉴스 보도를 통해 우크라이나 소설가 빅토리아 아멜리나의 죽음을 알게 되었다. 작가들이 모여 있는 식당에 미사일을 쏘았다고 했다. 전면전이 발발한 후 작가는 전쟁범죄 조사원이 되었다고 부고에 적혀 있었다. 하지만 왠지 그녀는 계속 글을 쓰고 있었을 것 같았다. 그녀가 쓰고 있었던 글이 어딘가에 남아 있을 것 같았다. 짐작이 옳았다. 그녀는 전쟁일기를 쓰고 있었다. 일기에는 각자의 방식으로 러시아의 폭압에 맞서는 우크라이나 여성들의 이야기와 전쟁범죄 생존자들을 인터뷰하는 작가 본인의 이야기가 담겨 있었다.

번역 과정에서 미완으로 남은 부분에 대한 고민이 많았다. 언제부턴가 의미를 생성하지 못하고 마침표 없이 흩어진 단어와 문장들이 이 글에 등장하는 이름 없는 주검들처럼 느껴졌다. 집단 무덤에 묻힌 부차 학살의 피해자들, 점령지에서 탈출하기 위해 다리를 건너다가 총살당한 시민들, 폭격당한 병원에서 사망한 환자들, 파종하다가 지뢰를 밟고 목숨을 잃은 농부들……. 어떻게든 의미를 연결하려는 시도를 해보다가 그만두었다. 주제 넘은 개입일 뿐더러, 그것은 독자의 몫이어야 한다는 생각이 스쳤다. 작가가 공들여 취재한 일부 이야기들이 발전되지 못하고 제목과 몇몇 단어로만 남게 된 것이 개인적으로는 무척 아쉽다.

빅토리아 아멜리나는 '처형당한 르네상스'와 60년대 저항 예술가들을 일기에서 자주 언급한다. '처형당한 르네상스'는 스탈린 집권 시기 산다르모흐숲에서 우크라이나 작가 289명을 총살하고 매장한 사건으로 대표된다. 당시 작가들은 스탈린의 '러시아화' 정책에 반발해서 우크라이나의 민족 문학을 지키려고 노력했다. 1960년대 저항 예술가들은 '처형당한 르네상스' 시대의 작가들을 복원시키려고 했지만 그들 다수 역시 같은 이유로 목숨을 잃어야 했다. 빅토리아 아멜리나는 전면전의 발발 직후 점령지에서 살해당한 동료 작가 볼로디미르 바쿨렌코를 이런 역사적 맥락의 연장선상에 놓는다. 우크라이나 작가들을 납치해서 고문하고 살해하는 러시아의 범죄는 지금도 계속되고 있기 때문이다. 빅토리아 아멜리나 본인도 그로부터 일 년 뒤 같은 비극을 되풀이하고 만다.

이 글에 등장하는 악인들, 특히 타인에게 고통을 가하는 행위 그 자체를 즐기는 듯 보이는 군인들을 보면 마음 속 깊이 절망하지 않을 수 없다. 하지만 작가는 악인들의 서사가 중심에 놓이도록 허락하지 않는다. 그녀가 위험천만한 전쟁터를 누비고 다녔던 것은 악인들의 반대편에 있는, 지극히 평범하지만 동시에 영웅적인 면모를 지닌 인물들의 이야기를 들려주기 위해서였다. 시동이 꺼지는 낡은 승합차로 시민들을 대피시키고, 전쟁범죄 피해자들의 이야기를 기록하고, 지뢰를 제거하고, 군사 드론을 조종하는 여성들의 이야기. 그녀들은 포탄이 떨어지는 전쟁터에서도 인간이란 원래 어떤 존재이며, 또 어떤 존재로 남아야 하는지를 보여주고 있는 것 같다.

가끔 이 글에 소개된 주인공들을 검색해서 근황을 살핀다. 변호사였지만 이제는 드론 조종사가 된 예우헤니아 자크레우스카가 끝까지 살아남길 바라면서. 전쟁범죄 조사원에서 지금쯤 지뢰 제거 전문가가 되었을 [콜사인] 카사노바와 콜사인으로만 기억될 전쟁범죄 조사원 모두의 생존을 바라면서. 그녀들이 직접 기록한 이야기를 만나게 될 날도 올 것이다. 그녀들이 모두 살아남아서 자신들의 이야기를 들려줄 그날을 기다린다.

이수민

작가 소개

빅토리아 아멜리나 Victoria Amelina는 2023년 7월, 러시아의 미사일 공격으로 목숨을 잃었다. 조지프 콘래드 문학상을 수상한 우크라이나 소설가이자 에세이스트, 시인, 인권운동가였으며, 우크라이나어와 영어로 집필된 산문과 시는 다수의 언어로 번역되었다. 사후 2024년 볼테르상 특별상, 2025년 오웰상(에세이 부문)을 수상했다.

옮긴이 | 이수민

희곡과 소설을 쓴다. 벽산희곡상을 수상했다. 서울대학교에서 영어영문학을 전공했고, 미국 컬럼비아대학교에서 국제관계학 석사 학위를 받았다.

우크라이나어 감수 | 곽보정, 조유림

한국외국어대학교에서 우크라이나어를 공부하고 있다.

여성과 전쟁
우크라이나 소설가의 전쟁일기

발행일	2025년 7월 25일 초판 1쇄
지은이	빅토리아 아멜리나
옮긴이	이수민
디자인	김형균
펴낸이	이정민
펴낸곳	파초
출판등록	2022년 9월 22일 제 2023-000247호
주소	경기도 고양시 일산동구 중앙로 1261번길 77, 704호 A112
전자우편	pachopublishing@gmail.com
ISBN	979-11-985248-5-0 (03890)

이 책의 판권은 지은이와 파초에 있습니다.
이 책 내용의 전부 또는 일부를 재사용하려면 반드시 양측의 서면 동의를 받아야 합니다.